大国远谋

国家中长期风险评估与战略预判

THE FORESIGHT OF GREAT POWERS

Medium-and-Long-Term Risk Assessment and Strategy

杨霄·著

时事出版社
北京

图书在版编目（CIP）数据

大国远谋：国家中长期风险评估与战略预判 / 杨霄著. —北京：时事出版社，2019.4

ISBN 978-7-5195-0294-2

Ⅰ.①大…　Ⅱ.①杨…　Ⅲ.①国家战略—研究　Ⅳ.①D50

中国版本图书馆 CIP 数据核字（2019）第 043541 号

出 版 发 行：时事出版社
地　　　址：北京市海淀区万寿寺甲 2 号
邮　　　编：100081
发 行 热 线：（010）88547590　88547591
读者服务部：（010）88547595
传　　　真：（010）88547592
电 子 邮 箱：shishichubanshe@sina.com
网　　　址：www.shishishe.com
印　　　刷：北京旺都印务有限公司

开本：787×1092　1/16　印张：20　字数：280 千字
2019 年 4 月第 1 版　2019 年 4 月第 1 次印刷
定价：120.00 元

目　录

引　言

谋国当虑远

“没有预见就不叫领导，为着领导必须预见。盲目性是没有预见的，是妨碍预见的。教条主义、经验主义是不可能有预见的。而没有预见就没有领导，没有领导就没有胜利。因此，可以说没有预见就没有一切。……只有当着还没有出现大量的明显的东西的时候，当桅杆顶刚刚露出来的时候，就能看出这是要发展成为大量普遍的东西，并能掌握住它，这才叫领导。……所谓预见，不是指某种东西已经大量地普遍地在世界上出现了，在眼前出现了，这时才预见；而常常是要求看得更远，就是说在地平线上刚冒出来一点的时候，刚露出一点头的时候，还是小量的不普遍的时候，就能看见，就能看到它的将来的普遍意义。”①

——毛泽东

（1945 年 5 月 31 日在中国共产党第七次全国代表大会上的结论）

国是惟微，成于远谋。当前，世界正逢百年未有之大变局，中国恰处于比历史上任何时候都更接近实现民族伟大复兴的历史关口。风雷正劲，百舸争流。迄今而后的三十年，是决胜民族伟大复兴的关键三十年，启于十九大以来中国特色社会主义的新时代肇始，承于2035

① 毛泽东文集．第三卷［M］．人民出版社，1996：394－396.

年基本建成社会主义现代化的首步目标，达于世纪中叶民族伟大复兴的最终实现。前路日趋光明，余途亦多艰险。百里之行，半也九十，要在世纪中叶圆梦民族复兴，就更需看清抓牢关键的未来三十年。江心浪急，尤要把握大势、预判风险、稳健决策，以期为民族伟大复兴的最终实现前瞻远谋。是为本书的初心、使命与宗旨。

第一节　预见未来：歧路多艰

未来的“不可知论”是长期困扰科学界的重要哲学命题，在社会科学领域尤其突出。如何处理好“历史的意想不到”一直是横亘在战略研究人员前进道路上的巨大障碍。自然科学依靠实验和数据判断某一理论、认识、观点、假设的正确性，通过归纳和演绎开展预测。而社会科学相对复杂，需要历史和实践的检验。许多学者对于自然科学领域的归纳方法和演绎方法能否用于社会科学预测存在争议。更多的共识是，社会科学强于现象解释，弱于演绎推理。[①]毛泽东就曾谈到：“在自然科学中，重复试验可以辨别理论的真伪，而在战争问题上是不能事先试验一遍的。也正由于除实战之外无法验证，因而在长久的和平时期，容易产生华而不实甚至伪科学的东西。”[②] 美国战略研究领军人物舒尔斯基和斯密特指出：“在绝大多数领域，社会科学远远不能做出可靠的预测，与国家安全问题相关的战略研究还未曾出现过这种预测能力。国家安全领域围绕政策可能引起的实际后果往往有不同评估，由此引发很多争论。”[③] 这种现象在国际政治领域尤为突出。

---

① Mjøset L. Understandings of Theory in the Social Sciences［J］, ARENA Working Papers, WP99/33, Department of Sociology and Human Geography, University of Oslo, 2000.

② 转引自李际均．中国军事战略思维［M］．中港传媒出版社，2015：2.

③ Abram N. Shulsky, Gary J. Schmitt. Silent Warfare: Understanding the World of Intelligence［M］. Potomac Books, Inc., 2002.

国际战略预判仍局限于较为宏观的特定国际体系中的特征或行为模式，而针对特定目标、特定时间和特定事件的历史突发性转变进行科学研究，进而形成可靠的战略预判少之又少，其中实现成功预判的案例更是凤毛麟角。少数成功的案例最早可追溯到凯恩斯1919年出版的著作《和平的经济后果》中成功预判对战败的德国进行报复，将导致另一场战争。[①] 此后同盟国采纳了凯恩斯的另一项建议，制定了“马歇尔计划”。而绝大多数国际重大历史性突变均未得到较好的预判，这也使得国际政治科学受到广泛的责难。最为典型的是关于未能预判到苏联解体和冷战结束的长期争论。[②] 苏联立国初期，苏联领导人正确认识到第二次世界大战不可避免，集中力量发展国防工业，为卫国战争的胜利准备了雄厚的物质基础。同一个苏联，在冷战时期，未能正确认识到时代潮流、尤其是核时代国家安全战略内涵的深刻变化，依然从世界大战不可避免的视角制定国家安全战略，致使苏联在国际综合国力大竞争中失败，最终导致国家解体，社会主义在苏联、东欧失势。[③]

针对绝大多数国际政治突发性事件未能实现较好预判的情况，摩根索质问：“在两次世界大战间问世的书籍，难道有任何一本能帮助人们预料二十世纪第八个十年中，国际政治到底会怎样？”[④]“20世纪的专家们主要以线性思维来预测未来20年，并未探究引发突变的种种可能性，因而经常漏测重大地缘政治事件。一战前，欧洲‘列强’剑拔弩张，杀戮在即，老牌帝国即将崩溃，几乎无人对这些重大变化做出丝毫预测；20世纪20年代初，以‘大萧条’、斯大林的劳改营为先导，引发包含多起种族大屠杀的世界大战，对此

① Keynes J M. The Economic Consequences of the Peace [M]. Harper & Row, 1971: 1362 - 1367.

② Gaddis J L. International Relations Theory and the End of the Cold War [J]. International Security, 1992. 17 (3): 5 - 58, 10.

③ 陆忠伟. 把脉世界 [M]. 中央编译出版社, 2009: 4.

④ [美] 摩根索. 国家间的政治 [M]. 商务印书馆, 1993: 41.

浩劫，竟然无人事先察觉。”① 美国战略预警的开山之作《珍珠港：预警与决策》就指出：“我们必须接受不确定性，学习与其共存。”② 美国中情局解密文件更直白地指出，对情况的评估最终面临的是“完整、客观、可统计检验的‘国家情报评估’的论断是不可实现的，即使存在实现的可能性，也不能提供关于这些论断的客观准确性的评估”。③

造成社会科学长于解释而短于预判的根本原因在于人的深度复杂性和多因素的复杂关联性。“对于那些试图根据以往的经验和目前的迹象来判断未来的人来说，世界事务充满了意想不到的东西。”④ 摩根索指出的“以往经验”和“目前迹象”就是预判未来的两种基本思路，即近代以来科学研究的两种基本方法，培根的“归纳推理”和波普尔的“演绎证伪”。⑤ 但是实践证明，这两种方法都无法准确预知社会科学领域复杂的未来趋势。一方面，人的意识、认知和行为不确定性严重影响预判的科学性。人是社会科学尤其是国际政治领域最大的变量，人类个体的意识和行为预测难度极高。哈耶克指出：“指导任何人类群体行为的具体知识，从来就不是作为一个稳定而严密的体系而存在的，它只以分散的、不完美的和不稳定的形式，存在于众多人的头脑中，一切知识的分散性和不完美性，是社会科学必须首先面对的两个基本事实。”⑥ 罗伯特·杰维斯尤其就国际政治预判指出，“预测具体实践所需的一些信息只存在于敌对国家的一两个领导人脑

---

① U. S. National Intelligence Council. Global Trends 2025：A Transformed World. 2008.

② Roberta Wohlstetter. Pearl Harbor：Warning and Decision［M］. Stanford University Press，1962，p. 401.

③ Abbot Smith. On the Accuracy of National Intelligence Estimates［J］. Studies in Intelligence，Vol. 13，No. 3，Fall 1969，p. 8.

④ ［美］摩根索. 国家间的政治［M］. 商务印书馆，1993：40.

⑤ Karl R. Popper. Conjectures and Refutations：The Growth of Scientific Knowledge［M］. New York：Harper&Row，1963，pp. 33 – 37.

⑥ ［英］哈耶克. 科学的反革命［M］. 译林出版社，2003：22 – 23.

子里，分析人员不可能完全得到”，更断言：“即使社会科学发展成熟了，人的认知偏见也难以被忽略，预测仍然很难实现。”① 随着对关键人物研究的日益深入，心理分析、认知分析直至神经生物学分析等微观分析手段均被引入，但仍难以满足战略思想界的宏观预判需求。美国前中情局长盖茨指出：“我不相信对一个从未谋面，远在5000千米以外的人能做出心理分析。”② 另一方面，影响变量纷繁复杂，很多因素及其相互关系难以定量化或难以模型化。例如，以色列学者卡姆认为即使所有数据都有了，一个关键的问题是“质的因素让量的比较不具有决定性作用”③。他所指的质和量即诸如士气对部队战斗力的影响可能大于部队规模。普林斯顿大学教授诺尔认为“更重要的是没有实用的方法确定这些变量之间的关系”。④ 除了无法确定变量相互关系，变量之间的互动可能存在更深刻的无法认知性。例如，美国情报界的“肯特法则”即“任何我听到过的政变最后都未发生”，其实质就反映了社会领域行为体之间存在复杂联动导致的迷惑性的博弈关系，甚至博弈陷阱。⑤ 上述情况反映出类似于自然科学中“测不准”原理的现象，即“任何被观测到的结果，有可能已经偏离真相”。

西方学界将不确定性分为四个层次，其中“深度不确定性”即是当前和未来一段时期战略评估与趋势预判（书中部分情况下将其简称

① Robert Jervis, Improving the Influence Process: Information Norms and Incentives, Alfred C. Maurer, Marion D. Tunstall and James M. Keagle, edited, Intelligence: Policy and Process, Boulder and London: Westview Press, p. 114.

② Omestad, Thomas. Psychology and the CIA: Leaders on the couch [J]. Foreign Policy, 1994, 27 (95): 104., pp. 105 - 122.

③ Ephraim Kam, Surprise Attack: The Victim's Perspective [M]. Cambridge, Massachusetts: Harvard University Press, 1988, p. 75.

④ Knorr K, Price T J. Military Power and Potential [J]. Journal of Politics, 1971, p. 23.

⑤ Charles D. Cremeans. Basic Psychology for Intelligence Analysts, in H. Bradford Westerfield, ed. Inside CIA's Private World: Declassified Articles from the Agency's Internal Journal [M]. New Haven, CT: Yale University Press, 1995.

为“战略研判”）需要解决的关键问题。一是固定概率，如掷骰子，可适用概率论；二是具有表征的不确定性，如诊疗，可适用风险评估；三是因果关系和表征联系不明的不确定性，即对自然状态认知模糊、不全面，例如市场波动；四是完全无法预知的突发事件，即意外，如恐袭。前两种不确定性可以用以数学为基础的方法解决，后两种则构成深度不确定性的环境。以恐怖袭击为例，其时间、地点和对象均难以完全知晓，发生后适用的危机应对方案不易选择，实施措施产生的影响不确定。尤其是最后一种不确定性，反映出人类对未来的未知中存在的“迷”与“秘密”之别。

考虑到国家战略决策客观现实的迫切需求和社会科学领域预测复杂艰巨的现实困难，必须在国家层面开展战略评估与趋势预判，在深度不确定性中探索确定性战略预判，在历史的连续性中挖掘不连续性突发事态的可能。基于上述原因，在深度不确定性环境中进行稳健决策就必须满足更加苛刻的前提，即为决策者提供足够可靠的对不确定环境的评估，以及对其发展趋势尽可能可靠的预判。

第二节　战略预判：兴亡所系

世界形势的深刻变化无疑对我国战略环境造成了极大的影响。在全球化深度发展的时代，尤其是我国进入社会主义建设的新时代，国内外形势正在发生深刻复杂变化。国际国内的主要矛盾、国家战略环境的基本特征、国家的主要安全威胁和未来可能的危机事态都发生着深刻的变化。在新时代的国家战略环境深刻调整中，我国将面临更高的战略研判和谋划需求，对高水平的国家战略评估与中长期趋势预判的需求将大幅提升。新时代国内外形势的深刻复杂变化将极大冲击传统战略研究的认识论和方法论体系，也对战略研判、战略谋划和战略运筹提出了更高水准和更为迫切的需求。国家战略环境的深刻调整及其带来的战略需求的大幅上升正在引发中国战略决策和研究领域新一轮的大讨论和创新热潮。新时代的国家安全需要更高水准的国家战略来护航，也就更需要与时代相适应、与国力和国际地位相匹配、与主要大国并驾齐驱的战略研判体系和谋划能力。在此关键历史时期，创建和完善中国国家战略评估与中长期趋势预判体系，对于当前及未来的中国具有极端重要的意义。

战略评估与中长期趋势预判在国家战略规划和决策过程中发挥关键作用。世界主要大国普遍在战略规划前开展战略评估与趋势预判，其相关经验与教训对国家战略研判具有重要价值。美国对国家战略环境开展的战略评估与趋势预判经过较长周期的实践、改进和完善，积累大量的经验和教训，形成了一套基本稳定的开放性、包容性研究方法和组织体系，取得了较好的评估与预判成果，也形成了较为显著的国家战略影响和广泛的世界影响。因此，对美国等主要大国的战略评估与中长期趋势预判的系统、深入研究对掌握战略评估与中长期趋势预判的方法、经验和教训具有较为突出的现实意义。

战略评估与中长期趋势预判是战略预警的重要支撑手段。在危机发生前进行战略预判与预警，具有十分重大的理论和现实意义。战略预警需要我们看到未来的发展，但现在中长期战略趋势评估是我们研究的弱点和软肋，这需要哲学的思维、具体的技术手段，以及大量的田野调查。① 开展战略评估与趋势预判根本目的是提前预置资源、预制方案、预防风险，其实质是一种在国家战略领域开展的危机管理及其决策辅助工作。② 对国家战略环境的准确评估的主要任务是形成对关键风险、威胁和挑战的准确战略评估，以及对内外环境发展趋势的准确战略预判，进而指导预防性危机管理，开展有效的战略规划和及时准确的战略决策。同时，战略风险评估与预判也是对之前战略实践的评估和检验，对战略的贯彻和实施情况进行分析，评估危机后的政

① 杨明杰. 中美关系：在危机管控中保持战略定力［J］. 环球财经，2018：2 – 3.

② Savio N D，Nikolopoulos K. A strategic forecasting framework for governmental decision – making and planning［J］. International Journal of Forecasting，2013，29（2）：311 – 321.

策有效性，对进一步提升战略决策水平和国家危机管理能力具有突出价值。

战略评估与中长期趋势预判是战略研究的重要组成部分。包括战略评估和趋势预判在内的国家战略研究能力是国家重要的“战略实力”，是保证国家核心利益安全，在对抗、竞争与合作中取得战略优势的关键实力，也是全世界主要大国决策层及其战略研究机构争相发展的国家能力。国际战略研究的主要目的是应对战略决策的现实需求，而具体的战略决策又为这一领域的理论研究提供了大量的案例基础。[①] 相对于其他研究，战略研究“拥有更广泛的基础和更广的目标，包括了经济学、政治学、社会研究以及技术研究，能够为官员提供‘宏观图景’和长期预测，以便他们规划未来”。[②] 美国战略研究界的基本共识是战略研究必须是预测性研究，其根本属性就是趋势研判。“战略研究是对政治、经济、社会、技术、人口等塑造国家行为的情况和社会基本发展趋势的研判。”[③]“叙述过去的事件，不是战略研究，那是历史。最高级形式的战略研究是对可能发生的情况进行预测的结构性思考。真正的战略研究总是预测性的。”[④] 我国战略研究界也有相似的论断。“关于一个历史阶段的战略指导，必然包含预判与预置。没有超前预测和判断的研究，不是战略研究。”[⑤] 因此，提升国家战略评估与趋势预判能力对完善国家战略研究具有重要战略意义，也是提升国家战略研究能力和现代化水平的关键手段之一。

① 杨明杰．国际战略研究中的政策导向［J］．国际政治研究，2007，Vol. 44（4）：38－41.

② Bruce D. Berkowitz and Allan E. Goodman. Strategic Intelligence for American National Security［M］. Princeton University Press，1989.

③ Sherman Kent，Strategic Intelligence for American World Policy，Princeton University Press，1949，Chapter 7.

④ ［美］罗伯特·克拉克．情报分析：以目标为中心的方法［M］．金城出版社，2013：238.

⑤ 李际均．中国军事战略思维［M］．中港传媒出版社，2015：35、107.

第三节　全书概览：谋国虑远

当前及未来一段时期，大国竞合升级，传统战略研判正在受到冲击。世界主要大国的战略规划与实施均高度依赖科学、系统的战略评估与趋势预判。美国是其中的引领性力量，其军、情、学各方力量构成了复合多元的战略研判体系和力量布局。尤其是以国家情报委员会为代表的美国国家级战略决策咨询机构，专责开展服务国家最高战略决策的战略评估与中长期战略预判。其“全球趋势”系列研究，历经20余年的持续发展演进，已经成为全球知名的战略评估与中长期趋势预判成果之一。

本书以“解剖洋麻雀”的方式，对美国等主要大国的代表性国家战略评估与中长期趋势预判进行深入的研究，结合世界主要大国的普遍实践经验和教训，以期对中国战略评估与趋势预判进行思考和探索。本书的主体研究方法是典型研究，通过“解剖洋麻雀”，以小见大。毛泽东指出：“从研究典型着手是最切实的办法。”① “要从个别中看出普遍性。”② 本书贯穿始终的主体方法就是在普遍现象中抓典型，从对典型的深入研究中得到具有普遍意义的研究结论。典型研究的主体方法包括两个方面：一是以美国为典型研究战略研判的普遍规律和做法；二是以美国“全球趋势”系列研究为典型，研究美国战略评估与中长期趋势预判的一般方法和经验教训等。

第一部分，战略评估与中长期趋势预判是制定国家战略过程中的一个前期环节，对战略评估与趋势预判的研究必然离不开对国家战略体系的研究。因此，全书首先对世界上公布国家战略文件的主要大国进行研究，分析各国开展战略评估和趋势预判的一般方法，及其在国家战略文件中的体现。通过横向的国家间比较，和纵向的国家战略制

① 毛泽东选集：第二卷［M］. 人民出版社，1991：361.

② 毛泽东文集：第六卷［M］. 人民出版社，1996：478.

定流程的分析，对国家战略评估与趋势预判进行初步的定位，总结其通用做法和一般规律。

在此基础上，进一步对美国的国家战略制定流程和文件指导关系进行梳理，在美国的战略评估、预判与决策体系中定位战略研判的角色和作用。通过对研究主体、研究对象和研究周期等不同维度的考察，进一步厘清美国开展国家战略评估与趋势预判的流程。基于此，对美国战略预判的力量布局进行深度聚焦，分析美国的战略评估与趋势预判的主要成果和研究机构，尤其是评估各级各类研究的不同定位和发挥的作用。上述内容构成了第一、二、三章。

第二部分，探索和研究国家中长期战略评估与趋势预判的普遍方法和未来发展方向。在从全球到美国、从美国战略评估到美国综合性战略评估的两次定位之后，集中对美国“全球趋势”系列成果展开研究：一是明确该研究在美国战略体系中的角色和作用；二是梳理该研究的框架和基本方法；三是从发展的角度观察20余年来该研究发生的变化。

在上述研究的基础上，对美国战略研判体系进行提炼和归纳：一是对其分析框架和主要方法进行总结；二是对其组织方式、体制机制、重点人物和发展变化进行评析；三是对主要方法及其运用情况、方法论基础、具体实施方案和主要误区进行进一步分析；四是对该研究进行总结和反思，既看到其成功经验，又看到其缺陷和不足。

通过对美国相关实践的深度研究，结合世界主要大国在战略规划和战略研判中的经验和教训，总结和提炼开展国家中长期战略评估与趋势预判的基本范式、方法体系、力量建设、体制机制保障等方面的基本规律。同时，探索中长期战略评估与趋势预判领域的前沿发展方向，勾勒国家战略评估与中长期趋势预判的未来发展路径。

以美国为代表的主要大国开展中长期战略研判的经验和教训表明，必须以国家核心利益及其主要威胁为出发点，紧密围绕国家战略决策主线，建立健全国家战略研判、决策和实施体系。尤其是在持续改进和完善战略研判体系方面，应着力打造内外统筹的开放性研究体系，形成完善的战略研判力量布局、适宜的战略研究文化环境和多元复合的战略研判方法论体系，从而为国家最高战略决策提供科学、客观、准确的高水平中长期战略研判咨询服务。上述内容构成了第四、五、六、七、八章。

第三部分，坚持以我为主，对中国开展战略评估与趋势预判进行探讨。一方面是考察中国传统文化中的有益遗产，另一方面是整理和尝试阐述马克思主义思想对战略评估与趋势预判的指导意义。结合两方面的情况，对中国国家战略评估与趋势预判形成大致的勾勒。

中国战略研判必须坚持中国特色社会主义理论的指导，运用辩证唯物主义世界观和方法论，深入学习毛泽东等老一辈革命家战略研究和预判的思想，继承和发扬中国共产党人的战略研究思想与实践，从中国战略研究传统中汲取营养，创建兼具科学与艺术的中国战略评估与趋势预判体系。

在此基础上，从体制、机制、法制等方面完善中国战略研判体系，形成由中央国家安全委员会抓总、跨部门团队深度融合、战略决策与咨询良性互动、做强战略研判力量支撑的中国战略评估与中长期趋势预判体系，并从法律、文化环境、人才运用和培育、方法论体系等方面为战略研判提供可持续发展保障。上述内容构成了第九、十、十一章。

第一章

战略规划的先导：战略预判

“战略研究是对政治、经济、社会、技术、人口等塑造国家行为的情况和社会基本发展趋势的研判。”①

——谢尔曼·肯特（Sherman Kent）

对国家战略环境开展的战略评估与中长期趋势预判是对当前和未来一段时期国家面临的安全威胁和挑战，及对国际政治、经济、军事、科技、文化等因素的发展趋势进行的综合研判。其目标是帮助国家最高决策层制定客观可行的国家战略，维护国家核心战略利益，实现国家战略目标。世界主要大国均将战略评估与中长期趋势预判作为国家战略决策的重要环节，在制定国家战略时，首先开展系统的战略研判，明确国家核心利益、战略目标和主要威胁，形成对各自国家战略环境的基本判断，从而制定以维护国家利益、实现战略目标为导向的国家战略。

美国长期开展战略评估与趋势预判，辅助国家战略规划和决策，形成了一套较为稳定的制度和方法，取得了一定的成效。仅以 2000 年左右美国由克林顿政府向小布什政府过渡前夕为例，为影响和辅助

① Sherman Kent, Strategic Intelligence for American World Policy, Princeton University Press, 1949, Chapter 7.

新政府战略决策，美国国防部、参谋长联席会议、国家情报委员会等机构密集发布一系列战略研判报告。如 1999 年夏，国防部发布“2025 年的亚洲”报告；2000 年 6 月，参联会发布“联合展望 2020”报告；同年 12 月，国家情报委员会发布“全球趋势 2015”报告等，反映出美国在参悟长远战略与眼前得失之间的关系。①

随着时间的推移，这些战略研判成果基本上得到了较好的现实验证，反映出较高的科学性和准确性。仅举对华预判为例，上述报告无一例外认为中国将在 2015 年左右发展成为堪与美国并立的超强国家，是比俄罗斯更有能力向美国的亚太和全球地位挑战的潜在对手，要求美国战略决策层将全球战略重点向亚太转移，以应对中国的战略崛起和挑战。② 现实情况是，到 2008 年前后，国际舆论开始出现中美“两国集团”（“G2”）格局的判断。2017 年特朗普政府上台后，中美两国的战略互动呈现出的诸多新态势更反映出 20 余年前美国国家战略研判的准确性。

同时，这些战略研判的结论和政策建议对美国的战略决策与政策制定发挥了重要影响。小布什政府一上台即强调要加强亚洲盟友关系，在军事上调整了亚太部署，在经济上开启了自贸区谈判等。③ 奥巴马政府延续并进一步强调了该政策，在其任上力推“亚太再平衡战略”。④ 特朗普政府更进一步，提出“印太战略”，声称致力于打造基于规则的“自由、开放与繁荣的印太秩序”。⑤ 20 余年来美国“转向

---

① 陆忠伟．把脉世界［M］．中央编译出版社，2009：8.

② 陆忠伟．国际战略与安全形势评估．（2001－2002）［M］．时事出版社，2002.

③ Evan A. Feigenbaum. Strengthening the U. S. Role in Asia［J］. Foreign Affairs Report，2011.

④ Xenia Dormandy. Prepared for Future Threats? U. S. Defence Partnerships in the Asia－Pacific Region［J］Chathamhouse，2012，http：//www. chathamhouse. org/us-defencepartnerships（上网日期：2018 年 3 月 5 日）.

⑤ Remarks by President Trump on His Trip to Asia，http：//www. whitehouse/gov/the－press－office/ 2017/11/15/remarks－president－trump（上网日期：2018 年 3 月 5 日）.

亚太”战略的延续性和稳定性客观反映出美国战略评估与趋势预判在决策层产生的重大影响。

第一节 战略预判的研究现状

一、理论与学术研究

新世纪以来，战略评估与中长期趋势预判的国际学术研究逐步升温。尤其是2010年以来，相关学术研究成果呈现快速增长趋势，发表的学术论文数量大增（参见图1—1）。

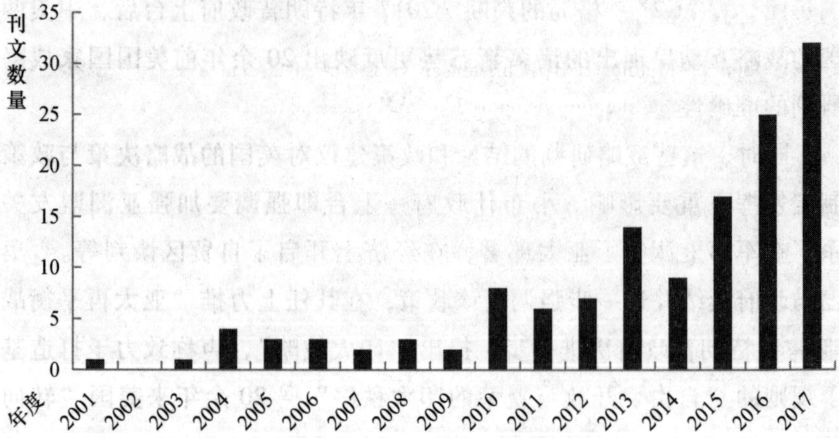

图1—1 相关国际学术研究成果统计趋势图

资料来源：根据基于EBSCO和ScienceDirect学术期刊数据库检索的结果整理。

从国家和地区来看，该领域的研究与应用主要集中在以美国为代表的发达国家，发展中国家还较少使用相关方法辅助战略决策，美国、英国、德国、意大利和澳大利亚的战略预判研究成果较多，亚洲、非洲的研究成果寥寥无几。① 尤其是以美欧及其主导的国际组织为代表，对全球性问题开展战略评估与趋势预判较为成熟。例如，以欧盟和欧洲国家为代表开展的公民社会视角的全球趋势经济和社会研究②，以经济合作与发展组织、世界银行、国际货币基金组织、联合国贸易和发展会议、环境规划署及亚洲开发银行等为代表开展的能源、资源、人口和社会等领域的全球趋势研究③，以北约及美国智库为代表的应对未来安全威胁的研究④。俄罗斯等国家也对此有所尝试，例如俄罗斯科学院世界经济与国际关系研究所发表的《2030 年全球战略报告》。⑤

国内公开可见的学术成果集中在企业发展、项目规划、建设工程

---

① Iden J, Methlie L B, Christensen G E. The nature of strategic foresight research: A systematic literature review [J]. Technological Forecasting & Social Change, 2016, 116: 87 - 97.

② Orzechowska I. Global trends 2030: Citizens in an Interconnected and Polycentric World, Álvaro de Vasconcelos (ed.) [J]. Croatian International Relations Review, 2012, 18. Resource 2050: Flourishing from Prosperity: Faster and Further, SSEE Report, November 2012, University of Oxford. Harris J M. European Commission Directorate - General for Research: The world in 2025: Rising Asia and socio - ecological transition [J]. Foreign Affairs.

③ Centre O D. Atlas of Gender and Development: How Social Norms Affect Gender Equality in non - OECD Countries [M]. OECD, 2010: i - 322. Programme U N E. Global environment outlook. [J]. International Journal of Food Science & Technology, 2010, 36 (3): 337 - 338. World Bank. Global economic prospects [M]. World Bank, 2003. World Bank. Global Development Finance [M]. World Bank, 2002. International Energy Agency. World Energy Outlook [J]. International Energy Agency, 2011, volume 2010 (29): i - 738 (738). Asian Development Bank. Asian development outlook. [M]. Asian Development Bank, 1989.

④ Sonnichsen L. Multiple Futures Project - Navigating Towards 2030: Final Report April 2009 [J]. University of Copenhagen. Mcgiffert C, Cohen C. Global Forecast: The Top Security Challenges of 2008 [J]. Global Forecast the Top Security Challenges, 2007.

⑤ [俄] A·A·邓金等. 2030 年全球战略预测 [J]. 俄罗斯研究，2011 (4): 17 - 47.

等领域，例如，企业战略风险管理与发展战略规划[①]、交通需求预测与规划[②]、环境评价与环境污染防治[③]、城市空间与产业布局[④]、能源安全评估与战略规划[⑤]等。也有部分学者从公共卫生等专业领域的预判出发，研究了对国际政治领域的影响。[⑥] 总体而言，国内的相关学术研究成果不多，尤其是未见开展涉及国家战略的研究成果。

从研究层级看，战略评估与中长期趋势预判成果分布在国家、市场和行业等不同层面。在国家层面的战略评估与趋势预判学术研究成果主要集中于国防和科技领域，综合性的国家战略评估与趋势预判成果相对较少。其中以美国军方采购和装备研发领域最为成熟。例如博伊德的“观察—定向—决策—行动”（OODA）方法就是围绕国防和

---

① 于红霞，汪波，钱荣．情景分析在企业发展战略中的应用研究［J］．科技管理研究，2006，26（11）：91－94．孙斌．基于情景分析的战略风险管理研究［D］．上海交通大学，2009．

② 熊琦，虞明远．基于情景分析法的北京市道路省际客运需求预测研究［J］．交通运输工程与信息学报，2006，4（4）：94－99．余艳春，邵春福，董威．情景分析法在交通规划中的应用研究［J］．武汉理工大学学报（交通科学与工程版），2007，31（2）：304－307．

③ 朱祉熹．我国战略环境评价中的情景分析研究［D］．南开大学，2010．高吉喜，吕世海，姜昀．战略环境影响评价方法探讨与应用实践［J］．环境影响评价，2016，38（2）：48－52．钱程，苏德林，姚瑶．情景分析法在黑龙江省水环境污染防治工作中的应用［J］．环境科学与管理，2006，31（1）：78－80．张向龙，王俊，杨新军，等．情景分析及其在生态系统研究中的应用［J］．生态学杂志，2008，27（10）：1763－1770．

④ 卢毅，李理，赵勇等．基于情景分析的城市空间与产业战略布局选择——以宜宾市为例［J］．经济地理，2013，33（3）：93－98．于红霞．情景分析在港口发展战略中的应用研究［D］．天津大学，2004．

⑤ 张媛敏．基于情景分析的农村能源战略研究［D］．华北电力大学（北京），2010．刘静．基于情景分析法的昆明市能源消费需求研究［D］．云南大学，2015．张艳，沈镭，于汶加等．我国东部沿海区域能源安全情景分析预测［J］．中国矿业，2014（3）：35－40．

⑥ 程春华，杨久华．未来中长期全球公共卫生安全：发展趋势及其国际政治影响［J］．社会科学，2012（11）：20－30．

军事领域能力建设开展的战略评估活动。① 兰德公司也大量运用类似方法，辅助包括美国军政界开展战略评估、预判与规划。② 除此之外，绝大部分研究集中在企业管理、技术和工程研发预测等相关领域。在学术刊物中，较为主流的涉及战略预判研究的有《技术预测与社会变革》（Technological Forecasting and Social Change）、《未来》（Futures）、《技术分析与战略管理》（Technological Analysis & Strategic Management）、《长周期规划》（Long Range Planning）、《欧洲管理杂志》（European Management Journal）、《管理决策》（Management Decisions）、《研发管理》（R&D Management）、《预测期刊》（Journal of Forecasting）等。此类研究虽然研究战略性问题，但是其方法目前仍主要应用在技术、商业等领域，帮助企业、工业和技术研发方面制定战略性决策，例如对环境不确定性、工程方案选定等方面的研究。

在国家安全战略层面上的公开学术研究及实践成果相对较少有其客观原因。一方面，国家安全战略层面的战略预判从资料信息、评估过程到决策影响均深度涉及国家核心机密，公开资料相对少。另一方面，国家安全战略层面的战略评估与趋势预判客观上面临更加复杂的挑战，或者不具有特定的理论基础，直接依靠经验判断；或者广泛涉及大量的理论领域和技术体系，如心理学、决策理论、认知理论、组织理论等。③ 极少数公开材料中反映出以美国为代表的主要大国对涉密机构开展的战略评估与预判会进行不同形式的效果分析。例如，加拿大政府战略情报分析单位——情报评估秘书处（IAS，Intelligence Assessment Secretariat）前情报评估人员对该机构中东和非洲部门的 15

---

① 吕德宏. 从思想到行动：解读美军战略规划［M］. 长征出版社，2008：21 – 22.

② L. Lewis，C. R. Roll，Strategy – to – Tasks：A Methodology for Resource Allocation and Management，RAND Technical Report P – 7839，1993.

③ Iden J，Methlie L B，Christensen G E. The nature of strategic foresight research：A systematic literature review［J］. Technological Forecasting & Social Change，2016，116：87 – 97.

个战略情报分析员的1514份内部分析成果进行了评估。结果显示这些预判“准确度非常好”，在不同等级情报分析人员和不同研判难度中反映出相对稳定的准确度，即越高级的分析人员、越容易的研判课题越能得到高可信度的分析成果。分析失准的主要原因是分析人员被指派分析超过其能力和信心的高不确定性的问题。①

二、政策研究

早在20世纪六七十年代，美国政府与军队就针对战略环境开展战略预判，服务国家安全战略决策。较为知名的如兰德公司于1970年发表的《为国家安全决策预判亚洲战略环境》的报告。报告利用定性与定量相结合的方法对1980年的亚洲国家的发展趋势和国家间关系发展态势进行了评估和预判，并运用了情景分析方法对战略环境的极端发展进行了研究，最终为美国国家安全战略决策提供了可靠建议。② 此外，很大一部分的国家安全战略环境分析的文章都是从国际关系视角展开的。例如，美国对冷战后的“新战略环境”的分析大部分是以苏联解体造成国际格局的变动为切入点，分析评估国家战略环境变化。③

国内学者高度关注国家安全面临的威胁，通过组织研讨会等形式研判中国战略环境面临的威胁及未来走势。④ 这些成果时有集合出版。⑤ 一部分学者通过对中国面临的国际战略环境进行简述，论述中

① Mandel D R，Barnes A. Accuracy of forecasts in strategic intelligence [J]. Proceedings of the National Academy of Sciences of the United States of America，2014，111 (30)：10984 - 9.

② Wilcox W. Forecasting Asian Strategic Environments for National Security Decisionmaking [J]. 1970.

③ Renner M R A. America's asymmetric advantage：The utility of airpower in the new strategic environment [J]. Defence Studies，2004，4 (1)：87 - 113.

④ 巴忠倓．未来十年国际环境与中国国家安全 [M]．时事出版社，2011.

⑤ 武桂馥．战略环境与安全战略研究 [M]．解放军出版社，2008.

国的国家安全战略选择。[①] 尤其是对当下的时事变化造成的国家安全影响最为关注。[②] 例如将国际金融危机这一单一事件作为研究对象，评述其对国家安全形势造成的影响。[③] 也有将视野放在稍长周期的论文，但并没有对国家安全环境进行系统的评估和预判。[④] 也有从国防教育和增强国防观念的角度，总结中国国家安全战略环境的历史经验。[⑤] 但如何对国家安全环境进行战略评估与中长期趋势预判并没有系统性的学术成果公开。

大部分研究将国家安全环境或战略环境理解为周边战略态势及其风险。[⑥] 尤其是将经略周边作为维护国家战略环境安全的重要方式。[⑦] 也有学者从地缘战略格局和大国竞争态势等方面阐述中国国家安全环境面临的风险与挑战，[⑧] 并据此提出健全和完善国家安全战略的建议。[⑨] 同时，也深入探讨了战略文化和安全观等方面对中国国家安全战略造成的影响。[⑩] 另外一些学者则从国际战略环境的视野来看中国国家安全面临的风险。例如有学者指出当前及未来一段时期，中国面临的国际战略环境将受到多极化、大国竞争、国际制度变动等五个方面的因素影响。[⑪] 这种国家安全战略环境观是传统国际政治视野的，

---

① 韩卫东．战略制胜：国际战略环境与中国国家安全［J］．理论前沿，2004（1）：23－24．

② 邓晓宝，于淑德．国际形势和战略环境展望［J］．国防，1989（4）．

③ 俞正樑．试论中国外交新政的国际战略环境［J］．国际观察，2010（3）：1－9．

④ 林利民．对21世纪初中国国家安全战略的几点思考［J］．江南社会学院学报，2002，4（2）：23－26．

⑤ 王胜云．中国国家安全战略环境与国防教育［M］．河北人民出版社，2002．

⑥ 朱听昌．中国周边安全环境与安全战略［M］．时事出版社，2002．

⑦ 黄仁伟．经略周边环境维护国家战略机遇期［C］．中国国家安全论坛．2005．

⑧ 杨毅．我国周边战略环境的基本特征与趋势［J］．新视野，2013（5）：11－15．

⑨ 杨毅．对中国国家安全战略的思考［J］．国防大学学报，2005：92－94．

⑩ 杨毅．国家安全战略中的主观因素［J］．新视野，2010（3）：10－12．

⑪ 高祖贵．当前国际战略环境特点与走势［J］．国际问题研究，2015（6）：23－35．

没有形成综合、系统、全面的国家安全战略评估与趋势预判。

另外一些学者则把外部战略环境作为评估海外利益保护能力问题的一种研究前提。例如，有学者指出，探讨中国海外国家利益的维护，需要着重分析中国所面临的外部战略环境的总体特点及中国与此互动的基本状况，认为中国的外部战略环境已经发生深刻变化，呈现出一些新特点。[①] 此外，还有一类文献虽然没有专门对战略预判进行集中论述，但在其研究和阐述中对相关领域的发展趋势进行了分析和展望，取得了较好的研判效果。例如，在新世纪初通过对美国华尔街的全面深入调研，评估美国的房地产泡沫，预见到美国数年之后的金融危机。[②]

以军方专家为代表的国内战略研究界对美国军方的战略规划及其评估和预判方法高度关注，形成了一批对美国战略研究的机构、人员、方法研究的成果。例如，对美军的战略规划系统及其方法形成了较为成熟的研究成果。[③] 在此类成果中，尤其以对“净评估”的组织、人物和方法等开展的研究更为常见，反映出军方战略研究圈对美国国防和军事战略规划界的高度关注。在此领域的一些翻译和研究成果为国防和军事领域开展战略评估与趋势预判提供了重要的参考。[④] 同时，涉军战略研究圈的另一个关注热点是“兰德公司”的战略评估与推演系统，国内有一些相关的介绍性公开成果。[⑤] 此外，还有学者对战略评估的具体操作性方法进行了研究。[⑥]

---

① 王存刚．外部战略环境的新特点与中国海外国家利益的维护［J］．国际观察，2015（6）：26－37.

② 周德武．解读华尔街［M］．当代世界出版社，2002.

③ 吕德宏．从思想到行动：解读美军战略规划［M］．长征出版社，2008.

④ 易本胜，李万顺．美军战略净评估方法分析［J］．军事运筹与系统工程，2012（3）：14－18.

⑤ 李健，毛翔．兰德战略评估系统及其影响［J］．军事运筹与系统工程，2015（1）：5－12. 蔡承学．兰德战略评估系统方法与推演设计建模［M］．航空工业出版社，2015.

⑥ 马治宇，罗批．战略评估平衡计分卡因果关系分析方法研究［J］．指挥与控制学报，2017，3（2）：149－153.

美国等世界主要大国公布国家安全战略文件往往引起各国政府和政策研究界的高度关注，对其进行研究、比较和评论的文章很多。但是对这些报告中对国家安全环境的评估与预判进行集中分析的研究尚不多见。这些研究的焦点往往是从战略文件中解读该国未来一段时期将采取怎样的战略，对本国有什么影响。而少有学者对这些战略是如何形成的开展专门研究。这也是本书的研究意义所在。仅有的在一定程度上涉及到战略环境评估与预判的文章，比如对前后两份“国家安全战略”中对战略环境、国家安全面临的威胁和挑战进行对比。① 也包括对俄罗斯战略文件前后版本变动情况的比较。② 一些学者对此有所研究，主要是基于对美国战略文件的解读，看美国战略走向对中国国家安全环境造成的影响。③

此外，对国家安全战略的某一专门领域的评估和预判性文献偶有公开，例如对公共卫生、军民关系、国防投入、太空安全、网络安全等领域涉及国家安全的战略评估与预判。④ 但是对总体性的国家安全环境如何进行战略评估与中长期趋势预判的文献并不多见。

---

① 刘长敏，李贵州．奥巴马任期内《美国国家安全战略报告》比较研究［J］．太平洋学报，2016，24（6）：54－62.

② 马建光，孙迁杰．俄罗斯国家安全战略的变化及影响——基于新旧两版《俄联邦国家安全战略》的对比［J］．现代国际关系，2016（3）：15－22.

③ 林宏宇，张睿哲．从美国军事战略报告看未来中国国家安全环境［J］．国际安全研究，2010（5）：44－47.

④ Hobijn B，Sager E. What Has Homeland Security Cost? An Assessment：2001－2005［J］．Current Issues in Economics & Finance，2007，13（2）. Strachan H. British National Strategy：Who Does It?［J］．Parameters，2013，43. Homeland Security：Information Sharing Activities Face Continued Management Challenges［J］．GAO－02－1122T，2002. Metz S. Civil－military relations in the United States：The state of the debate［J］．Washington Quarterly，1995，18（1）：195－213. Klein J J. Space Strategy：A Call to Arms for the Sea Services［J］．Joint Force Quarterly，2007. Oakley R B，Casey J M. The Country Team：Restructuring America's First Line of Engagement［J］．Country Team Restructuring Americas First Line of Engagement，2006.

对美国国家情报委员会的“全球趋势”系列战略预判报告的研究多是书评性质的文章。例如，理查德·史劳特对每一份“全球趋势”都撰文评论。① 理查德·库珀对《全球趋势 2030》的四种情景和个人实力的增强、国家权力的分散化和人口增长造成影响等三个主要变量进行了简要介绍。② 国内有少数介绍性的文章。王昊对《全球趋势 2025》的主要结论和涉华内容进行了概述，认为应该积极推进和谐共生的中国道路、中国模式，充分团结新兴国家和平崛起对抗被“塑性”，并在美国亚太平衡体系中用好印度这张牌。③ 王雪莹介绍了《全球趋势：进步的悖论》中对 2035 年前可能出现的六大主要领域（信息技术、生物和健康技术、能源技术、气候干预技术、先进材料和制造技术、空间技术）的创新发展趋势，作者也注意到 2012 年发布的《全球趋势 2030》中曾预判的部分重要技术发展及其影响，如机器人开始取代大量工人，无人机被用于恐怖袭击和反恐，甚至社交网络的地位受到挑战等，在过去 4 年中已经逐步成为了现实。④ 刘志良等人对《全球趋势 2025》的预判方法、主要内容和特点等进行了评析，认为报告反映了小布什政府连任成功、新保守主义高涨背景下的国际政治经济重大变化，但应重视其预判的不确定性，不能断章取

① Slaughter R A. Time to Get Real：A Critique of Global Trends 2030—Alternative Worlds [J]. World Future Review，2013，5（4）：354 - 359. Slaughter R A. Looking for the real ‘megatrends’ [J]. Futures，1993，25（8）：827 - 849. Slaughter R A. The Biggest Wake - up Call in History [J]. Foresight International，2010. Slaughter R. Is America the land of the future? A response [J]. Foresight，2008，10（5）：60 - 64（5）. Slaughter R. Mapping the Global Future，National Intelligence Council，Washington，DC，December 2004 [J]. Futures，2005，37（10）：1185 - 1192. Floyd J，Slaughter R A. Descent pathways [J]. Foresight，2014，16（6）：485 - 495.

② Cooper R N. NIC：Global Trends 2030：Alternative Worlds [J]. Foreign Affairs，2013，92（2）：187 - 187.

③ 王昊．美国 2025 全球趋势预测报告的解读 [J]．科教创新，2010.

④ 王雪莹．美国国家情报委员会预测未来 20 年六大领域创新趋势 [J]．科技导报，2017，35（6）：126 - 126.

义进行不实解读，尤其是批评了其现实主义视角对国际合作的忽视。[①] 陈胜昌介绍了《全球趋势 2025》发布的来龙去脉和主要内容，并对不同情景中的对华预判和中美关系评价进行了梳理，指出相关研究反映出美国科学的决策体系，建议中国大力发展相关战略研究。[②] 张勇对《全球趋势 2025》进行了解析，梳理了报告结论的主要观点，认为作为对奥巴马政府的建言之作，报告对未来持消极悲观的态度，其突出的现实主义思维范式和研究方法存在一定缺陷。[③]

第二节　主要大国的国家战略评估与预判

开展战略评估与趋势预判是世界主要大国战略规划和决策的通用做法。通常，各国在制定国家安全战略前，要对国家安全环境进行系统的战略评估和趋势预判，将其作为制定战略的主要依据之一。

开展战略评估与中长期趋势预判对维护国家利益、保证国家安全至关重要。国家安全环境是当前和未来一段时期影响国家安全的国际和国内的政治、经济、军事、外交、科技、地理等方面的客观因素状态及其所形成的战略态势。在制定国家安全战略的过程中，首先要评估国家安全战略环境，预判其中长期发展趋势，从而形成战略预警能力。这也是制定正确、有效的国家安全战略的基础与先决条件。因此，世界主要大国通常在制定和实施国家安全战略的过程中首先开展国家安全战略评估与趋势预判。在全球化时代，国家安全环境具有一系列新特征。

① 刘志良，董阳春．解读美国的长期战略预测——《全球趋势 2025》评析［J］．世界经济与政治论坛，2009（2）：34－39.

② 陈胜昌．美国对世界未来 15 年的预测及其国家战略——评美国国家情报委员会《2025 年全球趋势》研究报告［J］．经济研究参考，2011（46）：2－9.

③ 张勇．美国国家情报委员会报告《2025 年全球趋势》解析［J］．国际研究参考，2009（1）：13－16.

国家安全环境不断变化、调整，没有绝对的安全。国家安全越来越只具有相对稳定性，绝对的国家安全是不存在的。国家安全观及安全利益的界定，也必须依据不断发展、变化、调整中的安全环境不断调整。[①] 国家安全环境面临外部威胁和内部风险的共同挑战。内外联动是全球化时代国家安全战略环境的重要特征。经济、社会、文化、民族、宗教等问题往往是内外呼应、复杂交织的。“免疫”于外部环境的“独善其身”式的国家安全环境是不存在的；同样，抛开内部环境只考虑外部因素的国家安全环境认识也是不正确的。

国家安全环境面临传统安全与非传统安全的共同挑战。既面临着国家间政治竞争、军事威胁、经济争端、意识形态对抗与渗透等传统安全风险，也广泛面临着跨国及有组织犯罪、极端宗教与恐怖主义、科技进步及其“两用性”问题、气候变化与生态和资源能源问题、非政府组织与跨国机构问题等非传统安全的挑战。国家安全环境的复杂状态已经超越了传统的学科研究范畴，需要跨领域、跨部门、跨学科的综合分析研判。

一、主要大国的国家战略制定与发布

不同国家的国家安全战略观及其实践存在明显的差异，即是否制定和公布国家安全战略文件、是否系统科学地开展战略评估与趋势预判以及是着眼于短期还是中长期。还有很多国家没有综合性的国家安全战略，仅有国防白皮书等形式的国防和军事战略，以此代替国家安全战略。这种现象也在一定程度上反映出不同国家的战略文化差异和特质，同时也是国家战略评估、预判与规划能力和国家战略实力的体现。

美国国会1986年通过的《戈德华特—尼科尔斯国防部改组法》，其中第603款明确规定，美国总统应当每年向国会提交一份《国家安

① 陆忠伟．把脉世界［M］．中央编译出版社，2009：5.

全战略》报告，以阐明美国国家安全战略。截至2018年，共有6位总统、9届政府向国会提交了17份美国《国家安全战略》报告。其中里根政府2份（1987年、1988年）、老布什政府3份（1990年、1991年、1993年）、克林顿政府7份（1994年、1995年、1996年、1997年、1998年、1999年、2000年）、小布什政府2份（2002年、2006年）、奥巴马政府2份（2010年、2015年）、特朗普政府1份（2017年）。美国“国家安全战略”对国际安全环境、特别是美国面临的威胁做出判断，阐述美国政府在内政、外交和防务等方面的总体目标和宏观政策。

俄罗斯着眼于10年周期的“战略构想”。冷战后，俄罗斯于1997年首次发布“俄联邦国家安全构想”，2000年发布新版“俄联邦国家安全构想”。2009年5月，俄罗斯出台“2020年前俄罗斯联邦国家安全战略”。战略要求俄罗斯实行务实外交政策，优先发展与独联体和上海合作组织成员国的关系；强调俄将竭力保持与美国和北约的战略平衡，捍卫俄在北极利益；加强俄能源安全，避免因能源争夺引发边界冲突；改善俄经济发展上的原料出口模式和严重依赖国际市场行情的状况；努力提高俄罗斯公民生活质量等。①

英国将“国家安全战略”与“战略防务和安全评估”融合发布。英国“国家安全战略”是英国政府顶层国家战略，用于指导英国各个层级和专项战略文件的制定。英国1998年发布“战略防务评估白皮书”，2002年发表该评估的增补篇“新章节”，这是英国对“防务能力进行评估以适应不断变化的战略环境”的开始。② 2008年，英国政府首次公布“国家安全战略”。2010年，英国将战略环境评估、预判与战略规划关联在一起，发布“国家安全战略与战略防务和安全评

① Достойный уровень жизни – лучшая стратегия безопасности России，13 мая 2009. 陆齐华．俄罗斯国家安全战略的历史演进［J］．俄罗斯学刊，2016（4）：38 – 46.

② Securing Britain in an Age of Uncertainty：The Strategic Defence and Security Review［R］．London：TSO，October 2010.

估”（NSS－SDSR），即是新版的“国家安全战略”与“战略防务与安全评估”两份文件的结合。并规定自2010年起，每5年发布一份NSS－SDSR。[①] 目前最新的文件是2015年发布的NSS－SDSR。针对该战略，每年发布年度战略实施报告。2016年和2017年分别发布两份“国家安全战略”年度实施报告。在此指导下，又进一步出台了“联合力量2025”和“未来力量2020”等战略构想框架，指导英国皇家武装力量的发展方向。[②]

日本以美国为模板试图建立国家战略评估与预判体系。2006年安倍晋三第一次执政期间，就提出以美国国家安全委员会为范本，建立日本国家安全保障会议。由于在野党普遍反对，未获国会通过。2012年安倍晋三第二次执政后，再次提出法案。2013年11月7日，日本众议院全体会议以执政党多数赞成的结果，通过了设立“国家安全保障会议”的法案。2013年12月17日，日本内阁会议通过“国家安全保障战略”。

澳大利亚国家安全战略由国防和军事主导。澳大利亚“国防白皮书”涉及澳大利亚战略环境判断、国防预算、装备采购等内容，是国防政策的顶层文件。澳大利亚通过发表“国防白皮书”对其战略环境进行评估，并在此指导下建立军事发展规划。[③] 澳大利亚国防白皮书是国防部牵头负责的关于澳大利亚防务政策和发展规划的纲领性文件。它的发布间隔一般为5年，但期间由于政府或执政党更替、安全环境变化等，内阁也可能会随时决定编制新的国防白皮书。

---

① https：//www. gov. uk/government/publications/national－security－strategy－and－strategic－defence－and－security－review－2015（上网日期：2018年3月5日）.

② Cornish P，Dorman A M. Complex security and strategic latency：the UK Strategic Defence and Security Review 2015［J］. International Affairs，2015，91（2）：351－370.

③ Department of Defence，2016 Defence White Paper，Canberra：Commonwealth of Australia，2016. Department of Defence，Defence White Paper 2013，Canberra：Commonwealth of Australia，2013.

法国主张战略规划过程的开放性。2013 年 4 月 29 日，法国发布新版“国防与国家安全白皮书”。这是 2008 年后法国发表的第四份白皮书。2012 年 7 月，奥朗德签发成立“国防与国家安全白皮书”起草委员会的法令。委员会由 37 名政府官员、军队代表、朝野政党议员和专家学者组成。为广泛征求意见和体现透明度，白皮书起草委员会咨询了 21 名国际知名人士，同时还专门设立了一个网站，就白皮书涉及的国际形势、国家安全战略、军队建设、国防工业等问题与公众进行互动，互动量达 200 万网页，网民提出了 7000 多条参考意见，其中一部分具有较高的参考价值。

二、主要大国的国家战略一般架构

国家战略是主权国家动用各种战略资源消除、减弱或控制自身战略环境所受威胁而进行的战略研判、战略规划、战略实施的全过程。可见，国家安全战略包含三方面基本要素：一是维护国家核心利益，保证国家安全。评估战略环境态势，尤其是判断国家安全面临的威胁与挑战。二是开展战略研判，形成战略规划，并有效贯彻实施。三是开展战略规划，并有效落实。

世界主要大国的国家安全战略的主体一般由国家的安全目标、所面临的威胁、亟待完成的任务、建议采取的措施及其实施方案等内容构成，通常包含以下六方面内容：一是安全观，即国家在安全问题上的基本理念。二是对国家核心利益的认识，即国家的价值与政策取向、基本需求和根本利益所在。三是对主要威胁的判定。根据对国家安全利益伤害的程度，判定威胁的范围、性质和等级。四是安全战略目标，即维护和谋求国家安全利益的指标性任务。五是战略资源及其运用，即捍卫国家安全的基础要素。六是国家安全政策与安全机制，即完成国家安全目标的政策和机制保障。①

① 杨毅．对中国国家安全战略的思考［J］．国防大学学报，2005：92－94.

例如，英国的“国家安全战略”就包含三个主要步骤：“确定国家至关重要的安全利益，识别这些利益所遭受的威胁，决定运用国家的政治、军事和经济等资源保护那些利益的最佳方式。”这三个步骤是英国国家安全战略的核心要素，也是制定国家安全战略的分析框架。

再如，俄罗斯“联邦国家安全构想”列出了保障俄罗斯国家安全最主要的领域，按其重要性排序共分为四个部分：国际社会中的俄罗斯、俄罗斯的国家利益、俄罗斯国家安全面临的威胁、俄罗斯国家安全的保障。“2020 年前国家安全战略”则由总则、当代世界与俄罗斯、俄联邦国家利益和国家战略重点、保障国家安全等五部分组成，阐述了俄在国防、内政、外交及经济等领域面临的主要安全威胁及应对手段，界定了俄罗斯国家安全利益所在，提出了俄罗斯国家安全体系的目标和发展任务。

三、美国的领先地位与特殊性

在主要大国开展国家安全战略研判、规划和制定的实践中，美国具有一定的特殊性。首先，美国的研判、规划和实施体系更加系统。在前期，美国有大量的政、军、情、研机构和人员参与战略评估与中长期趋势预判。在规划中，以美国国家安全委员会为首的美国政、军、情大量部门有序参与到国家的战略规划和决策过程中。在实施阶段，美国通过较为系统的战略文件指导和分解流程，将战略目标、路径和实施方案分解到各个领域、各个部门，进行体系化的贯彻落实。相比之下，其他国家的体量更小，其体系并没有美国的战略规划和实施体系这样复杂。这些国家或是还没有形成像美国一样的战略研究力量布局，或是刚刚完成类似美国国家安全委员会那样的顶层战略规划机构的设置，或是正在完善战略贯彻和实施体系。例如，日本 2006 年就准备参照美国国家安全委员会建立类似机构，但直到 2013 年刚刚设立“国家安全保障会议”。

其次，美国的国家安全战略规划工作起步更早、更加规范。美国从1986年通过《戈德华特—尼科尔斯国防部改组法》开始，就按照法律规定按固定的周期制定和发布国家安全战略文件。从1987年开始，这项工作已经持续了30余年。从里根政府开始，每一任政府都制定和公布战略文件。相比之下，其他主要大国的战略规划、制定与发布工作起步相对更晚，制度化的程度也在逐步提高的过程中。这些国家或是没有形成法律化的规范性国家安全规划体制，或是正在逐步形成相对稳定的战略规划体系，或是很大程度上依赖不同领导人或政府的意志来进行战略规划。例如，英国1998年和2002年分别发布“战略防务评估白皮书”及其增补章节。2008年则首次公布“国家安全战略”。到2010年，又将两份文件关联到一起，发布“国家安全战略与战略防务和安全评估”（NSS－SDSR）。最终形成了每5年发布一份NSS－SDSR的制度。

最后，美国的战略文件持续跟进国家和全球的形势变化，进行及时调整，其调整周期远短于其他国家。从过去30年的美国国家安全战略文件发布情况来看，美国前15年的发布周期基本是每年一份，从2002年以后开始，这个周期变成4年左右，即每届政府的任期内发布一份国家安全战略文件。这反映出美国战略规划工作进入了新的阶段，表现出了更强的稳定性和中长周期的指导性。相比之下，其他主要大国制定和发布战略规划文件的周期相对更长，在跟踪形势发展、调整战略判断和战略规划方面没有美国灵活。这些国家或是近年来刚开始制定和发布国家安全战略文件，或是尚未形成稳定的发布周期，或是存在较大的政治不稳定性影响到战略规划和制定。例如俄罗斯1997年和2000年分别发布的“俄联邦国家安全构想”，时隔近10年之后，直到2009年5月，俄罗斯才发布了新版的“2020年前俄罗斯联邦国家安全战略”。

出现这种美国相对特殊的现象主要有三方面原因。一是需求方面。美国的世界霸权地位和全球战略存在的需求，推动美国不断地完善战略研判、规划和决策体系。从冷战行将结束的时期开始，美国开始加大战略研判和规划的投入力度，而其他主要大国基本上都不具备类似的“全球存在”“全球警察”和“全球领导”的任务。大部分国家聚焦于源自周边的国家安全威胁、内部的安全保卫与稳定、经济发展与对外关系稳定等问题。因此对国家安全环境及全球趋势的中长期战略评估与预判的需求并没有美国强烈。二是投入方面。自二战以后，尤其是在冷战及此后应对国家安全挑战的实践中，美国逐步培养起了相对更加强大的战略研究力量，在政、军、情、研、企等各系统发展战略研究力量，加大资金投入，引入学术资源和科技辅助力量，极大地推动了战略研判、规划和决策向更加系统、全面的更高水平发展。三是体制机制方面。美国借助较为稳定的国家政治体制，在国家安全斗争的现实实践中，逐步形成了相对完善的国家安全战略评估与中长期趋势预判的体制和机制。借助这些体制机制，美国汇聚大量的战略研判资源和力量，塑造和改进了更广泛的社会层面对战略研判和规划的认识，培育了较好的战略文化环境，最终进一步推动了美国的战略研判和规划体系的完善。

第三节　主要大国国家战略评估与预判的基本范式

各国战略规划的基本范式是立足于对战略环境的认识，明确国家战略利益所在，判定主要威胁，确定国家安全战略的目标，据此规划战略路径和举措。

一、确定国家核心利益所在

维护国家利益是国家安全战略的基本出发点，也是国家战略评估与趋势预判活动的共同基准。各国国家战略的根本任务是维护国家核心利益，使国家“免于军事威胁和政治压迫”①，“人民免于生命、利益及价值观的侵犯”② 等。在世界主要大国的战略评估与趋势预判活动中，无论组织机构有何不同、成果形式是否多样、评估和预判结果如何，其不可否认的首要共性特征是：从本国的国家利益出发评估国家安全战略环境，预判国际安全形势，为国家战略决策服务。

在评估战略环境、预判全球形势、分析主要威胁之前，各国首先是界定各自国家的核心利益、价值观、全球利益所在，并明确提出国家安全战略目标。以此为准绳，对国家安全战略环境进行评估，对全球发展趋势进行预判，对主要大国安全威胁进行分析研判。

例如，美国“国家安全战略”开篇首先阐明美国战略原则和价值观，随后即对战略环境进行评估，对全球趋势进行预判。英国“国家安全战略”首先明确战略目标，其核心是明确国家利益所在，包括维护英国人的安全、保持英国的国际影响力、促进国家繁荣。日本“国家安全保障战略”首先阐明制定该战略的宗旨、国家的基本理念、国家核心利益和安全保障目标。

二、对国家战略环境形成基本判断

世界主要大国的国家安全战略文件均对战略环境形成一个主体性的基本判断，用于指导制定和规划在特定安全威胁的环境下达成战略目标的路径和战略措施。这种对国家安全环境面临的形势进行的基础性总体判断，其核心是世界范围内的“战争与和平”。

例如，美国特朗普政府于 2017 年发布的“国家安全战略”的核心判断是“一个竞争加剧的世界”。在该判断的基础上，提出了“美

① Romm J J. Defining national security: the nonmilitary aspects [J]. Foreign Affairs, 1993, 72 (3): 197.

② Brown H. Thinking about National Security: Defense and Foreign Policy in a Dangerous World [J]. American Political Science Association, 1983, 2 (4): 609 - 23.

国优先”的国家安全战略。该判断的主要支撑内容包括中俄的冲击、军备扩散导致美国优势缩小、大规模杀伤性武器门槛降低、信息竞赛加速政治经济和军事竞争等。

奥巴马政府于2015年发布的“国家安全战略”对战略环境的核心判断是大规模投入的反恐战争已到转折点、亚太地区权力平衡需要调整、全球权力扩散亟需应对。在此基础上提出了以“转向亚太”、收缩战线为核心的国家安全战略。

奥巴马政府于2010年发布的“国家安全战略”对安全形势着墨不多，在开篇对21世纪美国面临的复杂国家安全挑战及总体安全战略进行了综合评估。这种评估主要是基于对冷战结束以后，尤其是“9·11”以后的历史回顾和总结，集中关注武器扩散、发展不平衡、环境事务和卫生安全、恐怖主义的重大挑战等国家安全关键威胁。

小布什政府于2006年发布的“国家安全战略”开篇的战略判断是“当今世界，政权的基础性特征与在它们之间的权力扩散一样重要”，认为世界面临的最严重的挑战就是极权政府，美国必须通过终结极权政府来捍卫美国安全、世界民主、人权与安全。

再如，俄罗斯的“国家安全战略”对国家安全环境的基本判断也出现了类似的调整。“2020年前俄罗斯联邦国家安全战略”在阐述国家安全总原则和基本概念界定后，即提出“当今世界和俄罗斯：现状和发展趋势”，从全球化造成的发展不均、国家间集团对抗、单边主义行为和恐怖主义、信息对抗、能源冲突、危险材料保存、国际秩序稳定、欧亚共同体巩固、上海合作组织、欧盟和北约等国际组织的发展、美俄关系调整、宗教等对国家安全的影响等方面对国家安全环境及威胁进行了评估。上一版本的“国家安全战略”中认为“世界正沿着全球化道路发展，全球化的特点是快速并使彼此相互依赖”。而新版本的国家安全战略则放弃了这种以全球化为主体的全球趋势判断，取而代之的是对国家间对抗、冲突和单边主义行为的判断。这也是俄罗斯新版国家安全战略评估的核心判断转变。

这种纲领性的判断将为维护国家核心利益提供一个基本的战略环

境背景，为后续的战略规划、政策制定提供根本性指引。因此，这种基础性判断极为关键，尤其是对“战争与和平”“胜利与失败”等根本性问题的定性，将决定未来很长一段时期国家战略的根本走向，也将在很大程度上决定国家和人民的命运。例如，毛泽东关于“星星之火，可以燎原”、“抗日战争是持久战，最后胜利是中国的”的成功战略预判，20世纪70年代陈毅等四位老帅对国际形势做出“美帝不会单独和中国打”以及“苏修如果决心大举进攻中国将对其造成极大的困难”的成功战略预判，邓小平对“和平与发展是当今时代的两大主题”的成功战略预判都是这种基本战略判断的成功代表。

三、高度聚焦当前紧迫安全威胁

国家安全战略的重要任务是判定国家安全环境面临的紧迫威胁，并制定相应战略，动用国家各种战略资源消除、减弱或控制自身战略环境所受威胁。因此，国家安全战略高度聚焦当前国家安全面临的紧迫威胁，并据此提出国家安全战略举措。通常，这样的判断是通过实践逐步认识的。在国家安全战略的实践过程中，随着形势和威胁不断调整和变化，往往需要制定新的国家安全战略。这就会对此前战略与当前威胁所不适应的地方进行重新评估，将战略重心集中到这些紧迫的威胁上来。

例如，2013年法国“国防与国家安全白皮书”认为，自法国发表2008年国防白皮书以来，“国际安全形势发生了深刻复杂变化，持续的国际金融危机改变了国际力量对比，限制了美国和欧洲的活动余地，美欧国际影响力相对下降，中国、印度、巴西等新兴国家继续保持上升势头。金融危机还迫使许多国家调整国防与国家安全战略，美国推行亚太‘再平衡’战略，要求欧洲国家承担更多的对外行动责任。阿拉伯世界发生了重大政治社会变革，全球的军事威胁远没有消失。这些变化在一定程度上与冷战结束后的挑战十分相近。”据此，白皮书阐述了法国对国际安全形势的评估，指出当前和今后一段时间影响国际和法国安全的三大威胁和挑战：一是军备竞赛与军事对峙；二是“失败国家”的增多与针对法国公民的恐怖主义行为；三是全球化造成的消极影响，包括两用性先进技术的不当扩散、网络攻击加剧、恐怖活动猖獗、太空安全威胁、自然灾害威胁等五方面的挑战。①

再如，2016年德国“安全政策与联邦国防军未来白皮书”认为，自2006年发布上一份白皮书以来，国际形势发生了巨大变化，不同领域的威胁给德国的安全带来了严峻挑战。2006年版白皮书已经不再适应当前德国所面临的安全形势。因此，新的白皮书对新威胁下的国家战略目标进行了重新界定。②

此外，将周边安全威胁视作首要的紧迫威胁，也是一些国家的通行做法。这种判断反映出这些国家对周边国家存在强烈的不安全感，以至于国家安全战略环境的判断和国家核心战略目标都围绕这些周边安全“风险”而展开。较为典型的如澳大利亚“国防白皮书”，通常其中最重要的评估对象是中美关系对亚太地区的地缘政治格局和秩序的影响。③ 其原因就在于，从澳大利亚的国家利益出发，中美关系因素是对澳大利亚国家安全环境造成最大影响的变量，直接牵动其在亚太地区的战略环境。再如，日本“国家安全保障战略”对国家安全战略环境的评估主要分为全球和亚太两个层面。在全球层面，将技术变革、大规模杀伤性武器扩散、国际恐怖主义、国际公域秩序、人的安全、全球经济风险等六方面视为主要安全威胁。在亚太层面，将力量

---

① Défense M D L. Défense et sécurité nationale – Le livre blanc [J]. 2008. 张林初．法国2013年版《国防与国家安全白皮书》评述［J］．和平与发展，2013（5）：73－88.

② 陆巍．德国2016年版《安全政策与联邦国防军未来白皮书》解析［J］．德国研究，2017（1）：28－40.

③ Taylor B. The Defence White Paper 2013 and Australia's Strategic Environment [J]. Security Challenges, 2013. Henry I. The 2016 Defence White Paper's assessment of Australia's strategic environment [J]. Security Challenges, Vol. 12, No. 1 (2016), pp. 31－39. Lyon R, Davies A. Assessing the Defence white paper 2009 [J]. Australian Strategic Policy Institute, 2014. Ryan S T. Shape of the Australian Army in the near future given the Australian Defence Force White Paper 2000 [J]. Biblioscholar, 2012.

格局变动、朝鲜半岛局势、中国崛起等三方面作为关键威胁。在这样的战略环境评估基础上，提出国家安全保障战略。

四、立足当下，预判长远

国家安全战略是国家的根本性战略纲领文件，具有极高的权威性、严肃性和稳定性，将指导相当一段时期的国家战略与政策取向。因此，仅仅评估当下紧迫威胁是远远不够的。将战略评估聚焦于国家安全面临的紧迫威胁，主要是对当前和短期的威胁进行梳理，分辨其中危害严重、发生可能性较高的威胁。同时，要对较长周期的周边和全球趋势进行预判，对综合性的国家安全威胁进行中长期的评估，指导国家建立更加稳健、可持续的战略。

例如，英国的“国家安全战略”基于“国家安全风险评估”（NSRA）。该评估分析了未来国家安全面临的主要挑战，尤其是全球长期变化趋势，包括全球经济和军事力量平衡、国家间竞争加剧、非国家行为体崛起等。该评估最初于 2010 年启动，在 2012 年进行了一次更新，并在 2015 年制定新的“国家安全战略”之前又专门进行了一次全面的评估。评估基于两个维度，即威胁和挑战的可能性及其影响。依据风险的影响程度大小和发生概率大小将国家安全面临的威胁分为三个不同的紧要层级。2015 年评估中的前两级威胁的数量要显著多于 2012 年的评估，反映出英国对 2010 年以来国家安全环境的评估是趋于恶化的，危害到国家安全的严重和紧迫威胁的数量出现了持续上升的趋势。

借助国家安全威胁评估，英国“国家安全战略”中的战略评估与趋势预判分为短期和中长期两个时间维度。一是未来五年，突出的威胁包括恐怖主义、网络安全威胁、国际军事冲突、海外不稳定性、公共健康威胁、主要自然灾害等。二是长期威胁，包括科技革命、地缘政治和全球经济变化、气候变化等。在上述评估和预判基础上，文件提出了四个方面的关键威胁，认为其在近期和中长期都对英国国家安全产生深远影响，包括恐怖主义、极端主义和不稳定性；国家间竞争和个别国家的威胁；科技影响，尤其是网络威胁和更广泛的科技发展；基于规则的国际秩序遭到破坏，在应对全球威胁上更难达成国际共识。随后，文件分别对这四方面威胁进行了具体评估和分析。然后在这样的国家安全环境评估和预判基础上，基于实现战略目标和维护国家核心利益的需要，提出英国的国家安全战略，明确实施该战略的手段，如军事、外交、经济等。

法国的“国防与国家安全白皮书”也具有较长预判和指导周期的特色。2013年法国“国防与国家安全白皮书”详细分析了当前的国际安全形势和全球与法国面临的威胁和风险，确定了未来15年法国的国家安全战略、国防和国家安全政策，以及国防和军队建设的方针政策。

五、服务国家最高战略决策

各国开展战略评估与趋势预判的目标是服务国家战略规划与决策。包括战略研判在内的整个战略规划、决策和实施流程的最终目的，就是针对重大战略威胁和国家核心利益风险进行及时、准确的战略决策，并通过有效的战略实施体系，将国家安全战略的目标分解为各领域和层级的战略和政策目标，并将具体的战略举措贯彻落实到各部门和各领域，最终使国家沿着规划的战略路径稳健运行，取得成功的国家安全战略实践成效。

例如，美国2015年发布的“国家安全战略”基于对战略形势发生重大转变的判断，提出了以“转向亚太”、收缩战线为核心的国家安全战略。英国“国家安全战略”的基础“国家安全风险评估”（NSRA）明确指出“国家安全风险评估的目标是为战略决策提供支撑”。德国“安全政策与联邦国防军未来白皮书”在调整战略研判的基本认识的基础上，规划了德国的总体安全政策和联邦国防军的发展方向。法国“国防与国家安全白皮书”在调整对国家安全面临挑战的认识基础上，制定了法国的国防和国家安全政策。俄罗斯“联邦国家安全构想”在论述主要威胁及应对手段，并界定国家安全核心利益的基础上，提出了俄国家安全体系的目标和发展任务。

这些在重大战略判断基础上进行的战略决策，往往取得了较为显著的政策影响。从现实情况来观察，各国通过有序贯彻和落实国家安全战略，调整战略资源的配置和力量重心的布局，在一定程度上成功应对了国家安全的重大威胁，维护了国家核心利益，保障了国家安全、稳定和发展。

第四节　战略预判实践中的主观性因素

国家安全环境既有其客观性，又取决于主观认识的研判。对国家安全环境的研判是在一定的时代背景下形成的，也是由特定的人群制定的。因此，时代、政府等特征对国家安全环境的判断有决定性的影响。这也反映出对国家安全环境的研判中的主观性所在。

战略环境的本体是客观的，其构成要素的状态是客观存在的。但这种客观性存在两方面限制，即环境构成要素的认定，以及认定该环境的时刻。一方面，对于国家安全环境的主要构成要素的认定、主要威胁的判断等均具有较强的主观性。不同的战略视角、战略文化、战略安全观和战略研判出发点均存在着对国家安全环境的不同认识。另一方面，这些要素是发展变化的，其互动关系及造成的整体环境变化也是持续变动的。如何看待这种发展变化和动态性，就存在较强的主观性。

一、美国的“战时”与“平时”战略研判

美国的战略评估与预判具有很强的时代和政府特征。一个典型的现象就是“战时”的短期战略目标明确而具体，对国家安全环境的战略判断反而十分简略，基本忽略了中长期评估和预判。这种现象集中

反映了美国战略规划中的主观性特征。

2015年、2010年、2006年、2002年和2001年的美国“国家安全战略”是“战时”国家战略。因此，对国家安全环境和全球战略安全态势的评估分量很小，只是在序言和总体国家安全评估中一带而过。而其国家安全的战略目标非常具体，分别是“亚太再平衡”、结束反恐战争和打赢伊拉克、阿富汗战争。尤其是2006年、2002年和2001年小布什政府时期的国家安全战略，都是在“9·11”事件发生后提出的。有学者明确指出，布什政府以反恐划线，非友即敌。[①] 因此仅在全文第一段中由两句话阐明安全威胁。而到了2017年，特朗普政府的国家安全战略聚焦于国家间竞争，因而对这种特征的国家安全环境进行了大段的描述。

可见这是一种战略决策主导的国家安全战略，而不是基于国家安全威胁和环境评估的战略决策。换言之，这种战略环境的评估和预判是极为明确，甚至不言自明的，因为战时国家的主要安全威胁是无需讨论的。因此，无论是战略研判还是战略决策，其核心都是应对恐怖主义威胁，打赢反恐战争。这一判断是压倒性的国家安全挑战和国家安全战略目标，已经不需要在战略制定之前对国家的战略环境进行综合评估。这些现象都反映出美国的国家安全战略具有一定程度的主观性。也正因为如此，在国家短期战略目标极为明确的时候，由中长期战略思考的部门开展综合性的远景战略评估与趋势预判显得更为重要。

二、美俄“国家安全战略”对对方战略威胁判断的变化

近年来，美俄关系深度调整迫使双方在国家安全战略文件中对对

① 周德武等．为“新帝国主义论”把脉［J］．世界知识，2002（15）：26－30.

方威胁的判断一再调高。客观而言，美国对俄罗斯的威胁在冷战刚结束时显然应更强于当前。而普京签署的2015年“2020年前俄罗斯联邦国家安全战略”，修正了2009年由时任总统梅德韦杰夫签署的版本中对威胁的认识。该文件判断俄罗斯面临的国家安全威胁出现了新的变化，首次将美国列为国家安全威胁之一，并据此对俄外交政策优先方向、军事力量发展以及经济能源安全等做出了新战略规划。

与此相对应的是，俄罗斯与美国的竞争关系也一直在冷战后持续发展。但特朗普政府2017年的“国家安全战略”将俄罗斯作为主要的国家安全威胁之一，并明确将其列为主要竞争对手之一。

美俄双方这种对威胁的认识显然带有主观性，很大程度上受到了近期双边关系发展趋势的影响。甚至可以说，这种战略规划带有领导人的个人色彩。因此，这一现象集中反映了美俄双方战略规划方面的主观性特点。

三、欧洲大国“国家安全战略”对全球化的“再认识”

“伊斯兰国”兴起并出现“难民涌欧”和极端暴恐分子“回流”问题后，欧洲主要大国对于国家安全威胁的认识出现了新的变化，尤其是对全球化问题的认识出现了逆转。客观上，全球化与一体化趋势是持续发展的，且是欧洲国家所引领和主张的。但基于国民和国家决策层主观认识的改变，这种认知出现了逆向调整。

例如，德国2016年“安全政策与联邦国防军未来白皮书”首先评估了德国当前面临的主要威胁，主要集中在非传统安全和传统安全两方面。新白皮书尤其强调了全球化造成的负面影响，并集中论述了恐怖主义向欧洲转移、传染病、信息技术对犯罪行为的推动作用等。

再如，法国2013年“国防与国家安全白皮书”也集中论述了全球化造成的消极影响，包括两用性先进技术的不当扩散、网络攻击加剧、恐怖活动猖獗、太空安全威胁、自然灾害威胁等五方面的挑战。

再如，英国 2015 年“国家安全战略与战略防务和安全评估”也将恐怖主义、极端主义和不稳定性问题列为英国的首要安全威胁。

欧洲国家在近年来普遍开始将全球化的负面影响作为国家安全的重要威胁，很大程度上受到了全球恐怖主义发展态势、反恐战争进展以及欧洲的民族、宗教、社会和意识形态等问题的影响。甚至在一定程度上反映了基层民意的国家战略决策的影响。显然，这种影响是具有主观性的，最终导致了欧洲的反全球化和反一体化浪潮。

本章小结

开展国家安全战略评估与中长期趋势预判对维护国家核心利益、保证国家安全至关重要。在全球化时代，国家安全环境的复杂状态已经超越了传统的学科研究范畴，需要跨领域、跨部门、跨学科的综合分析研判。美、俄、英、法、德、日等世界主要大国通常在制定和实施国家安全战略的过程中首先开展国家安全战略评估与中长期趋势预判，将其作为制定战略的主要依据之一。其基本范式是首先确定国家核心利益所在，对国家安全环境形成基本战略判断，高度聚焦于当前国家安全面临的紧迫威胁，并着眼于中长期战略趋势预判，最终以战略决策及其贯彻实施为根本导向。虽然国家间的战略研判和规划具有一定的普遍做法，但不同国家的国家安全战略观及其实践的差异，在一定程度上反映出对国家安全环境的研判既具有客观性，又取决于主观认识和判断。

第二章

美国战略规划体系中的战略预判

“战略好像金字塔，有其不同的方面和层级，但又结合成为一个整体。所有一切行动之间都有良好协调，并指向同一目标。”①

——安德烈·博弗尔（Andre Beaufre）

相比于其他西方国家，美国显然是战略评估与趋势预判活动的引领性力量，具有相对完备的研究体系、较为系统的组织架构和较为成熟的运行程序，是西方世界开展战略研判的模板和范例。尤其是英国、加拿大、澳大利亚等国的战略评估体系与其相似度很高。

第一节　级层式的金字塔体系

美国的国家战略体系的基本架构是“三级四层”（参见图2—1）。“三级”是指战略文件发布的级别，分为国家总体战略、领域战略和部门战略。其中上一个级别的战略是下一个级别战略的制定依据，其战略目标分解为下一个级别的战略目标，下一个级别的战略路径服从于上一个级别的战略规划。“四层”是指战略文件的制定和实施流程

① ［法］安德烈·博弗尔. 战略绪论［M］. 内蒙古文化出版社，1997.

分为四个层次，分别是制定战略的预研文件、形成顶层总体战略文件并制定分领域战略文件、形成领域中具体业务分支的战略文件并制定部门具体行动战略文件以及政府外的辅助性研究。

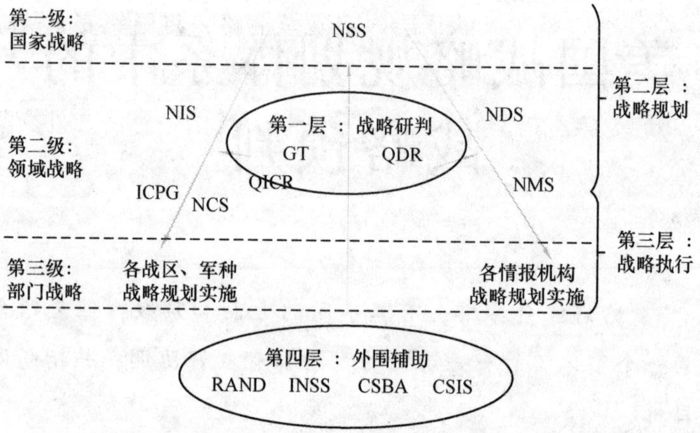

图 2—1　美国“三级四层”战略规划体系

资料来源：根据“国家安全战略”等美国主要战略文件及战略研判成果整理。

图注：

NSS（National Security Strategy）——国家安全战略；

GT（Global Trends）——全球趋势；

QDR（Quadrennial Defense Reviews）——四年防务评估；

QICR（Quadrennial Intelligence Community Review）——四年情报界评估；

NDS（National Defense Strategy）——国防战略；

NMS（National Military Strategy）——国家军事战略；

NIS（National Intelligence Strategy）——国家情报战略；

ICPG（Intelligence Community Planning Guidance）——情报界规划指针；

NCS（National Counterintelligence Strategy）——国家反情报战略；

INSS——国防大学国家战略研究所；

RAND——兰德公司；

CSBA——战略与预算评估中心；

CSIS——战略与国际问题研究中心。

一、三个级别

第一个级别是总体战略，即白宫国家安全委员会发布的“国家安全战略”。该战略是政府的顶层国家安全战略，将国家安全战略目标分解到每一个特殊领域，并整合各领域的战略行为。

第二个级别是在总体战略之下，军事、政治、经济、外交等各领域都各有其总体战略，其功能为在此领域中分配任务和协调行动。美国第二级别的战略文件主要有国防和军事、情报、国土安全等主要分支。在国防和军事领域的重要文件包括：国防部发布的“国防战略”和“四年防务评估”、参谋长联席会议主席发布的“国家军事战略”等。在情报领域的重要文件包括：国家情报总监发布的“国家情报战略”、“全球威胁评估”和“四年情报界评估”，国家情报委员会发布的“全球趋势”等。

第三个级别，在每一领域之内，又有若干不同的活动，它们都有特定战略。例如，国防与军事领域各作战司令部和军种发布的具体领域的战略，情报领域各情报机构发布的具体领域的战略。除此之外，涉及国家安全战略评估与趋势预判的，还包括其他一些关键的官方和半官方智库受委托开展的国家安全战略评估和趋势预判的研究成果，这些成果也对战略决策起到一定的辅助作用。

二、四个层次

第一个层次是国家级的战略研判。开展战略评估、预判与规划研究，形成制定战略之前的基础研究。其成果包括“四年防务评估”“全球趋势”以及其他委托智库和高校开展的基础性研究。

第二个层次是编制总体国家安全战略。在战略环境的研判基础上，明确战略目标、国家核心利益，决定国家总体战略方向和基本战略举措。

第三个层次是战略规划的分解与贯彻落实。在各领域制定三级战略文件，从特定领域落实国家安全战略的战略文件，在其下制定具体业务方向的战略文件，最后到具体部门的行动战略。在国防和军事领域，自从2004年开始制定国防战略后，即“国家安全战略”—“国防战略”—“国家军事战略”—“战区战略”。[①] 在情报领域，自从2001年设立国家情报总监后，即“国家安全战略”—“国家情报战略”—“情报整合战略”—“情报机构战略”。

第四个层次是外围辅助。在政府机构以外，一些官方、半官方的智库以及企业和高校等方面的力量也参与到战略规划的流程当中。这种参与的形式是多种多样的，包括开展委托研究，将成果转化为战略规划的早期研究基础；参加国会听证，影响战略规划的决策环节；通过旋转门，进入政府内部，将在外围开展的一些研究成果和方法引入政府战略规划之中等。在这些参与美国国家战略规划的机构当中，有一些产生的影响相对更大，在一些战略的制定过程中曾发挥过决定性影响，比如美国国防大学国家战略研究所（INSS）、兰德公司（RAND）、战略与预算评估中心（CSBA）、战略与国际问题研究中心（CSIS）等。

第二节　美国战略体系中的战略评估与趋势预判

一、战略评估与趋势预判发挥的基础性作用

尽管从文件的指导性上来说，美国安全与军事战略文件和评估报告的指导顺序应该是“国家安全战略—国防战略—国家军事战略—四年防务评估”，但从上述战略文件的发布顺序可以看出，每一轮战略

① 樊高月．从三级战略体系到四级战略体系——解析《美国国防战略》[J]．现代军事，2005（5）：21－23．

规划的起点，都是“四年防务评估”等军事评估与预判报告，紧随其后发布的是“国家安全战略”，随后再发布“国防战略”，最后是“国家军事战略”。美国国家安全战略文件体系中的主要文件和报告情况参见表2—1。

表2—1　美国主要国家安全战略文件及报告

政府	年份	战略文件				战略研判文件				
		国家安全战略	国防战略	国家军事战略	国家情报战略	四年防务评估	全球趋势	核态势评估报告	太空态势评估报告	弹道导弹防御评估报告
克林顿第二任期	1997	5月		9月		5月	11月			
	1998	10月								
	1999	12月								
	2000	12月					12月			
小布什第一任期	2001					9月				
	2002	9月						3月		
	2003									
	2004			5月			12月			
小布什第二任期	2005		3月		10月					
	2006	3月				2月				
	2007									
	2008		6月				11月			
奥巴马第一任期	2009				8月					
	2010	5月				2月		8月	3月	2月
	2011			2月						
	2012		1月				12月			
奥巴马第二任期	2013									
	2014				10月	3月				
	2015	2月		6月						
	2016									

续表

政府	年份	战略文件				战略研判文件				
		国家安全战略	国防战略	国家军事战略	国家情报战略	四年防务评估	全球趋势	核态势评估报告	太空态势评估报告	弹道导弹防御评估报告
特朗普	2017	12月					1月			
	2018		1月							

资料来源：根据美国国防部、国家情报总监办公室等网站整理。①

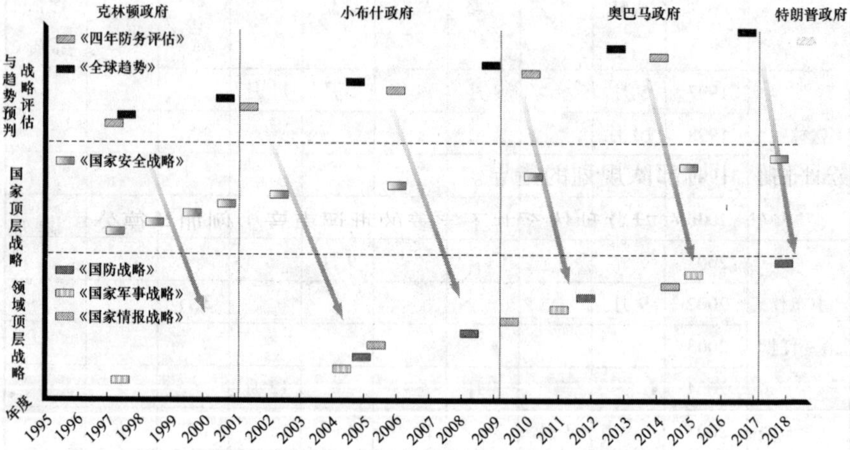

图 2—2　美国战略文件的指导关系与规划流程

资料来源：根据“国家安全战略”等美国主要战略文件及战略研判成果整理。

从近 20 余年的情况看，小布什和奥巴马政府都是在先完成“四年防务评估”之后，再提出“国防战略”和“国家军事战略”。一般情况都是二者在临近月份先后发布。之后，在第二任期提出新的“四

① 2012 年 1 月发布的“国防战略”文件命名为《维持美国的全球领导地位：21 世纪国防优先任务》（U. S. Department of Defence. Sustaining U. S. Global Leadership：Priorities for 21st Century：Defense Strategic Guidance. 2012.）。

年防务评估”，并不以上一份“国家安全战略”为纲领。而是继续在其后提出新的“国家安全战略”。把这些文件按照发布的时间顺序标注在图上就可以一目了然（参见图2—2）。

图2—2中的箭头反映了美国战略文件的相互指导关系及其规划的流程，即从战略评估与趋势预判开始进行前期研究，随后在其研判成果的基础上制定国家安全顶层战略，最后在其指导下形成各领域的顶层战略文件，然后开始向领域内部继续下沉，并开始贯彻实施。

事实情况也是如此，例如，在2008年“国防战略”中就明确写明该战略是基于对之前行动和战略的评估，尤其是2006年的“四年防务评估”。这份32页的“国防战略报告”共引用2006年“四年防务评估”7次，也明确表明该战略是2006年“四年防务评估”对伊拉克、阿富汗等其他战区评估成果的具体反映。2015年的“国家军事战略”也写明文件提出的国家军事目标服从于2014年的“四年防务评估”中对部队规划的指导。

当然，也有对这种体系并不完善的批评声音，例如兰德公司的分析认为“国家安全战略”“国防战略”和“国家军事战略”等战略报告的发布顺序表明，美国缺乏自顶向下有序的战略发布体系，而这种无序可能使本已复杂的“四年防务评估”变得更加复杂。①

二、历份“国家安全战略”文件中的战略评估与趋势预判

美国“国家安全战略”由美国政府向国会提交，对国际安全环境、特别是美国面临的威胁做出判断，阐述美国政府在内政、外交和防务等方面的总体目标和宏观政策。根据美国国防部2009年发布的

① Larson E. V., Eaton D., Linick M. E., Peters J. E., Schaefer A. G. etc. Defense Planning in a Time of Conflict: A Comparative Analysis of the 2001 - 2014 Quadrennial Defense Reviews, and Implications for the Army [J]. RAND, 2018.

修订版《军事及相关术语词典》的界定，美国“国家安全战略”指的是“由美国总统发布的用于发展、运用、协调国家力量来实现国家安全战略目标的文件”。①

美国“国家安全战略”的法律基础是美国国会1986年正式通过的《戈德华特—尼科尔斯国防部改组法》，其中第603款明确规定，美国总统应当每年向国会提交一份“国家安全战略”报告，以阐明美国国家安全战略。“国家安全战略”是美国根据国内外形势进行最新评估的基础上制定的，因此从内容上看虽然近30年来变化很大，但根本目标始终是维持美国在全球的核心安全利益。

截至2018年，共有6位总统、9届政府向国会提交了17份美国“国家安全战略”：里根政府2份（1987年、1988年）、老布什政府3份（1990年、1991年、1993年）、克林顿政府7份（1994年、1995年、1996年、1997年、1998年、1999年、2000年）、小布什政府2份（2002年、2006年）、奥巴马政府2份（2010年、2015年）、特朗普政府1份（2017年）。

2002年小布什政府的“国家安全战略”正式提出向恐怖分子和敌对国家发动“先发制人”进攻的战时国家战略，这是2001年“9·11”恐怖袭击事件后美国做出的重大战略调整。小布什政府于2006年发布的“国家安全战略”开篇第一句便说：“美国正处于战争之中”，再次明确用军力赢得战争、重塑世界的战略决心。

奥巴马政府上台16个月后，于2010年5月发布了“国家安全战略”。虽然阿富汗和伊拉克战争仍未结束，但奥巴马已经不将反恐战争作为维护国家安全的核心战略，反而是小布什的单边主义造成了美国战略环境的恶化。因此，奥巴马在报告序言中说：“长远国家安全并非藉在他人心中建立恐惧，而是通过与对方对话获得。”其重要变化是改变小布什时期的单边主义做法，强调与外界合作对话。该报告

① U. S. Department of Defense. JP 1 – 02. Dictionary of Military and Associated Terms [M]. 2001, amended through 2009, p. 371.

使奥巴马强调多边外交重于军事力量的想法正式付诸实施。方案提出利用外交、经济革新、发展援助、军事力量以及教育，达到提升美国影响力的目的。与布什政府的“先发制人”战略相比，奥巴马政府强调未来处理国际事务时将以多边外交优先，并与国际组织合作，军事将是外交努力无效情况下的最后手段。根据这份报告，奥巴马政府放弃了布什政府“反恐战争”的说法。在报告中，奥巴马政府呼吁将美国的合作对象从传统盟友扩展到中国、印度等正在崛起的新兴大国。奥巴马政府的国家安全战略还扩大了国家安全概念的外延，把本土恐怖主义、网络安全隐患、财政赤字、气候问题等纳入国家安全威胁。

特朗普政府上台 11 个月后，于 2017 年 12 月发布“国家安全战略”。在分析美国的国家利益、评估威胁和战略手段运用等方面都展现出与奥巴马政府时代不同的战略思维。该报告将以“有原则的现实主义”为出发点，认为美国当前所处的世界正迎来更激烈的竞争，且国家间权力平衡正朝着对美国不利的方向发展。报告强调，美国必须保持竞争心态，并重申经济安全即是美国的国家安全，美国将与各国打造公平、互惠的经济关系。报告把美国国家安全利益的“挑战者”列为三类，分别为“改变现状国家”“流氓政权”和“跨国威胁性组织”，其中中国和俄罗斯首次被明确列为“改变现状的国家”，定义为战略竞争者。在这样的战略判断指引下，报告突出了美国核心安全利益，明确首要维护的是“美国的安全、繁荣以及在世界上的地位”。报告列出美国国家安全四大支柱，分别为保卫美国国土安全、促进美国繁荣、以实力捍卫和平与提升美国影响力。

第三节　美国国防与军事战略中的战略评估与趋势预判

2004 年以前，在国家安全战略之下，美国国防和军事领域的顶层战略是“国家军事战略”。2004 年后，美国开始制定和公布“国防战略”。该文件也成为美国国防和军事领域的顶层战略。

一、国防战略

国防战略的目标是建立军事规划，形成能够有效支撑国家安全战略落实的武装力量结构、现代化、研发与采购、基础设施建设和其他资金、人力和能源资源。其主要的定位是武装力量落实国家安全战略所需要的能力建设。据此再制定国家军事战略，并为国防部的其他战略指令、战役规划、军备建设和情报活动等提供指南。美国国防部2009年版《军事及相关术语词典》对“国防战略”的定义是“由国防部长发布的通过协调国防部机构及其他国家力量来运用美国武装力量实现国家安全战略目标的文件”。①

该文件的基本架构是：首先，评估战略环境，指出关键威胁。既包括国家和地区的重点威胁，也包括非传统安全领域的突出威胁和新兴威胁。随后，提出国防部的战略目标。主要是如何维护美国国家利益，保障美国国家安全，为国防战略提出重点任务。最后，在此基础上，指出战略实施方案。例如2018年1月防长马蒂斯提出的新国防战略就包括三方面战略举措：提高军队全域作战能力；强化同盟及扩大伙伴范围；推进国防部改革。

二、国家军事战略

美国“国家军事战略”是参联会主席提交给国防部长的关于军队战略目标的文件，其上位的纲领性文件是“国家安全战略”和“国防战略”。美国国防部2009年版《军事及相关术语词典》对“国家军事战略”的定义是“由参联会主席发布的用于部署和运用军事力量来实现‘国家安全战略’和‘国防战略’目标的文件”。② 参联会主

① U. S. Department of Defense. JP 1 – 02. Dictionary of Military and Associated Terms [M]. 2001, Amended Through 2009, p. 368.

② Ibid. , p. 370.

席在法律规定下，与其他参联会成员、作战司令部负责人共同制定该文件。法律要求该文件必须在每个偶数年的2月15日之前分别提交给参众两院的军事委员会。其重要目标是阐述军队如何贯彻落实最新的“国家安全战略”，与国防部长向总统和国会的年度报告保持一致，并将最新的“四年防务评估”作为基础。最新的一份是2015年时任国防部长卡特和时任参联会主席邓普西发布的。

该报告首先阐明美国国家安全环境和国家利益所在，指出战略机遇与挑战，尤其是指出最突出的国际和地区威胁，对军队面临的作战环境进行描述。随后，报告提出维护美国国家安全和国家利益的目标、路径和手段。同时，报告还对战略风险进行评估，尤其是针对军事领域面临的风险。在报告制定过程中，参联会主席需要检验军队应对复杂安全环境的备战情况。参联会主席首先将报告提交给国防部长。国防部长对该报告进行评估和修订后，提交给国会。

三、战区战略

美国国防部2009年版《军事及相关术语词典》对“战区战略”的定义是“通过同步地和整合地运用军事力量和其他国家力量来保卫国家和国际安全政策和战略的行动概念和路线”。[①] 在战区、军种和专门作战领域的战略层级，美国一直在推动以“空海一体战”“跨域协同”等为代表的战略评估、研判与规划的成果性文件。其目标就是整合作战力量，打破军种和战略条块分割的壁垒，深挖作战潜能，通过不断提升协同作战水平达到优化作战力量结构、增强整体作战能力的目标。这种努力从二战及冷战时期的“空地协同”发端，在20世纪90年代“军事事务革命”（Revolution in Military Affairs，RMA）之后得到了长足发展。

① U. S. Department of Defense. JP 1 - 02. Dictionary of Military and Associated Terms［M］. 2001，amended through 2009，p. 552.

冷战结束后，美国国防和军事系统掀起了一轮“联合作战”大讨论。在安德鲁·马歇尔等人的推动下，美军推动了“军事事务革命”，在战争准备、作战方式及军事建制等方面均大量引入科技创新力量，促使战争形态发生重大变革，意在根本性改变军事行动的特质和遂行方式。为此，美军参联会连续颁布 0 ~ 6 系列共 112 本联合出版物，形成了较为完善的联合作战理论体系。这一时期的主要突破在于精确制导武器、指挥、控制、通信、计算机、情报、监视和侦察能力系统（C^4ISR）的提升和整合。这一时期的标志性成果是 20 世纪末美军连续出台的“联合构想 2010”“联合构想 2020”，以及各军种与之相适应的军种构想等。这些远景规划为美国建设适应未来战争形态的联合作战部队设定了基本框架体系。

进入新世纪后，小布什政府时期的防长拉姆斯菲尔德推动“防务转型”（Defense Transformation），谋求形成新的高水平“联合协同”（Joint Synergy）作战模式。2003 年，美军参联会颁布“联合作战概念”，将全军种的联合作战作为军队作战领域的顶层战略。2010 年前后，美国军方开展了将“联合协同”概念提升为“跨域协同”的理论准备。美国防部对美军联合作战等环境、需求和能力进行系统全面的科学评估、预测和研究，连续发布了“联合作战环境”“联合作战顶层概念 3.0 版”“联合介入作战概念”等重要文件，为此后的美军理论体系提供了重要基础。

2012 年，奥巴马政府出台国防战略指南“保持美国全球领导地位：21 世纪国防优先任务”，提出建设 2020 年联合部队的任务。① 为此，美军参联会于同年 9 月配合新国防战略出台“联合作战顶层概念：联合部队 2020”，首次提出“全球一体化作战”概念。该文件指出，实现“全球一体化作战”的核心措施就是“跨域协同”。要求在 2020 年建成具备全球一体化作战能力，跨域、跨层级、跨部门和跨国

① U. S. Department of Defence. Sustaining U. S. Global Leadership: Priorities for 21st Century Defense, Defense Strategic Guidance. 2012.

的美军联合作战部队，形成不同领域的优势互补。①

在联合作战和跨域协同战略的指导下，美军各部门、各军兵种陆续开展了相应的实施文件出台过程，配套全军作战思想和理念的革新。海空军首先联手，以应对此挑战为契机，提出"空海一体战"概念。② 随后，陆军和海军陆战队也不甘落后，提出联合介入作战。2012年3月，陆军和海军陆战队联合推出"实现和保持介入：陆军和海军陆战队概念"，强调了两个军种在跨域协同中发挥的作用。③ 2015年，空军发布"空军未来作战概念"，提出了包括多域控制中心在内的作战想定。在整合各军种的作战规划后，美军整体提出以跨域协同为核心的亚太介入作战理念，力图以跨域打击为突破口，针对敌方作战指挥体系的薄弱环节，形成瘫痪敌军军事作战能力的打破杀伤链能力。通过跨域作战，弥补因地域、实力等因素造成的在特定域的战略短板，实现整体战略优势。④

第四节　美国情报战略中的战略评估与趋势预判

一、国家情报战略

2005年美国国家情报总监发布首份"美国国家情报战略"。到

① U. S. Department of Defense. Capstone Concept for Joint Operations：Joint Force 2020，2012.

② U. S. Department of Defense，Air – Sea battle Office. Air – Sea battle：Service Collaboration to Address Anti – Access & Area Denial Challenges. 2013.

③ U. S. Army Capabilities Integration Center and Marine Corps Combat Development Command. Gaining and Maintaining Access：An Army – Marine Corps Concept. 2012.

④ Mark E. Redden and Michael P. Hughes. Global Commons and Domain Interrelationship：Time for a New Conceptual Framework？［M］. INSS Strategic Forum 259，Washington，DC：National Defese University Press，2010.

2017 年底，共有 2005 年、2009 年和 2014 年 3 份。“国家情报战略”居于美国国家情报战略体系的核心地位，广泛应用于国家安全的各个方面。“国家情报战略”与“国防战略”相对应，是情报界在“国家安全战略”指导之下的顶层战略。在历次“国家情报战略”中，广泛地规划了国家政治、经济、军事、反恐、反扩散等各个方面的国家情报工作，协调、整合情报界力量，指导美国整个情报界工作和未来发展的 4—5 年期战略规划。

“国家情报战略”的基本架构是，首先评估战略环境，指出对美国的国家利益构成挑战的关键威胁。这部分内容与“全球趋势”提出的威胁大致相同，分为三个层次：国别与地区层面，一些国家通过新兴手段挑战美国利益；新威胁方面，非国家行为体威胁国家安全；全球层面，经济、资源、能源及气候等问题存在重大威胁。随后提出战略目标和任务。最后，结合战略环境与目标任务，提出情报界的具体战略规划。2014 年的报告则增加了国内环境的部分，也与“全球趋势”报告增加对美国国内情况的评估相一致。

“国家情报战略”反映了多个情报部门对战略环境的认知与判断，既是国家情报总监与各情报机构共同商议的结果，也听取了国防部、国务院、国土安全部和国家安全委员会等部门的意见。对于国家、非国家行为体及全球力量趋势三个层次的威胁判定，反映美国情报界战略评估与趋势预判的基本分析框架。①

“国家情报战略”之下，还颁布了一系列过程性计划、构想以及阶段性评估报告，其目的是通过战略目标分解来落实“国家情报战略”。在“国家情报战略”的指导下，各个情报界机构也纷纷制定了自己部门的战略，构成了高低搭配的国家情报战略体系。情报界的第二级和第三级战略文件相对于国防和军事领域更复杂一些，这也反映出情报界正处于整合中的现状。总体而言，这些文件在“国家情报战

① Office of the Director of National Intelligence. National Intelligence Strategy Frequently Asked Questions. 2009.

略”的指导下，分别负责不同的情报界发展领域，又对各情报机构的具体战略进行特定领域的指导。虽然其中不少文件并没有冠以“战略”的字眼，但是它们的内容、目的和作用都是为了更好地完成美国“国家情报战略”中的各类要求，并且在形式上符合战略的基本范式，即“目标”“环境”和“实施路径”。

二、情报界整体战略

在“国家情报战略”的总体落实层面，有“情报界规划指南”①、“展望2015：一个全球网络化一体化的情报业界”② 等为完成情报界一体化建设而专门制定的远景性战略规划。它们为情报界设定了未来较长一段时间的发展蓝图，类似于美国军方提出的“联合构想2010”与“联合构想2020”对美军转型的指导。

在推动情报界整合方面，有“美国情报界整合与合作的100天计划”③“美国情报界整合与合作的100天计划的跟进报告”与“美国情报界整合与合作的500天计划”④“美国情报界整合与合作的500天计划的跟进报告”⑤ 等。这些文件均是落实“国家情报战略”的过程性战略规划，它们对“国家情报战略”提出的转型要求进行细化落实，并对阶段性成果进行评估，为下一版“国家情报战略”的制定提供依据。

① Office of the Director of National Intelligence. Intelligence Community Planning Guidance.

② Office of the Director of National Intelligence. Vision 2015：A Globally Networked and Integrated Intelligence Enterprise.

③ Office of the Director of National Intelligence. United States Intelligence Community 100 Day Plan for Integration and Collaboration.

④ Office of the Director of National Intelligence. United States Intelligence Community 500 Day Plan for Integration and Collaboration.

⑤ Office of the Director of National Intelligence. United States Intelligence Community 500 Day Plan for Integration and Collaboration Follow – up Report.

情报总监办公室各内设机构也就各自分管的领域制定情报界的整体战略。国家反情报与安全中心发布的“美国国家反情报战略”①，目前公开的有2005年、2007年、2008年和2015年颁布的4版战略报告。情报界首席信息官签署发布“美国情报界信息共享战略”②与“美国情报界信息共享的战略意图2011—2015”③。情报界首席人力资本官颁布“美国情报界人力资本五年战略规划”④。主管政策、计划与需求的国家情报副主任颁布“四年情报界评估”，这是情报界10—20年长期战略规划的文件。⑤“四年情报界评估”是与“四年防务评估”相对应的情报界评估产品。它以国家情报委员会的“全球趋势”系列报告为基本背景，对未来的国家情报需求及能力发展路径进行评估和规划，为“国家情报战略”的制定提供前瞻性的视角。

三、情报机构战略

各情报机构颁布的战略文件，与军队的战区和军种战略文件处于相当的层级。各情报机构颁布的战略报告形式各异，但是基本模式相近。其核心都是服从于“国家情报战略”及情报界的整体性战略规划，根据各自机构的职能任务分工和各自特点，为贯彻落实国家战略规划、实现战略目标，设定本机构的行动路线和方案。

中央情报局以局长讲话的形式来申明机构的战略，目前可见的有

---

① National Counterintelligence and Security Center. National Counterintelligence Strategy of the United States of America.

② Office of the Director of National Intelligence. United States Intelligence Community Information Sharing.

③ Office of the Director of National Intelligence. United States Intelligence Community Strategic Intent for Information Sharing 2011 – 2015.

④ Office of the Director of National Intelligence. The US Intelligence Community's Five Year Strategic Human Capital Plan.

⑤ Office of the Director of National Intelligence. Quadrennial Intelligence Community Review.

“中央情报局”① “中央情报局战略意图”② 等。国家安全局发布“国家安全局/中央安全署战略”，提出本机构未来发展目标，并规定对机构工作人员的基本要求和规范。③ 联邦调查局发布“今日的联邦调查局：事实与数据”，评估当前和过去一年的形势与情况，展望未来的工作环境，为下一步的工作制定优先选项和发展路径。④ 国家侦察办公室发布“国家侦察办公室战略”以及“战略展望”⑤，评估当前侦察工作所面临的困难，提出未来机构应着力推进的战略目标。

国防和军队系统的情报机构也在本系统及情报界的战略指导之下，制定本部门的战略文件。国防部主管情报的副部长签发“国防情报战略”⑥，设定军方各情报机构的战略目标，指出优先任务及发展路径，并规划未来军方情报机构的整体发展方向与力量布局。国防情报局颁布“国防情报局战略”⑦ 和“战略构想”⑧，提出国防情报局的建设目标和战略规划。“国防情报局战略”比其他机构战略更加系统公开，目前已经出台了4个版本和若干构想计划。各军种情报机构也出台各军种的情报战略，如空军司令部发布“空军情报、侦察与监视2023：提供决策优势，空军情报、侦察与监视业界的一个战略构想”⑨，陆军发布“陆军情报2020：在转型中实现决定性作战”⑩ 等，

① Central Intelligence Agency. CIA Director Leon E. Panetta Unveils Blueprint for Agency's Future.

② Central Intelligence Agency. Strategic Intent 2007 - 2011: One Agency, One Community.

③ National Security Agency & Central Security Services. NSA / CSS Strategy.

④ Federal Bureau of Investigation. Today's FBI: Fact & Figures 2013 - 2014.

⑤ National Reconnaissance Office. NRO Strategic Vision: Vigilance from Above.

⑥ U. S. Department of Defense. Defense Intelligence Strategy.

⑦ Defense Intelligence Agency. 2012 - 2017 Defense Intelligence Agency Strategy.

⑧ Defense Intelligence Agency. Strategic Vision 2012 - 2017.

⑨ U. S. Air Force Headquarters. Air Force ISR 2023: Delivering Decision Advantage, A Strategic Vision for AF ISR Enterprise.

⑩ LTG. Mary A. Legere. Army Intelligence 2020: Enabling Decisive Operations While Transforming in the Breach.

也都从各个军种的角度对情报力量的发展进行了战略性的规划。

本章小结

美国战略研判、规划和决策体系比其他国家更加完备，形成了“三级四层”的国家安全战略体系。其战略文件的发布体系和文件所指出的遵循关系都反映出，战略评估与趋势预判在美国国家安全战略规划和文件体系中发挥了基础性和指引性的作用。国防和军队以及情报界的战略规划体系较为完整，均反映出这种自上而下、环环相扣的战略研判和规划体系，以及战略评估与趋势预判在其中发挥的关键作用。

第三章

美国战略评估与预判能力

“叙述过去的事件，不是战略研究，那是历史。最高级形式的战略研究是对可能发生的情况进行预测的结构性思考。真正的战略研究总是预测性的。”①

——罗伯特·克拉克（Robert M. Clark）

美国在多个政、军、情、研部门开展战略评估与趋势预判，形成了多样化的研究和成果体系，相关评估与预判成果相互配合、支撑和印证，共同辅助总体国家战略的规划和决策。其中支撑战略研判和战略规划最重要的文献是“四年防务评估”和“全球趋势”。

第一节 “三维”力量布局

美国的战略评估从美国国家利益出发，着眼于如何维护美国全球霸权地位，保证美国在国际格局和秩序中的主导性地位，维持全球存在和进入，掌握国家安全的主动塑造和维护能力。② 总体而言，这些

① ［美］罗伯特·克拉克．情报分析：以目标为中心的方法［M］．金城出版社，2013：238.

② Cronin P M. Global Strategic Assessment 2009：America’s Security Role in a Changing World［C］National Defense University，2009.

战略评估与趋势预判工作在三个维度上开展（参见图3—1）。一是领域维度，在国家总体战略与综合性问题、国防和军事、专业行业（如能源资源、气候环境、金融经济等）、技术和工程等领域开展国家战略评估与预判；二是实施机构，分布在不同的层级，包括国家最高决策层（在美国主要是白宫及其国家安全委员会）、政府和军队等国家机构（如国防和军队体系、情报体系、国土安全体系、公共卫生与疾病控制体系等）、智库和高校、企业等；三是评估和预判的时间跨度，分为短期（5年以内）、中长期（5—20年）、长期（20—50年）、超长期（50—200年）等。这三个维度广泛分布、复合协作的战略预判与评估活动共同构成了美国的战略预判与评估体系。

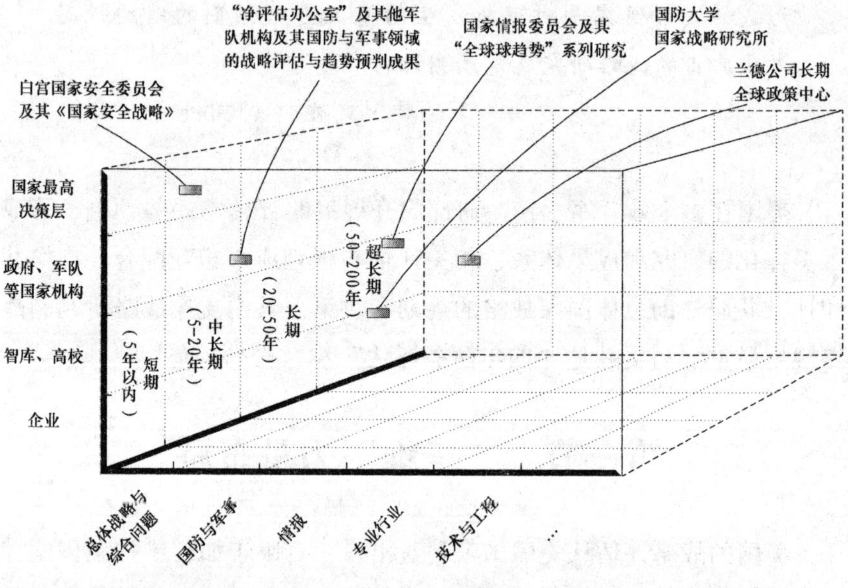

图3—1　美国战略研判力量的"三维"布局及部分机构、成果分布图

资料来源：根据"全球趋势"等美国主要战略研判成果整理。

在这三个维度上，分别形成了服务于不同层级、不同领域的国家战略决策辅助成果，以及对不同周期的战略环境进行评估预判的成果。最终形成了协同合作、多方印证、多元汇集、多领域支撑的战略评估与趋势预判成果体系，在国家战略“评估—预判—决策”全流程中形成指导和辅助。在这种布局中，“四年防务评估”与“全球趋势”是最重要的两份官方战略评估与趋势预判成果。因此，本书对其进行着重分析。此外，政府外围的研究力量也提供了重要支撑，本书对这种委托研究的形式也一并阐述。

第二节　“四年防务评估”与“全球趋势”的比较

“四年防务评估”是“国家安全战略”“国防战略”和“国家军事战略”的基础性文件，受到较为广泛的重视。“全球趋势”并不像“四年防务评估”一样在战略文件的正文中被直接提及引用，但是作为综合性、背景性的战略环境评估和预判，很大程度上影响了“国家安全战略”的基调。

从组织实施流程上来看，二者都选择在新政府制定和公布新的“国家安全战略”之前开展评估与预判。“四年防务评估”利用新任总统上任之时，为国防部长提供全面进行国防“总体检”与重新规划未来防务的机会，使其得以摆脱此前战略思维定式、避免囿于战略资源限制的窠臼，并将国防议题重点放在未来能力建设和由现实向未来的转换上。[①] 国家情报委员会从1997年开始每4年公布一份“全球趋势”报告，也是选在新旧政府交接过渡之际，目的是为新政府提供总体战略环境的背景性评估和预判。

从内容结构上来看，两份文件的战略评估与趋势预判都遵循“评估—预判—决策”的三段布局。“四年防务评估”的布局是，对安全环境与军事力量现状进行战略评估，对未来军事力量需求进行趋势预判，通过分析如何缩小现状与未来要求之间的差距提供决策建议。

① 易本胜，李万顺．美军战略净评估方法分析［J］．军事运筹与系统工程，2012（3）：14－18.

“全球趋势”系列研究的基本框架也是对总体战略态势的评估，对关键不确定性的预判，以及对重要决策选项的建议。

从时间维度上看，这两份文件都是面向未来的中长期战略研判。美国国会要求国防部长和参联会主席根据国家安全战略，“对未来20年国际战略格局演变、安全威胁变化、军事科技发展进行预测，评估对战争形态和国家安全的可能影响，明确武装力量建设、兵力结构转型、国防资源运用和武器装备采购的方向，促使军队高层认真面对许多现实棘手问题，并制定因应之策”。“全球趋势”则更明确地指向中长期战略环境评估与预判。以20年以后的全球形态为目标，对全球各领域发展态势的评估和趋势预判就是研究的首要任务。最新的“全球趋势”报告开始讨论短周期内的战略环境。

从研究领域和重点上看，二者则分别代表不同的战略研判方向。“四年防务评估”的着眼点是国防和军事能力建设，其战略环境的评估和预判也偏向军事安全因素。美国国会要求国防部每隔4年必须“全面考察防务战略、兵力规模结构、军队现代化方案、基础设施建设、预算计划以及美国防务计划与政策的其他要素，以便制定美国防务战略及其后20年的防务计划”。相比之下，“全球趋势”则更为综合，旨在提供相对全面的国内外各领域的形势评估和趋势预判。因此，全球趋势中涉及的人口、经济、科技、意识形态等因素分量更重，军事因素的评估与预判相对不多。这也是二者定位不同，相互搭配的一种选择。

第三节　“四年防务评估”等国防与军事战略评估与趋势预判

苏联解体后，美国军政当局为因应威胁和平衡战略与资源的关系，进行了多次重大评估，如1991年的“基准兵力评估”、1993年的“全盘评估”、1994年的“参联会主席武装部队角色与任务评估”、1995年的“武装部队角色与任务委员会兵力结构评估”等。这些评估都是基于武装力量现状进行思考，而没有将国防和军事力量放在更长周期的国家安全战略环境中进行评估和预判。因此国会认为国防战略仍然存在严重问题，国防部仅考虑维持现有规模与预算，并非依据外在安全环境与威胁变化进行预判性研究，瞄准未来面临的国家安全战略环境调整所需兵力结构。因此，1996 年国会通过《军力结构评估法》，规定国防部须在总统任期内进行“四年防务评估”，并明确评估重点是对外来国家安全环境面临的威胁和挑战构建军事力量体系。每 4 年“全面考察防务战略、兵力规模结构、军队现代化方案、基础设施建设、预算计划以及美国防务计划与政策的其他要素，以便制定美国防务战略及其后 20 年的防务计划”。到 2018 年，共有 5 份“四年防务评估”报告，其中克林顿政府 1 份（1997 年）、小布什政府 2 份（2001 年、2006 年）、奥巴马政府 2 份（2010 年、2014 年）。

一、基础和指引性作用

“四年防务评估”是美国国防和军事战略的基础性评估成果，对一系列其他的战略报告起到基础和指引性作用。该报告是国防部组织各军种和联合司令部共同研究的成果，也是军方用来分析战略目标与潜在威胁的国防政策指导性文件，更是每届政府关于国防和军事战略的基础性文件。

2001 年“四年防务评估”发布后，形成了一系列基于该评估的战略文件，包括 2002 年 2 月发布的 2003 财年总统预算、2002 年 3 月发布的“核态势评估报告”、2002 年 9 月发布的“国家安全战略”、2004 年 5 月发布的“国家军事战略”和 2005 年 3 月发布的“国防战略”，以及 2002 年到 2005 年的“国防部长年度报告”。

2006 年“四年防务评估”发布后，形成了 2006 年 2 月的 2007 财年总统预算、2006 年 3 月“国家安全战略”、2008 年 6 月“国防战略”、2009 年 1 月“四年角色与任务评估报告”（Quadrennial Roles and Missions Review Report）、2009 年 1 月防长罗伯特·盖茨在《外交事务》上发表的“平衡战略：为新时代重组五角大楼”。

2010年“四年防务评估”发布后，形成了2010年2月的2011财年总统预算和“弹道导弹防御评估报告”（Ballistic Missile Defense Review Report）、2010年4月“核态势评估报告”、2010年5月“国家安全战略”、2011年“国家军事战略”、2012年1月“国防战略指南”、2012年“四年角色与任务评估报告”、2013年4月“国防预算优先选项”和2013年8月的“战略选择和管理评估报告”（Strategic Choices and Management Review）。这些报告中2012年的“国防战略指南”具有突出的重要性，该报告确定了新的国防战略方向、主要战略任务，调整了在伊拉克、阿富汗遂行大规模军事任务的战略规划方向。

2014年“四年防务评估”发布后，紧随其后的是2014年3月的2015财年总统预算、2015年1月的“国家安全战略”和2015年6月的“国家军事战略”。

二、主体内容

“名义上叫做‘评估’，实际上是提出新的防务战略思路。”① 美国国会要求国防部长和参联会主席根据国家安全战略，对未来20年国际战略格局演变、安全威胁变化、军事科技发展进行评估和预判，分析对战争形态和国家安全的可能影响，明确武装力量建设、兵力结构转型、国防资源运用和武器装备采购的方向，促使军队高层应对现实挑战，制定因应之策。报告主要就美国的安全战略目标、安全威胁判断、防务战略、军事力量建设方针等重大问题提出建议。1996年《军力结构评估法》明确评估的重点有13项，其中11项均与未来安

① Tangredi S J, Mckenzie K F. QDR 2001: Strategy - Driven Choices for America's Security [C]. National Defense University, Institute for National Strategic Studies, 2001.

全威胁或兵力规模结构相关。面向未来规划必须对未来进行想定，以此为前提确定未来需求，比照现实能力差距，形成战略规划思路，并提供多套备选方案征询意见和进行决策。国防部及相关部门为避免“预算驱动规划”而导致国防力量建设方向偏离，通过分析国家安全环境并确认相关威胁，评估国防和军事战略与国家安全目标的适应性，检查防务政策、建军方案与国防资源分配，提出旨在确保国家安全的国防需求，以确定力量规模和结构。

在报告的新旧更迭的过程中，美国国防和军事领域的战略评估与趋势预判体制机制、方法体系也不断发展和完善。“四年防务评估”的开篇就是对安全环境评估，在此基础上提出国防战略规划。不同的是，最新的2014年的“四年防务评估”开篇首次不再具体讨论当前面对的战场态势等紧迫的安全环境，而是讨论包括地区趋势、全球趋势和美国的机遇与挑战在内的中长期趋势性问题。2001年的报告着力强调长期威胁及在此基础上建立战略规划，2006年则着眼于近期的威胁和挑战。预期特朗普政府将出台的防务评估可能会重新着眼于长期挑战。每份报告都包括以下环节：明确国家在世界中的关键角色；界定国家利益、价值观和战略目标；运用军事手段维护国家利益的途径；强调中东、西亚、南亚、东北亚四个地区的重要价值和挑战；高度重视中国崛起；逐步提高对恐怖主义、大规模杀伤性武器、“反介入和区域拒止”（A2AD，Anti - Access and Area Denial）能力扩散、网络和太空威胁的重视程度。

三、组织实施流程

“四年防务评估”在不断完善的过程中形成了一套“分析流程”，在国防和军事战略规划的情景设置、分析模型和数据资源等方面形成较为固定的范式，从而保障国防部、联合参谋部、军种和作战司令部等在开展“四年防务评估”的过程中运用相同的分析框架，形成相互兼容的评估成果。

“四年防务评估”的基本作业流程经过不断完善，已经形成相对固定的模式。总统、国防部长、参联会主席、军种司令和战区司令都参与其中，以便最高决策者直接掌控国防和军队建设方向；参众两院军事委员会、预算委员会、拨款委员会等对“四年防务评估”和国防预算进行审查评估，以便从宏观上统筹配置和管理国防资源。按照法律法规，首先，国防部长必须将“四年防务评估”送交参联会主席以征询意见，但仅提意见而非全面参与。其次，参联会主席须在国防资源确定的前提下，对相关风险进行评估。第三，成立独立、跨党派且以民间人士为主的国防小组，对国家安全潜在威胁做出评估，重点就“四年防务评估”中关于兵力规模结构的备选方案提出评估意见。在工作衔接上，首先由国防小组提交国家安全威胁评估报告供国防部长参考，之后国防部长提出“四年防务评估”送国防小组和参联会主席征求意见，最后将“四年防务评估”和各方意见送交国会。

报告的分析流程为“国家安全战略—国防战略—军事任务与目标—兵力规模结构—国防方案—国防预算评估”。作业团队分三级组织：基础层设 7 个专门小组；中间层设综合组；最高层设国防部长、参联会主席挂帅的高层评估小组和高级领导审查小组。各组成员主要来自军地高层并经总统核准，再由国防部长编组后展开作业。三层作业之间，实行两级审查，即综合小组对各专门小组的报告的审查、高层领导审查小组通过高层评估小组对综合小组方案的审查。

评估过程一般分为 5—6 个实施阶段。1997 和 2001 年的评估分为：启动和引导阶段、发布战略和资源政策阶段、分析阶段、综合阶段、决定阶段。2006 年后的三次评估，五个阶段发展为：启动和引导阶段，国防部向各专门小组发布指示，包括审查结构、时间安排及各专门小组应关注的关键问题，帮助各小组确认审查要点；发布战略和资源政策阶段，国防部举行“政策吹风会”发布战略和资源政策指示，确立评估基调；调研分析阶段，各专门小组各自展开调研分析，形成备选方案；综合阶段，各小组将备选方案汇总到综合组，由综合组进行审查，并向国防部以外学术机构征求意见，最后形成几套综合性方案；征求意见阶段，国防部就综合阶段形成的方案广泛征求意见；报告决策与呈报阶段，汇总各军种、联合司令部和国防部各部门意见，提交由国防部长和参联会主席挂帅的高层领导审查小组拍板定案，最终形成“四年防务评估”并由国防部长依律向国会报告。

四、以“净评估”为核心的评估方法体系

美国国防部系统的“净评估”体系是“四年防务评估”的核心方法之一。“净评估”是对军事、技术、政治、经济等控制国家间相对军事能力的因素进行比较分析，其目的是识别出值得国防高层关注的问题和机会。[①]“被具有远见的领导人视为在不断变化的安全环境中帮助美国保持竞争力的重要方法。”[②]

2001 年“四年防务评估”，由国防部长拉姆斯菲尔德指定净评估办公室主任安德鲁·马歇尔牵头负责。2006 年、2010 年“四年防务评估”中，马歇尔领导的“红队”通过与“蓝队”对抗发挥了重要作用。2009 年时任国防部长盖茨下令，成立由净评估办公室主任安德鲁·马歇尔和联合部队司令部司令詹姆斯·马蒂斯共同领导的“红队”，从敌军角度研究美军存在的弱点，为拟定 2010 年四年防务评估提供建议。“红队”成员由政府外相关问题专家组成，不受国防部体制约束，自主设想美军未来可能面临的战争样式和冲突场景，对其相关战略计划进行推演。[③] 1997 年、2014 年的“四年防务评估”也接受了马歇尔的许多建议。

① DOD Directives, DODD 5111. 11, Director of Net Assessment, December 23, 2009.

② Karber P A. Net Assessment & Strategy Development for the Secretary of Defense: Future Implications from Early Formulations [J]. Georgetown University, Institute for Law, Science and Global Security, 2008.

③ Skypek T M. Evaluating Military Balances Through the Lens of Net Assessment: History and Application [J]. Journal of Military & Strategic Studies, 2010, 94 (2): 216－223.

“净评估”以敌我数据分析为评估基准，以量化计算基础上的趋势外推为预判方式，通过将问题“数学化”的方法进行模型计算，形成对国家安全环境的全面、系统、科学评估和预判。因此，“净评估”最基本的分析基础是搜集相对完备的敌我双方数据，进行分析比较和数据预判。① 趋势分析是“净评估”的首要支柱，通常会研究对象国 20 年或更长时期之前的行为模式，并预测其 5—10 年后的变化趋势。②

美国 20 世纪 90 年代“军事事务革命”后，“净评估”被视为设计战争、设计军队的有效工具，可为战略制定与调整、战略规划计划、军事需求分析、兵力规模结构确定、武器装备及技术发展研究、军事理论创新等提供有力支撑。“净评估”也被视为运用量化计算方法开展战略预判的流派在国家层面战略分析、评估、预判和规划领域的最杰出代表。安德鲁·马歇尔曾明确提出：“我们所主张的‘净评估’，基本上就是数据问题，形成评估产品的方式是对数据进行持续而艰苦的智力劳动。”③

该体系的核心机构是马歇尔主责时期的国防部净评估办公室和战略与预算评估中心（CSBA）。二者互为依托，密切配合，将“净评估”在美国国家安全政策领域发挥的重要影响不断扩大。马歇尔及其门徒运用“净评估”方法研判世界形势尤其是美国安全环境，并借助战争推演技术设计战争和设计军队。其研究领域包括美国安全面临的威胁和挑战，美国军事力量和行动概念，国防预算，国防工业基础，培训、行动艺术和战略，重构美国联盟，美军各武装力量，战略现代化，为国家安全重组政府，美国大战略等。2009 年，依托“净评估”

① 闫桂龙．美国国防部净评估理论的定义、方法与实践［J］．国际研究参考，2011（5）：30－36.

② Cohen E A. Toward Better Net Assessment：Rethinking the European Conventional Balance［J］. International Security，1988，13（1）：50－89.

③ Krepinevich，Andrew，and Barry Watts. The Last Warrior：Andrew Marshall and the Shaping of Modern American Defense Strategy［M］. New York：Basic Books，2014. 张露，王迎晖译．最后的武士：安德鲁·马歇尔与美国现代国防战略的形成［M］．世界知识出版社，2018.

提出的“空海一体战”概念是其中一个较为突出的成功案例。该概念指出，中国快速发展的“反介入与区域拒止”（A2AD）能力威胁到了美国的全球军事存在，进而影响战略稳定和世界格局。①

五、“核态势评估报告”等其他国防与军事战略评估报告

除“四年防务评估”外，美国国防部还在1994年进行了“核态势”评估，并首次形成“核态势评估报告”。随后于2002年和2010年分别又进行了两次“核态势评估”。以“核态势评估报告”（Nuclear Posture Review）等为代表，美国国防和军事领域还开展了一系列专业领域战略评估、研判与规划文件，包括“弹道导弹防御评估报告”（Ballistic Missile Defense Review Report）、“太空态势评估报告”（Space Posture Review）“四年角色与任务评估报告”（Quadrennial Roles and Missions Review Report）、“战略选择和管理评估报告”（Strategic Choices and Management Review）等。②

尤其是在2010年，美国集中进行了一轮较为全面的战略力量态势评估，形成了2010年版的“四年防务评估”“核态势评估报告”“弹道导弹防御评估报告”和“太空态势评估报告”。这一时期，美国国防与军事战略评估与趋势预判得到了较为系统的升级完善。

这些国防和军队特定领域的顶层战略评估、预判与规划文件为国防和军事整体战略评估和规划提供了核、导等专业领域的具体支撑。尤其是其中核、导等国家战略性军事力量的战略评估与趋势预判对于制定国家安全战略具有特殊的基础性作用。国家战略性安全的激烈博

① 曹升生，高科冕．专注于军事研究的美国新智库——战略与预算评估中心［J］．战略决策研究，2013（3）：29－41.

② https：//www. defense. gov/News/Special－Reports/NPR/（上网日期：2018年3月5日）．

弈虽不在国家公开战略文件中进行集中渲染，但维护战略力量平衡和大国战略稳定，是维护国家战略安全的基石。

第四节 “全球趋势”等情报界战略研判

一、美国国家情报委员会

美国国家情报委员会是在美国各情报机构之上的顶层战略情报分析、协调和成品提供部门，是美国专门开展战略研究及综合情报分析的机构。国家情报委员会的主席对外以带有学者色彩的身份出现，对内则兼任负责情报分析的中央情报副主任或国家情报副总监。同时，国家情报委员会超脱于情报界的具体职能机构、国务院的外交系统以及国家安全委员会的总统顾问班底之外，以相对独立的机构运行和专业工作方式为最高战略决策层提供宏观、综合和中长期的战略咨询服务。

国家情报委员会在内外两方面扮演了重要角色。对内，国家情报委员会的基本职能是负责主导情报界共同形成“国家情报评估”等国家最高层级的战略风险评估和决策建议报告。美国情报界以该机构的专业性为依托，统筹、协调情报界开展战略分析评估，集各家之所长，为决策者提供顶层战略情报统筹和战略研判服务。对外，国家情报委员会具有内外衔接的桥梁性角色定位的功能设计，能够起到在国家顶层战略咨询领域实现内外沟通协作和人员流动的作用。美国情报界以该机构的开放性为抓手，以中、长期远景战略预判为名，广泛联系社会各界，汇聚公开信息和各领域资源与智慧。

国家情报委员会前身可以追溯到1950年成立的“国家评估委员会”（Board of National Estimates）。由于情报界在朝鲜战争前的许多重要评估与预判中出现重大失误，时任中情局局长沃尔特·彼德·史密斯（Walter B. Smith）创立该委员会，专责开展专业性的国家情报评估。当时的“国家评估委员会”隶属于中央情报主任办公室，负责设计、协调对来自国外的潜在威胁及重大事件发展趋势的评估工作。该委员会由7至12名各领域的高级专家构成。最初从学术界遴选产生，逐步转变为从中情局内部选派。1950年，“国家评估委员会”生产了第一份“国家情报评估”报告——“关于共产主义在菲律宾武装行动的前景预测”。

1973年，为更好地满足决策者的需要，并让整个情报界更好地参与“国家情报评估”工作，中央情报主任威廉·科尔比（William J. Colby）改革了“国家情报评估”的生产流程，废除了“国家评估委员会”，而代之以领域或地区专家组成的“国家情报官”（National Intelligence Officers，NIO）系统。

1979年，时任中情局局长斯坦斯菲尔德·特纳（Stansfield Turner）全面调整重组整个国家的情报体制，建立国家情报委员会，定位于美国“中长期战略思考的中心”。特纳与时任美国情报界国家对外评估中心主任布鲁斯·克拉克（Bruce C. Clarke）和时任国家情报官理查德·莱曼（Richard Lehman）对如何重组国家情报官体制进行了深入调研。当年底，国家情报委员会诞生，国家情报官体制作为国家情报委员会的主体得到了保留。所有的国家情报官都隶属于国家情报委员会，在主席的领导下开展工作。在新的体制下，国家情报委员会主席可以随时跟踪每个国家情报官的工作情况，从而避免了国家情报官时期情报工作重复冗余的现象。①

2004年，美国对情报界进行自1947年以来规模最大的一次改革，国家情报委员会成为新成立的国家情报总监办公室下的一个机构，负责协助国家情报总监辅助国家最高决策。② 根据2004年出台的《情报改革与防止恐怖主义法》（Intelligence Reform and Terror-

① Ford H P. Estimative Intelligence：the purposes and problems of national intelligence estimating［J］. 1993.

② Global Trends Home Page，https：//www. dni. gov/index. php/global – trends – home（上网日期：2018年3月5日）.

ism Prevention Act）规定，国家情报委员会负责协调整个情报界观点，并向国家情报主任提交最后的“国家情报评估”。国家情报委员会认真听取情报界内外相关问题专家的意见，为美国的国家决策者提供有关当前国际问题的最权威评估，进而辅助决策者进行决策。

二、“全球趋势”系列研究

从1997年开始，美国国家情报委员会每4年发布一份解密版本的“全球趋势”报告，是该机构的重要预判性战略研究产品。“全球趋势”系列报告获得了较为广泛的认可，一直影响着美国及世界其他国家有关战略问题的探讨，并越来越成为美国政府制定长期政策的基础。例如，“全球趋势2010”对一系列战略文件产生了重要影响，包括2010年2月发表的“四年防务评估”以及一系列国务院和白宫的文件。[①] 报告一般在总统大选日到就职日之间发表，并提交新任总统及其执政团队，作为施政参考。报告为新政府展望大约15—20年周期的全球趋势，评估关键影响因素和未来重要不确定性，为白宫远景战略政策规划提供思考框架。[②]

三、美国情报界其他战略研判成果

美国解密的情报档案中披露了中情局开展的部分评估与预判活动。[③] 由于美国在冷战期间涉华情报严重不足，对中国是否出兵朝鲜、

---

① Treverton G F，Ghez J J. Making Strategic Analysis Matter［J］. RAND，2012，p. 13.

② Global Trends Home Page，https：//www. dni. gov/index. php/global－trends－home（上网日期：2018年3月5日）.

③ 中情局图书馆解密档案网站：https：//www. cia. gov/library/readingroom/collection/declassified－documents－related－911－attacks. 哈佛大学冷战研究中心解密档案网站：https：//sites. fas. harvard. edu/～hpcws/ declassified. htm.

是否出兵印支等重大问题缺乏判断依据，因此中情局进行了大量的战略评估和趋势预测工作。[①] 综合来看，美国中央情报局从1948年至1956年对中国问题的评估和预测，由于始终缺少直接的情报支撑，其评估和预测的准确性有限，但其报告基本上保持了一种比较客观和肯定的态度。[②] 中情局对于1959年以前中国形势的判断和评估是比较正确的，总体看来，符合当时的实际情况。不过中情局对于此后几年中国发展的预测，则在很多方面出现了较大偏差。[③]

目前，针对短期的战略环境，美国情报界还负责每年向国会提交全球威胁评估报告。[④] 年度例行报告最早开始于2006年，由国家情报总监约翰·内格罗蓬特（John D. Negroponte）对参议院情报委员会做汇报。2018年2月13日和3月6日，由国家情报总监丹尼尔·科茨（Daniel R. Coats）两次向参议院情报委员会和武装力量委员会进行汇报。报告本身既是对过去一年美国面临威胁与挑战的回顾与总结，也是对未来一段时间美国情报界优先工作重点的研判与把握，因此一直备受外界关注。报告从全球威胁与地区威胁两个层面，评估美国当年可能面临的安全威胁与挑战。

“国家情报评估”（National Intelligence Estimate，NIE）是美国情报界的拳头产品，是美国战略研判成果体系中的执牛耳者之一。根据美国国防部2009年发布的修订版《军事及相关术语词典》的界定，美国“国家情报评估”指的是“在国家层面形成的，由情报界达成共识的，关于其他国家能力、脆弱性和可能的行为方式的战略评估”。[⑤] 因此，

---

① 沈志华．美国对华情报解密档案［M］．东方出版中心，2009.

② 杨奎松．一九四八年至一九五六年美国中央情报局对中国局势的评估和预测［J］．中共党史研究，2005（6）：79－86.

③ 沈志华．中央情报局对中国局势的评估和预测（1958－1959年）［J］．国际冷战史研究，2004，1（1）：263－300.

④ Clapper J R. Worldwide Threat Assessment of the U. S. Intelligence Community［J］. 2011.

⑤ U. S. Department of Defense. JP 1－02. Dictionary of Military and Associated Terms［M］. 2001，amended through 2009，p. 356.

这份评估的主要目标是中短期的外国特定目标的具体战略评估。一方面它区别于“总统每日简报”一类的日常性具体情报信息，另一方面它又区别于“全球趋势”等长周期的远景战略研判和综合性国家级战略评估与趋势预判。较为著名的“国家情报评估”包括，1950年“国家评估委员会”形成的第一份“国家情报评估”——“关于共产主义在菲律宾武装行动的前景预测”；1952年中情局向总统报送的“试图推翻阿尔巴尼亚政权的后果”的“国家情报评估”；1954年中情局对“如果美国在越南使用核武器”将引发的后果做出评估；20世纪70年代中情局关于“如果美苏开展贸易合作”可能带来的影响的评估；2002年关于伊拉克大规模杀伤性武器计划的“国家情报评估”；2007年关于“伊朗核计划”的“国家情报评估”等。其中经过脱密公开的有；2002年10月关于伊拉克继续实施大规模杀伤性武器计划的“国家情报评估”；2006年4月关于全球恐怖主义趋势及其对美国影响的“国家情报评估”；2007年1月关于伊拉克局势前景的“国家情报评估”等。

此外，针对情报界的战略需求与能力建设，与“四年防务评估”定位相对应，情报界还出台“四年情报界评估”。[①] 该报告由主管政策、计划与需求的国家情报副总监颁布，是情报界10—20年长期战略规划的基础性战略评估与趋势预判。该文件最早于2001年由中央情报局制定，在国家情报总监办公室成立后，分别又于2005年、2009年颁布了两版报告。[②] 其中2001年版、2005年版均为保密文件，并没有对外发布，2009年版有两个版本，其中保密版本在“斯诺登事件”之后已被曝光，现在可以掌握的仅有2009年版保密与公开版本的“四年情报界评估”。

① Office of the Director of National Intelligence. Quadrennial Intelligence Community Review.

② Jordan Tama. The Purpose and Impact of Quadrennial Reviews by U. S. National Security Agencies [J]. American Political Science Association, 2013 (12): 10 - 11.

第五节　社会委托研究

其他由官方或半官方智库接受委托开展的战略研究往往发布于“四年防务评估”和“国家安全战略”报告之前，是有目的地为这些官方的评估和战略规划提供辅助和支撑，可以被视为官方战略评估与规划的前期调研部分。通常采取委托研究和咨询的形式开展，成果的公布也受到委托方的管理。部分成果以研究单位的报告或书籍形式发表，部分则在重点人物的国会听证会上披露。以兰德公司、国防大学、战略与预算评估中心、战略与国际问题研究中心等机构为代表，美国有大量智库和学者作为国家安全战略研判的外围力量，参与到国家安全战略的决策过程中，并形成了大量的相关成果。这些成果往往作为官方评估的基础材料，其结论并不直接转化为国家战略评估与趋势预判。本书以国防大学国家战略研究所的“全球战略评估”报告为例，说明这样的委托研究如何辅助国家安全战略评估与趋势预判。

美国国防大学国家战略研究所成立于1984年，由时任美国参谋长联席会议主席的杰克·韦塞将军创办，“为国防部长、参谋长联席会议主席和作战司令部提供战略支持，吸引更广泛的国家安全群体服务国防事业”[①]。该所在战略规划和评估方面充分吸取不同专家和学者的建议，应用前沿的学术研究，充分发挥军民结合的优势，发表了一系列的年度评估报告。2008年，美国国防部长办公室要求国家战略研究所为新总统特别准备一份广泛而多元的关于未来十年的国际安全环境报告。2009年，该机构发布了这份长达510页的“全球战略评估”报告。[②] 全文共20章，广泛涉及至少125个问题。该报告的副标题为

① http：//inss. ndu. edu/About/（上网日期：2018年3月5日）.

② Cronin P M. Global Strategic Assessment 2009：America's Security Role in a Changing World［C］National Defense University，2009.

“世界剧变中的美国国家安全”，试图为美国的政策制定者们重新校正美国在维护世界安全方面的角色提供理论支撑，以缩小美国在目标和手段、现在与未来之间不断加大的反差。

报告全面评估了国际安全环境，特别是着重分析了美国将采取怎样的行动来适应国际安全局势的变化。其核心结论是，美国必须同时应对多重挑战，而不能再将有限的资源运用于单一问题上，尤其是改变上届政府将几乎全部资源投入阿富汗和伊拉克战争的战略布局。该报告抨击了传统的国际安全观，不再认为安全威胁是显而易见的、整个世界是可控可预测的，而是认为未来的世界是复杂变化和高度不连续的。报告认为，当时很少有关于国家与非国家行为体之间、经济与安全之间的相互作用以及“全球共识”方面的系统思想，传统地缘政治与不断发展的全球化之间的依存并不稳定。因此，该评估提出的一个基本问题是：在既有的国家力量不断增长、又有许多国家力量转移到更多非政府组织和极权者手里的世界中，美国如何更好地利用其重要而有限的影响？世界面临的威胁、挑战和机遇将需要一种能够运用全部力量的持续性综合战略。国际安全局势的复杂性不能成为忽视上述威胁的借口。忽视美国和全世界面临的一系列挑战，会产生相应的机会成本。应对这些威胁必须做出更好地评估。

报告分为三部分。第一部分是评估影响国际安全环境的八个战略趋势。世界经济和政治力量正在发生变化；技术正在改变着政治和社会的行为模式；与过去相比，世界面临的能源和环境挑战更加严重地长期威胁着未来的全球安全；永恒而脆弱的政府和非政府主义者正在使过去“一超多强”的国际格局向多极化发展；核武器的扩散和混合型的战争方式很可能改变未来战争的性质。整个世界似乎陷入了地缘政治和全球化之间的持续而剧烈的斗争中，传统的国家力量既竞争又合作，全球化的双刃剑效应更是日益凸显。政策制定者们将不得不在这些传统的和新兴的力量之间寻找最佳平衡点。第二部分重点分析了七个热点地区，指出决策者一方面必须在局部与地区性问题的优先性方面寻求平衡，同时另一方面又必须将更多的精力放在全球化与跨国安全问题上。第三部分审视了美国未来的国际地位、军事能力和力量构成、国家安全组织、盟国和伙伴国及其战略等，探讨了全球和地区性的安全趋势对美国政策的影响。

“全球战略评估报告”动员各界共125位专家和学者，制定详细的规划，充分考虑各种因素，“从一种历史主义的视角评估战略的可行性，试图涵盖世界上足够多的问题与领域，以使之能够充分地评估全球安全的复杂性”，“是将百家争鸣的辩论作为迎接挑战、抓住机遇、维护美国国家安全的第一步”。

本章小结

经过长期发展，美国在不同领域、不同机构和不同时间维度形成了战略评估与趋势预判力量的布局和多样化的研究及成果体系。相关评估与预判成果相互配合、支撑和印证，共同辅助总体国家安全战略的规划和决策。其中支撑战略研判和战略规划最重要的文献是国防和军队系统的“四年防务评估”和情报界的“全球趋势”。“四年防务评估”更聚焦于国防和军事领域的评估与研判，“全球趋势”相对更加综合和超脱。此外，以美国国防大学、战略与预算评估中心和兰德公司等为代表的外围的智库和企业等也成为美国战略研判力量的重要补充，在战略研判的前期阶段发挥一定的基础性作用。

第四章

美国战略预判的代表作："全球趋势"

"思考未来极端重要，又极其艰难。危机持续突发，使得除了每天看到头条新闻以外，几乎不可能看到'地平线下'。国家情报委员会的目标就是跳出来思考，为此每4年对未来20年影响全球趋势的力量和未来选项进行评估。"①

——格雷戈里·特雷弗顿（Gregory F. Treverton）

在美国国家战略规划及决策体系中，直接隶属于国家情报总监（设立情报总监前，隶属于中央情报主任）的国家情报委员会（National Intelligence Council）及其为最高决策团队提供的"全球趋势"系列研究扮演了较为特殊的重要角色。国家情报委员会被称为美国"中长期战略思考的中心"，专门负责国家综合性战略评估与趋势预判。该机构作为美国专门负责为最高决策团队开展远景战略分析的思想库，是相对超脱、部门利益影响较小的的国家级战略咨询机构，其报告更加综合、客观、全面。国家情报委员会虽深涉情报界，提供高端情报产品，辅助顶层决策，但又一定程度上游离于秘密情报体系之外，广泛联络社会各界，汇聚公开信息和各领域智慧。在国家情报委员会的战略产品中，公

① U. S. National Intelligence Council. Global Trends: Paradox of Progress. 2017, p. vi.

开发布的"全球趋势"系列报告是其中具有全球影响力的战略评估与趋势预判成果，既对美国战略决策发挥重要作用，也在全球产生广泛影响，甚至不止于研究未来，而意在影响未来。

第一节　"全球趋势"系列报告及其发展演进

1995 年，美国国家情报委员会即启动关于评估和预判中长期世界趋势，为美国国家战略服务的重点工作。这项工作取得了较好成效，因此一直持续推动完善。从 20 世纪 90 年代末开始，美国国家情报委员会每 4 年公布一份"全球趋势"报告，确定未来 20 年可能会影响美国国家安全和全球格局的主要驱动因素和发展趋势。[①] 该研究对美国国家安全战略的制定提供了综合性、基础性和背景性的战略评估与趋势预判支撑，反映在不同时期的美国国家安全战略中，取得了有目共睹的成效。

迄今为止国家情报委员会共公开发表 6 份"全球趋势"系列报告，其主要判断均在美国的战略制定过程中和出台的国家安全战略文件中得到体现。现实的发展也基本证明，国家情报委员会的战略评估与趋势预判的准确性较好。例如，经过近十年来国际政治、经济和科技等形势的不断发展演变，2008 年的《全球趋势 2025：转型的世界》中诸如以下判断基本得到证实：

> "西方联盟被削弱的风险上升。更多国家不再效仿西方的政治和经济发展模式，而是向往中国的另一套发展模式。"
>
> "随着一些国家把精力花在经济福祉上，促进地缘政治稳定的激励因素可能增加。但这一趋势会让挑战西方秩序的

① https：//www. dni. gov/index. php/who － we － are/organizations/nic/nic － what－we－do（上网日期：2018 年 3 月 5 日）.

俄罗斯等国的力量得到加强。”

“经济和军事能力的萎缩迫使美国在先抓内政还是先抓外交上犯难。”

“如果青年人数庞大的阿富汗、尼日利亚、也门等国就业状况未得到显著改善，这些国家仍将陷入持续的不稳定，沦为失败国家。”

“人们仍将寄望美国平衡中东局势，但俄罗斯、中国和印度等其他域外大国的作用会增大。”①

事实的发展基本如此。以中东局势为例，2008 年报告中提出中东地区青年人失业率问题引发社会风险，到 2010 年就出现了“阿拉伯之春”，快速波及中东多国，政权更迭、社会动荡，战乱持续至今。2008 年报告中就此还提到外部力量在中东的平衡逆转，现实情况是 2011 年爆发“叙利亚战争”后，俄罗斯快速扩大在中东的影响。2015 年 9 月，俄直接出兵介入，在叙利亚境内开展作战行动。诸如此类的大量事实验证了国家情报委员会战略评估与趋势预判的准确性。

“全球趋势”系列研究的最初目标就是帮助决策者应对冷战突然结束的历史大变局，预判未来世界大势。其基本方法是基于历史连续性开展预判，并逐步加强对不连续性突发事态的假设检验。二者之间的平衡至关重要。显然，美国国家情报委员会虽然不断增强运用科学方法和技术手段的程度，但也没有摆脱人认识世界的过程中更依赖历史经验的特点，更多地关注到历史连续性较强的世界大趋势，而未能够如愿地对突发性的重大不确定性做出有效的预判。因此，在系列研究的持续推进过程中，国家情报委员会的团队的反思和认识也逐步深入。越来越深入的研究反映出，前期研究过多重视历史的延续性，而对不连续性关注不够充分，“对趋势、危机与突发事件之间的关系关

① U. S. National Intelligence Council. Global Trends 2025：A Transformed World. 2008.

注不足，关注事态传承发展过多，关注变化过少"。①

从1997年到2017年，美国国家情报委员会共发布6份"全球趋势"报告。这些报告既拥有相对稳定的研究框架，又在20年的发展过程中不断发展演进，逐步成熟完善。该研究也成为美国战略评估与预判的主导性力量，既拥有体制机制的保障，又逐步完善形成了独具特色的研究范式和方法体系。"全球趋势"系列报告的基本情况参见表4—1。

表4—1　"全球趋势"系列报告基本情况

报告名称（中英文）	发布时间	预判节点	预判周期	负责人	时任国家情报委员会主席	篇幅
全球趋势2010（Global Trends 2010）	1997年11月	2010	13年	巴里·洛温克伦（Barry Lowenkron）	理查德·库珀（Richard N. Cooper）	12页
全球趋势2015：与非政府专家关于未来的对话②（Global Trends 2015: A Dialogue About the Future with Nongovernment Experts）	2000年12月	2015	15年	伊妮德·舒奥托（Enid Schoettle）	约翰·甘农（John C. Gannon）	90页
勾勒全球未来：国家情报委员会2020项目报告（Mapping the Global Future: Report of the National Intelligence Council's 2020 Project）	2004年12月	2020	16年	马修·伯罗斯（Mathew J. Burrows）	罗伯特·哈钦斯（Robert Hutchings）	120页

① U. S. National Intelligence Council. Global Trends 2030: Alternative Worlds. 2012.

② 中情局局长乔治·特尼特（George J. Tenet）同时作序。

续表

报告名称（中英文）	发布时间	预判节点	预判周期	负责人	时任国家情报委员会主席	篇幅
全球趋势 2025：转型的世界（Global Trends 2025：A Transformed World）	2008 年 11 月	2025	17 年	马修·伯罗斯（Mathew J. Burrows）	冯稼时（Charles Thomas Fingar）	99 页
全球趋势 2030：变换的世界（Global Trends 2030：Alternative Worlds）	2012 年 12 月	2030	18 年	马修·伯罗斯（Mathew J. Burrows）	克里斯托弗·科吉姆（Christopher A. Kojm）	137 页
全球趋势：进步的悖论①（Global Trends：Paradox of Progress）	2017 年 1 月	2022/2035	5 年/20 年②	苏珊娜·弗赖伊（Suzanne Fry）	格雷戈里·特雷弗顿（Gregory F. Treverton）	226 页

资料来源：根据“全球趋势”系列报告整理。

“全球趋势”研究的普遍应用意义正是其重要价值所在。该报告逐渐在全球形成广泛的影响力，成为全球很多国家和行业参考和借鉴的全球趋势预判成果。其原因在于，通常的战略评估与中长期趋势预判都是基于本国视角，对主要威胁进行分析，并基于敌我的实力对比等情况提出战略和政策。“全球趋势”研究的出发点虽然也是美国的战略利益，但又具有与其他文件不同的通用性，尤其是其对全球趋势的预判是具有借鉴价值的战略成果。相比之下，该研究并不只是对美国自身实力发展现状与战略威胁和战略实力需求之间的关系评估，而是对全球范围内的综合性政治、经济、军事、安全、科技、资源等领

① 为论述的统一性起见，本书后续正文中将《全球趋势：进步的悖论》与其之前的报告名称统一，称为《全球趋势 2035》。

② 2017 年《全球趋势：进步的悖论》不设总体预测时间点，除预判今后 20 年的发展趋势外，还首次对今后 5 年的情况做出评估，以“提高与美国新政府的相关程度”。

域的国家安全威胁和发展趋势开展的研究。该特点是美国其他战略文件和战略评估成果所不具备的，在全球范围内也不多见，因此受到各国的广泛关注，成为其重要研究价值之一。

第二节　初创与摸索：《全球趋势 2010》

一、背景：一次研讨活动的成果与计划外的公开

1996 年秋，美国国家情报委员会与国防大学国家战略研究所（INSS）联合举办了一系列关于全球重要发展趋势及其对主要地区和国家影响的会议，旨在"描述和评估 2010 年世界政治领域的主要特点"。与会人员背景多样，包括学术机构、新闻界、商业界、美国政府和其他行业。会议的日程不涉密，但是相关材料和观点都不对外公开。《全球趋势 2010》报告就是该会议以及后续讨论和工作的成果。这项工作的主持人是时任国家情报委员会主席理查德·库珀。报告的首席起草人是巴里·洛温克伦，时任国家情报委员会分析部门主任。1997 年 2 月，该报告在小范围内公开，取得较高评价，引起较为广泛的关注。最终国家情报委员会决定将报告完全公开。

二、方法：传统的历史经验主义

该报告对方法论特别做出了说明，指出研究的最终目的不是对"真正不连续性"的探索，即突发性的极端变化，而关注于渐进式的、逐步积累的变化。因此，研究更关注于"有可能引起重大变化的一些小变动"。

三、确定性趋势评估：经典的国际关系研究方式

报告基于对国际关系基本结构的认识，认为自 19 世纪以来，"国

家”就是国际关系的基本单元，而不是国家内部和外部的其他行为体。因此，报告的出发点就是对国家发展趋势的预判。该研究主要形成三个基本预判：一是当前出现的冲突绝大多数是国家内部的，国家间冲突已经很少，这种趋势将会继续。二是一些国家将不能满足民众的基本需求，导致政府倒台。三是即使能够成功消除贫困、抵御政治不稳定风险的政府，在经济全球化和信息技术革命的影响下，也很难继续像以往一样完全掌控国家议程。

报告提出了未来塑造美国国家安全政策的六大世界趋势：一是人口因素。发展中国家人口快速增长，城市化率提高，世界性大城市增多。发达国家人均寿命延长、生育率降低，社会负担加重。二是人均收入增长。普遍的财富增加会让一些国家投入军备建设，引发邻国间紧张。收入不平衡，也会引发国内的矛盾积累。经济增长同时会带来民众对基础设施、资源环境等更高的需求，如果处理不好会引发政治不稳定。同时，经济增长会催生一些新的区域力量中心国家，改变地缘政治格局。三是食物供给压力和贫困问题。四是信息和通讯变革。五是能源需求缺口。六是军事科技发展和威慑稳定性变化。随后报告对地区和国家趋势进行了预判，分为欧洲、俄罗斯、东亚、中东、南亚、非洲、拉美。

报告的基本结论是：人口、财富、通讯、技术都会增长和进步，对食物、水和能源的需求也会上升。经济发展不会平等普惠。最终，没有国家能够逃出与满足公众对物质和精神的需求竞跑的局面。在此情况下，没有任何国家、任何意识形态和任何势力能够挑战和威胁美国利益，或建立反西方的联盟。

四、关键不确定性：高度关注中、俄发展态势

报告认为对未来关键国家和区域的评估具有较高的不确定性。尤其是在某些情况下，中国、俄罗斯的发展和变化所引起的不确定性程度较高，为预判带来更大的挑战。根据该研究的组织原则，研究团队

特别将这个问题在研讨会上提出来，供与会者深入探讨，并专门为此设计了一系列新的情景在会上讨论。

五、结论：尚处于摸索阶段

总体来看，1997 年这份公开版本的全球趋势预判全文渗透着满满的大国自信，尤其是对掌控全球的绝对实力优势的信心，而这恰恰是战略评估和趋势预判必须尽可能避免的“先入为主”的判断。当时的美国各界受到冷战结束后美国“一极独大”现状的刺激，加之对经济、军事实力大幅盈余的信心，认为未来 20 年左右没能看到足以挑战美国统治地位的力量和趋势。未来的一些世界趋势，仅仅是需要美国去处理的一些国际事务，诸如全球减贫、应对难民等。一些地区热点问题，基本上也不足以从根本上挑战美国。

现实情况是，美国当时处于高枕无忧、坐享冷战胜利成果的状态下。这种乐观的情绪溢于言表，因此终其全文，几乎都是对确定性趋势的评估和预判，鲜有对突发性事态和不确定性战略环境突变的探讨。然而现实却非常残酷。仅仅 4 年之后，美国就遭遇了“9·11”恐怖袭击，国际格局深度调整，美国深陷反恐战争十余年，具有国际影响力的多元行为体大量出现，足以挑战美国霸权地位的新兴国家日趋强大，西方阵营实力下滑、联盟失稳，美国陷于焦虑、内困和挣扎之中。

因此，总体上 1997 年这份第一篇公开的国家情报委员会全球趋势预判报告，没能突破思维定式对倾向性的假定进行挑战，还处于预判的尝试和摸索阶段。虽然有一些关于科技、地区和全球问题的预判取得了成功，但是些微亮点不足以掩盖大框架和总体思路上的纰缪。如今看来，这无疑是一份总体上失败的战略评估与趋势预判成果，如果其内部版本也持类似观点，则很有可能误导了美国政府，没有发挥其作为情报界顶级智库所应扮演的与其他政府部门不同的角色。从现实来看，美国政府确实在 20 世纪 90 年代末采取了一系列高歌猛进的战略决策，如纠集北约干涉南联盟、在涉华事务上屡屡采取对抗举措、彻底将美俄靠近的大门封闭等。这一系列重大战略抉择的失误均表明，美国战略预判没能对决策层产生有力、准确的决策支持，也没能对重大危机和决策失误进行充分的战略预警。其不利影响显然是深刻而长远的，随着历史的不断演进而越发明确和凸显。

第三节　专业化开端：《全球趋势2015》

一、背景：专业化与跨部门协作

“《全球趋势2015》不是一份基于经典情报来源、方法和流程的传统的情报产品。国家情报委员会及其他情报部门对其为期一年有余的研究进程进行全程指导。”[①] 国家情报委员会于1999年秋正式立项“变换的全球未来：2000—2015”，并由国务院情报与研究局和中情局“全球未来”项目（Global Futures Project）共同参与。立项之初，国家情报委员会就设定了通过公开的评估，与公众充分交换意见的基本方针。因此，学界、智库、企业等各领域的专家都参与到报告形成的过程中。报告最终于2000年底发布，历时15个月。

该报告的首席撰稿人和协调官是伊妮德·舒奥托（Enid Schoettle），时任国家情报委员会主席的特别顾问。退休外交官理查德·史密斯（Richard Smith）协助她开展工作。所有的地区和问题方向的国家情报官分别负责各自方向和领域的撰写工作。核心团队是伊妮德·舒奥托、国家情报官斯图亚特·科恩（Stuart A. Cohen）、大卫·戈登（David F. Gordon）和巴里·洛温克伦（Barry F. Lowenkron），他们负责整合和吸收有价值的观点，并形成最终报告。中央情报主任下设的

① U. S. National Intelligence Council. Global Trends 2015：A Dialogue About the Future with Nongovernment Experts. 2000.

环境和社会问题中心及中情局科技处发挥了重要作用。国务院情报和研究局、国防情报局也提供了相关情报材料。

二、方法：继承、引进与创新

基本的组织方法是：首先组建两个工作组。第一组聚焦关键驱动因素的筛选和分析。该组分析了影响全球趋势的关键因素，主要聚焦于人口、自然资源、科技、全球经济、治理、社会和文化、冲突，并对地区趋势进行研究。这些工作作为《全球趋势 2015》的基础。第二组聚焦情景设计和分析。该组想定了四种未来情景，在每个情景下设想可能的事态，主要目的是突出对关键不确定性的考察，着眼于历史的不连续性和突发性事件，检验对重要政策的突出挑战。

随后召集各方面、各领域的专家对研究的各部分进行讨论。项目团队根据这些工作组、研讨会等形成的观点和意见，进一步修订草稿。其中较为重要的会议包括：在乔治敦大学召开的"军事事务革命的外交影响"研讨会；在马里兰大学召开的"民族国家演进"研讨会；由中情局召集学术专家开展的"民主化趋势"研讨会；在英国国际战略研究所（IISS）召开的"国防工业转型"研讨会；中情局、国防情报局和海军战争学院联合召开的"战争和冲突的不同未来"研讨会；在波托马克研究所召开的"军人与科学家关于远景战争形态的对话"研讨会；在 MITRE 公司举行的"未来威胁科技"研讨会；在兰德公司召开的"全球信息革命进程：科技趋势"研讨会和"全球信息革命进程：政治、经济和社会后果"研讨会；在国防大学召开的"中东：传媒、信息技术和互联网"研讨会；在卡内基国际和平基金会召开的"全球移民趋势及其对美国影响"研讨会；中情局"全球未来项目"与国务院情报与研究局召开的"全球未来趋势：2000—2015"研讨会。

在广泛采集意见形成初稿后，2000 年 10 月，国家情报委员会将初稿交给部分权威人士讨论，包括国家情报委员会前任主席理查德·

库珀和约瑟夫·奈，此外还包括布鲁金斯学会的理查德·哈斯（Richard Haass）、马克尔基金会的詹姆斯·斯坦伯格（James Steinberg）、卡内基国际和平基金会的杰西卡·马修斯（Jessica Mathews）以及剑桥能源研究协会的丹尼尔·耶金（Daniel Yergin）。

三、确定性趋势评估：基于反思的改进

报告共分为三大部分：概述、讨论和附录。其中讨论部分是主体内容，分为人口趋势、自然资源与环境、科学与技术、全球经济、国家和国际治理、未来冲突、主要区域等七部分。

报告在回顾和反思《全球趋势2010》的基础上，提出了其对全球趋势的判断，对一些特定领域的趋势给予了特殊关注：一是新报告更加重视全球经济动态及信息技术的普及，认为会具有更大的影响。二是更重视治理、科技发展的重要性。三是首次提出美国角色变化作为全球趋势的重要驱动因素。四是更全面地讨论了自然资源和环境的趋势及其影响。五是更重视因素之间的相互影响。六是地区研究中，考察了一些新的驱动因素对地区发展趋势的影响，尤其是信息技术普及、中国崛起和俄罗斯实力下降。七是更加突出地关注了中国地区政策的发展方向。

报告还修正了一些观点。例如，报告认为虽然全球经济向好，但对东亚经济改持悲观态度，对撒哈拉以南非洲持更悲观的观点等。

四、关键驱动因素与不确定性：方法论体系的探索

报告认为全球趋势的关键驱动因素有七个，分别是人口、自然资源与环境、科学与技术、全球经济与全球化、国家和国际治理、未来冲突以及美国的角色。

报告强调如下理念：单个驱动因素或趋势不会主导 2015 年的世界；每个驱动因素都会对不同的国家和地区产生不同的影响；驱动因素并不必然相互增强，有些时候它们会互相抵消。

报告基于对上述驱动因素和趋势相互影响的分析，提出了八方面关键不确定性：先进技术两用性的不确定影响，不对称武器造成的战略不确定性，全球经济稳定增长依赖于一系列国家和地区的持续稳定，中东的持续恶化和突发事态可能性上升，中国的重要影响和重大政策不确定性，以及俄罗斯、日本和印度的不确定性。

五、政策建议：报告框架的完善与成型

基于以上分析，报告从四个方面提出了对策建议：一是确定国家战略优先方向；二是准确认识美国在领导世界经济和科技方面的重要作用，主动发挥关键影响；三是美国的外交优先选项应该更多投入跨国行为体方面；四是政府应更加公开透明。

六、情景分析：初步尝试

在附录中，报告想定了 4 种未来全球情景：一是包容的全球化。在科技的助益下，经济繁荣增长，治理持续改善，冲突基本可控。二是有害的全球化。人口增长造成资源紧缺，科技发展造成负面影响，经济形势不佳，治理失效，冲突增多。三是地区竞赛。科技发展不均衡，区域性经济整合导致区域治理任务加重，中东、中亚、南亚和撒哈拉以南非洲三个主要区域的冲突上升。四是后极化的世界（Post - Polar World）。西方经济发展放缓，发展中国家崛起，引发多极竞争。

七、结论：立足反思、尝试创新与摸索范式

显然这份报告吸取了上一份出现较大失误的教训，认真开展了

总结和反思工作，在研究的组织环节就进行了认真的总体设计。上份报告发布后不久即发生了1997—1998年的金融危机。因此，报告对关键不确定性的重视程度大幅提升，尤其是修正了之前报告的方法论基础。之前的报告认为历史是基本连续的，是不断积累的小变化形成的改进引起历史变化；而新报告则在方法论环节就强调要认识到关键驱动因素的变化，由之引发的重要不确定性和突发性事态有可能是历史的重要发展方向。因此，报告从研究的组织环节就进行了如下设计。

一是通过对现实发展与上一份报告之间的反差进行对比分析，总结规律，形成方法改进。主要体现在从组织阶段就首先对上一份报告进行反思，随后设置两个平行的小组，通过横纵交叉的组织方式加强对战略评估与趋势预判全过程的监督和反馈。

二是大幅提升报告的系统性和科学化程度。如果说上一份报告是首次公开的尝试和探索的话，这份《全球趋势2015》则是美国开展和公布战略环境评估与预判的开端。美国国家情报委员会的战略评估与趋势预判分析范式和基本架构也从这份报告开始基本确定下来。后续报告的基本格局保持了相对稳定，即确定性趋势评估、关键驱动因素及其不确定性趋势分析、情景分析和政策建议等部分，并形成了“评估—预判—决策”的三元方法体系。

此外，这份报告与其他报告的一大区别是不仅有时任国家情报委员会主席作序，时任中情局长乔治·特尼特（George J. Tenet）也为这份报告作序。报告立项启动和发布时，美国尚未建立国家情报总监制度，中情局长兼任中央情报主任。当时的国家最高情报首长为这份报告作序，集中反映出该报告的发表，标志着美国情报界专业化开展战略评估与中长期趋势预判的开端。这份报告反映了美国情报界作为国家战略研判的重要力量，着力打造国家安全战略研判拳头产品，服务国家最高战略决策的探索与努力。国家最高情报长官的重视和推动，也为这项研究持续开展并逐步完善奠定了良好基础。

第四节 方法体系确立:《全球趋势2020》

一、背景:内外联动、多方协作

2003 年 11 月,国家情报委员会启动“2020 项目”。国家情报委员会分析和产品主任马修·伯罗斯(Mathew Burrows)负责起草和成文,其下属伊丽莎白·阿伦斯(Elizabeth Arens)和罗素·萨尼亚蒂(Russel Sniady)协助。国家情报委员会战略规划和拓展主任克雷格·格拉雷(Craig Gralley)负责组织项目相关的研讨和交流活动。

借助“五眼联盟”(Five Eyes Pact)机制,国家情报委员会与英、加、澳、新等国的对应机构和人员进行探讨,随后在英国、南非、新加坡、智利和匈牙利组织了针对不同区域和国别方向的研讨会,重点关注关键驱动因素和地区发展趋势,也探讨各地区对美国的看法。最后,在华盛顿举行关于印度问题的研讨会。在此之后,又就不同的方向性问题组织会议,其议题极其广泛,包括新技术、未来武器、政治身份认同、人口及性别比例问题、气候变化等。时间跨度为 2003 年 9 月至 2004 年 10 月,仅公布记录的就有 28 场在全球各地的国际会议。

二、方法:独立方法体系的创建

集中攻关未来预判方法。项目一经启动,国家情报委员会就召集 25 名外部权威专家与情报界分析人员一起对项目的背景和原则等展开了广泛讨论。一是从方法角度讨论了未来学及其研究方法的最新进展。邀请三名重要的未来学家参与讨论:联合国“千年计划”专家泰德·戈登(Ted Gordon)、兰德公司长期全球政策中心主任詹姆斯·

迪尤尔（James Dewar）以及前壳牌公司国际情景项目主任盖德·戴维斯（Ged Davis）。二是从历史角度讨论了全球发展的一般趋势。项目组邀请普林斯顿大学历史学家哈罗德·詹姆斯（Harold James）专题讲授了全球化的不同阶段。三是对最新的未来学研究进行了调研，尤其是对预判和未来学研究有专长的研究机构和团体，比如联合国“千年计划”、欧亚集团、牛津分析公司（Oxford Analytica）、CENTRA技术公司以及史汀生中心等。并对在战略预判和情景分析方面有所专长的专家进行咨询，包括“全球情景项目”（Global Scenarios）主席迈克尔·奥本海默（Michael F. Oppenheimer）、乔治敦大学和普林斯顿大学教授约翰·伊肯伯里（John Ikenberry）、《全球趋势2015》主笔伊妮德·舒奥托（Enid Schoettle）、丹佛大学国际研究院教授巴里·休斯（Barry B. Hughes）、战略与国际问题研究中心技术政策高级顾问和生物技术与公共政策项目主任安妮·所罗门（Anne Solomon）、公开情报研究人员埃尔克·马修斯（Elke Matthews）、宾夕法尼亚州立大学历史和宗教学特聘教授菲利普·詹金斯（Philip Jenkins）、美国企业研究所政治经济学主席尼古拉斯·艾伯施塔特（Nicholas Eberstadt）、普林斯顿大学政治学系主任杰弗里·赫伯斯特（Jeffrey Herbst）等。四是广泛吸收其他机构的先进经验，经过消化吸收，结合战略需要和研究特征，形成自己的方法体系。对国家情报委员会影响较大的战略评估与趋势预判包括：壳牌国际对全球情景分析的经验；英国国防部联合条例和概念中心对未来30年可能影响英国安全的国际形势的研究；英国国防评估和研究局对驱动因素和趋势的大量分析成果；资助兰德公司升级其2001年的成果《全球革命：2015年生物、纳米、材料趋势及其与信息技术的整合》。此外，还包括与托夫勒学会（Toffler Associates）和国家安全局“科技2020计划”的合作。

通过广泛的调研，综合外部未来学研究的实践和成果，并结合前两次“全球趋势”报告的经验和方法改进，国家情报委员会团队基本形成了符合其国家安全战略评估和趋势预判需要的研究方法体系。具有国家情报委员会特色的国家安全战略环境评估与预判方法的核心是将趋势分析与情景进行有机结合，运用信息化手段辅助，在"评估—预判—决策"的基本框架下，进行战略评估与趋势预判。

因此，该项目设置了专业化的情景分析小组。"国家情报委员会2020项目"团队建立一个"情景控制组"，吸收政策圈、智库及情报分析界的少数精英成员。情景分析设计团队的主要工作方法是，在前期关于地区趋势的国际会议成果基础上，分析地区发展趋势带来的国际影响和跨区域的未来发展趋势，并将上述成果作为建立全球情景的基础材料。该小组在综合考虑各种全球驱动因素相互作用的基础上，检验搜集到的数据，评估情景分析的构想，最终提出初步的情景设计思路。在上述工作基础上，形成8个全球情景，分别反映不同的研究目的。最后举办一场更大范围的研讨会，检验8个情景，讨论各自优劣，最终将情景减少到4个。

在此过程中，项目组还运用了一系列信息和分析工具，是此前研究所不具备的。借助于CENTRA技术公司，项目组建立了网站，用于交流和吸收公开意见，形成研讨成果。同时，建立一套数据体系，存储和检索研究数据。此外，还整合交流工具辅助与国内外专家交流，建立了一套让专家可以亲自动手实践的计算机仿真系统，帮助用户开发各自设想的情景。

三、情景分析：与主体研究的融合

报告分为五个部分，分别为全球化的矛盾、崛起国改变地缘政治格局、治理的新挑战、普遍的不安全以及政策建议。并分别在前四个部分设计一个想定情景。情景想定的具体情况参见表4—2。

表 4—2 《全球趋势 2020》的情景想定

情景	主要内容	表述形式	分析结论
达沃斯世界（Davos World）	由中、印领导全球化进程的世界。	2020 年 1 月 12 日世界经济论坛年度会议前夕，论坛主席写给前美联储主席的信。	1. 需高度重视亚洲市场增长迫使美欧进行内部调整的压力。 2. 将中印等新兴经济体整合进全球贸易体系至关重要。 3. 强大的全球经济并不能自动解决所有问题，例如台海危机。
美式和平（Pax Americana）	检验美国如何保持全球统治能力。	联合国秘书长 2020 年 9 月 11 日的日记。	1. 美国统治全球的地缘政治环境更加恶化，必须平衡中国的影响力。 2. 没有力量能够分担美国为全球提供安全公共产品的压力。 3. 全球对美国提供安全产品的期待不会降低。
新哈里发国（A New Caliphate）	极端宗教及其政治体制如何挑战西方规范和价值观。	赛义德·默罕默德·本·拉登于 2020 年 6 月 3 日写给其亲属的一封信。	1. 哈里发国挑战国际秩序，不会完全成功。 2. 信息技术革命会放大西方与穆斯林世界的碰撞。 3. 不同穆斯林地区对哈里发国的要求不尽相同，西方应区别对待。 4. 成立哈里发国不会减少恐怖主义，反而会催生新一代恐怖分子。
恐惧的循环（Cycle of Fear）	大规模武器扩散造成的战略稳定模式变化。	两个军火商开展非法贸易的通讯记录。	1. 恐惧的循环一旦打开，就会有更多的国家出于安全担忧而寻求获取大规模杀伤性武器。 2. 防扩散的一大障碍是意识形态，军火商不只为钱。 3. 寻求安全管制与国际贸易自由之间的平衡至关重要。 4. 推动和维持国际合作，不让一个国际成员掉队，是一项重大挑战。

资料来源：根据《全球趋势 2020》整理。

四、确定性趋势与关键不确定性：对比研究的尝试

报告开篇对全球化、世界经济、企业与新科技、亚洲崛起、发达国家老龄化、能源供给、非国家行为体、政治伊斯兰势力、大规模杀伤性武器扩散、不稳定之弧、大国冲突、环境问题、美国因素等方面的确定趋势和关键不确定因素进行罗列和对比，分别讨论了每个主题下的确定趋势和关键不确定性。

报告认为影响全球的关键趋势包括亚洲国家的崛起、欧亚地区的财政紧缩、动荡的中东以及美欧分裂。此外一些显著的特点还包括新兴力量崛起、治理面临新挑战、国际不安全因素增多。报告尤其指出，美国角色是全球的重要变量，"影响到国家和非国家行为体选择跟随的路径"。

五、政策建议：重新审视美国作为主要变量的影响

报告提出的政策建议首先基于对美国作为塑造世界秩序首要力量的认识，认为美尤其应处理好美欧和美亚关系，高度重视朝、伊等国家通过获取大规模杀伤性武器获得挑战美国地位的要价能力，多种手段共同发力夺取反恐战争胜利。

六、结论：规范化的标志性成果

从整体思路上看，这份报告已与前两份出现较为显著的不同。前两份尚聚焦于全球治理等领域，认为足以挑战美国实力的威胁是不存在的，而是从行为体变动、与公民和市场调整关系等角度提出政策建

议。然而在经历“9·11”事件和反恐战争的巨大消耗之后，同时也认识到2001年以后的世界格局出现了远超预期的重大调整，这份《全球趋势2020》的语调和认知大幅调向现实威胁。包括如何处理盟国关系生变的局面，如何面对崛起国家挑战，如何处理极端宗教和恐怖主义的长期挑战，以及如何面对多个热点地区的棘手难题，这些都成为新报告关注的重点。而相应的，全球性问题，甚至包括全球化在内的经济、资源能源等问题，则都退居其后。这一特点反映出美国当时的决策层和精英团体突然面对意想不到的现实威胁之际，做出应激性反应的现实。

从分析框架上看，报告进一步确立了“评估—预判—决策”的基本格局，同时又有所创新和突破：一是将确定性趋势与关键不确定性进行整合对比，进一步提升研究的深度。二是通过经验的积累和对前两份报告的反思，在对美国自身变量的思考方面形成突破，将美国在国际体系中的角色变化作为重要变量进行评估。这也反映出此前的报告深陷于美国霸权的固定思维之中，没能在战略评估与预判中消除这种具有很强先验特征的思维定式。

从研究过程和方法上看，这份报告也是该研究逐步走上正轨的一份标志性成果。《全球趋势2010》中还没有情景分析环节，只是多领域专家和学者的研讨成果。《全球趋势2015》虽然加入情景分析，但也是在附录后面，与报告主体是割裂的。《全球趋势2020》则在项目开始前就集中对方法进行了探索和研究，因此进行了广泛的研讨和调研，还引入了很多外部研究成果，使这份报告相对前两份更显扎实。报告还将情景分析融入研究的全过程，使之真正成为研究的有机体，全程对研究进行有效辅助。在行文上，将情景分析放到全文最前面，并将其融入研究的各个环节之中。同时，报告将确定性趋势与关键不确定性对应起来，进行比较和思考。在这些方面，《全球趋势2020》都进行了探索和创新。

尤其值得特别关注的是，这份报告对科技手段的运用达到了新的高度。一方面是在研究过程中引入一些内外的科技专家、企业和机构，发挥信息化技术的助益作用。另一方面是在方法创新上将情景分析方法又提升到了新的水平，将模拟仿真、网络化交互等功能模块结合到情景分析之中，形成具有机构特色的方法和研究组织形态。这是推动其形成独特方法体系的重要环节，当然也发挥了国家情报委员会作为国家顶层战略咨询机构的特有资源，积极调动了情报界多个部门的科技团队和资源参与方法创新和研究工作。

从研究组织方式上看，这份报告从立项开始，就对组织研讨、运用外部力量等进行了系统布置，由国家情报委员会的一位负责规划和拓展的主任专门负责相关组织和保障工作，形成了对核心团队的有力支持。同时，在研讨的组织上不再局限在具体的研究问题，而是首先对战略评估与趋势预判的方法进行系统的调研、咨询和引进。"方法先行"是这份报告的突出特征。报告的开放性也体现在对方法的引进上。与1997年第一份报告中以国际政治研究专家为主的团队和方法相比，这份报告对情景分析专家、信息技术专家、历史学家、未来预判专家等的重视程度显著增强。这种开放的组织方式显然起到了良好的效果，帮助国家情报委员会形成了研究框架、方法和技术体系。跨部门、跨领域、跨学科的合作也成为这份报告为战略评估与趋势预判提供的有益经验。

第五节　继承、发展与提升：《全球趋势2025》

一、背景与方法：进一步拓展与升级

报告较前三份显著扩大了调研和交流范围，涉及到全球各地的智库和专家。国务院情报与研究局和国家安全局科技专家都深度参与到研究中。此外，还与托夫勒学会（Toffler Associates）进行了更加深入的合作。

报告不再简单将正文内容摘录形成一份摘要，而是将内容打散，

按照议题方向进行了综述，包括经济增长推动新兴大国崛起、新的跨国议程、恐怖主义、冲突和核扩散前景、一个更为复杂的国际体系、美国的主宰地位受到削弱，最后集中描述了2025年的世界。正文一共分为七个部分，包括经济全球化、人口统计、新的国际力量、充足中的匮乏、潜在冲突、国际体系的新挑战、多极世界下的权力共享。

二、确定性趋势评估：关键指标的线性趋势外推

报告首先提出七个方面相对确定的大趋势，并分析其影响，包括中印崛起、财富向东方转移、美国主宰地位下降、人口增长造成的能源资源压力、“不稳定弧”地带的不稳定性上升、中东大规模杀伤性武器扩散、恐怖主义与技术扩散的结合。其基本思路是通过一些关键指标的线性发展，提出确定性较高的大趋势。

三、关键不确定因素预判：战略风险评估基础上的趋势预判

报告讨论了八个关键不确定性，包括能源转型、气候变化速度、重商主义倾向、中俄民主化、核武化的伊朗、中东稳定形势、西方内部稳定、国际制度为维护世界稳定发挥的作用。报告的风险评估和趋势预判基本情况参见表4—3。

表4—3　《全球趋势2025》的风险评估与趋势预判

序号	风险评估	趋势预判
1	随着中国、印度等国家的崛起，全球多极化趋势显现。	西方联盟被削弱的风险上升。更多国家不再效仿西方的政治和经济发展模式，而是向往中国的另一套发展模式。

续表

序号	风险评估	趋势预判
2	财富和经济的相对实力正从西方向东方转移，这一趋势前所未见，将持续下去。	随着一些国家把精力花在经济福祉上，促进地缘政治稳定的激励因素可能增加。但这一趋势会让挑战西方秩序的俄罗斯等国的力量得到加强。
3	美国仍是唯一的最强大国家，但主宰地位下降。	经济和军事能力的萎缩迫使美国在先抓内政还是先抓外交上犯难。
4	由于中东部分地区迅速变化以及致命武器扩散，冲突的潜在可能性增加。	人们仍将寄望美国平衡中东局势，但俄罗斯、中国和印度等其他域外大国的作用会增大。
5	处于"不稳定弧"地带的国家中青年人口多的国家数量会减少，但青年人数量庞大的几个国家人口还会快速增长。	如果青年人数庞大的阿富汗、尼日利亚、也门等国就业状况未得到显著改善，这些国家仍将陷入持续的不稳定，沦为失败国家。

资料来源：根据《全球趋势2025》整理。

四、情景分析：与关键不确定性分析深度融合

报告建立了四个情景。这些情景并没有一起放在最后或独立的章节，而是融入各自分析的大趋势部分。报告采用模拟情景来说明推动全球趋势的因素之间的互动方式，展示其对未来决策者形成的挑战和机遇。报告重在描述可能影响事件进程的因素，而不在预测事件是否会真实发生。情景设计及分析的情况参见表4—4。

表 4—4 《全球趋势 2025》的情景想定

情景	主要内容	表述形式	分析作用
没有西方的世界（In A World Without the West）	新兴大国取代西方成为世界舞台领导。	2015 年 6 月 15 日，时任上海合作组织领导人致北约秘书长的一封信。	位于正文第三部分“新玩家”部分，用于分析新兴国家在国际体系中的角色。
十月惊魂（October Surprise）	忽视全球气候变化产生的冲击，意想不到的巨大冲击会减少世界政策选项。	2020 年 10 月 1 日，时任美国总统在一则日记中描绘的世界。	位于正文第四部分“充足中的匮乏”部分，用于分析能源资源环境变动对国际体系和主要力量消长造成的影响。
“金砖”闹翻（In BRICs' Bust - Up）	争夺关键性重大资源，引发大国冲突，尤其是中印之间。	2021 年巴西时任外交部长给前任总统的一封信。	位于正文第五部分“潜在冲突日益增长”部分，用于分析经济发展引起能源资源竞争造成的新兴国家对抗。
非地方性的政治（In Politics is Not Always Local）	非政府网络的涌现，设定环境国际议程，并使政府黯然失色。	2024 年 9 月 14 日，《金融时报》记者撰文描述当时的世界。	位于正文第六部分“潜在冲突日益增长”部分，用于分析政府权力下降、公民社会网络力量显著增强、信息技术进一步助推权力泛化的局势。

资料来源：根据《全球趋势 2025》整理。

五、政策建议：超越现实政治的更高水准展现

报告正文最后一部分“多极世界下的权力共享”，实际上是全文的总结和政策建议。报告提出一系列核心政策建议，提醒新的执政团队应对此给予特别重视：一是领导人及其理念至关重要，是决定全球趋势的关键；二是经济波动是导致重大风险的因素之一；三是相对于技术变革，地缘政治竞争引发更多的剧变；四是全球对美

国领导作用的需求仍然强烈，但美国的能力却在萎缩，军事优势将更加有限。

六、结论：基本成熟与更深入的探索

相比前三份报告，这份报告在研究组织和方法上都更显成熟。一方面，报告对此前的报告进行系统反思，总结出过去对未来趋势判断的失误，并吸取教训。例如，报告强调未来 20 年国际体系的转型会使世界充满风险，尤其是远超 2004 年发表的《全球趋势 2020》中的预判。报告专门对二者进行了比较。经过对比发现，二者最大的区别在于新的报告假设多极世界成为现实，国际体系发生剧变，美国作用最为重要，但不过是全球多个抓大事的角色之一。《全球趋势 2020》中则假设，美国继续主宰一切，而多数大国已经放弃了制衡美国的念头。另一个区别是对能源供给、需求和替代性能源发展趋势的判断。二者同样认为新兴国家的崛起会给全球经济增长注入强劲动力，但是新报告更多强调不连续性，认为全球经济虽增长强劲，但仍可能出现重大突变，今后 20 年的世界向新国际体系过渡的过程中将面临诸多风险。在情景分析方面，二者同样关注未来世界的全球化、未来的国际体系和机构以及不同群体之间的分化会导致冲突和融合。

另一方面，具有较为特殊的意义的是，这份报告还专题讨论了国际政治长期预测的经验和教训，显示出该研究已经从将系统方法引入战略评估与趋势预判的探索过程演进为进行理论探讨和进一步创新的阶段，也标志着全球趋势研究形成了较为成熟的独立体系。这也是这份报告最显著的特点，反映出其更加深刻的历史认知和战略判断。报告认为 20 世纪的专家们主要以线性思维来预测未来 20 年，并未探究引发突变的种种可能性，因而经常漏测重大地缘政治事件。一战前，欧洲列强剑拔弩张，杀戮在即，老牌帝国即将崩溃，几乎无人对这些重大变化做出丝毫预测；20 世纪 20 年代，以"大萧条"、"斯大林的劳改营"为先导，引发包含多起种族大屠杀的世界大战，对此浩劫，竟然无人事先察觉。基于上述反思，报告指出三方面不容忽视的关键影响因素：一是领导人及其理念至关重要，在20世纪的重大历史关头，领袖人物都发挥了关键影响；二是经济波动是导致重大风险的因素之一，20世纪的重大战争和冲突皆因经济危机而起；三是相对于技术变革，地缘政治竞争引发更多的剧变，一直是引发大规模战争、帝国崩溃和大国崛起更为明显的原因。

第六节　团队、体系与使命：《全球趋势2030》

一、背景与方法：稳定团队已见成熟

时任国家情报委员会顾问的马修·伯罗斯主持整个撰写过程，伊丽莎白·阿伦斯（Elizabeth Arens）作为高级编辑，“战略未来”项目主任卡斯·约斯特（Cas Yost）及其团队深度参与报告全程。

二、确定性趋势评估：以“人”的研究为核心的趋势预判

《全球趋势2030》认定全球四大趋势，包括个人能力显著增长、权力的扩散、人口统计状况发生巨变、粮食、水和能源之间的复杂关联。六大改变全局的因素，包括危机频仍的全球经济、治理能力的差距、更多的潜在冲突、地区动荡的蔓延、新技术的冲击和美国的角色。并想定了四种潜在的世界，包括“熄火的发动机”（大停滞的世界）、大融合、脱缰的基尼（大分化的世界）、非国家化的世界。

三、关键不确定因素：“黑天鹅”事件进入视野

报告为了突出对不确定因素的分析，论述了九个最具有全球趋势

影响力的潜在“黑天鹅”事件，包括严重的传染病、更快速的气候变化、欧元区或欧盟崩溃、一个民主的或崩溃的中国、一个改革的伊朗、核战争或大规模杀伤性武器、网络攻击、太阳风暴、美国与世界的脱离。

四、情景分析：更加系统和体系化的情景设计

《全球趋势 2030》想定四个情景，“分别代表通向 2030 年的不同路径”：一是“熄火的发动机”：最差的大停滞的世界，美国与欧盟的注意力转向国内，不再感兴趣于维持其全球领导能力，国家间冲突风险增加，全球化进程及全球经济发展停滞；二是“熔合”：最好的大融和的世界，中美在一系列问题上合作，带动更广泛的全球合作，国际多边机构经历改革并更具包容性，发展中国家与发达国家的经济都在增长；三是“脱缰的基尼”：大分化的世界，国际和国内极端不平等，国家内不平等增加社会紧张情势，国际上欧美成为赢家，更多国家成为失败国家；四是“非国家化的世界”：由于新科技驱动，非国家行为体（如非政府组织、跨国企业、学术机构、富有个人等）兴起，并带头面对全球性挑战具体情况（参见表 4—5）。

表 4—5　《全球趋势 2030》的情景想定

情景	主要内容	表述形式
熄火的发动机（Stalled Engines）	大停滞的世界	在一年一度的达沃斯会议外围，一群跨国公司的 CEO 聚集在一起，讨论他们所认为的全球化失灵。其中一个成员请 WORLDCORP 战略视野小组的办公室主任写一篇短文，描述这种每况愈下的情况，作为讨论基础。
融合（Fusion）	大融合的世界	2030 年，东西方中心决定更名为“全球一体化中心”。一位著名考古学家在更名仪式上发表的开幕词。他强调文明的共性，曾因大国关系紧张而对全球趋势几乎放弃其过分乐观的观点。这份发言中，他阐述了为何没必要悲观。

续表

情景	主要内容	表述形式
脱缰的基尼（Gini Out - of - The - Bottle）	大分化的世界	在马克思诞辰210周年（2028年）之际，《新马克思主义评论》的主编就“马克思和共产主义的意义”组织一次短文竞赛。其中的一篇优胜论文认为马克思主义并未消亡，反而在21世纪发扬光大。题目就是《马克思主义在21世纪的更新》。
非国家化世界（Nonstate World）	非国家化的世界	2030年，一位历史学家正就“过去30年全球化的历史及其对国家的影响”进行研究。其著作题为《次国家权力的扩展》，他对其撰文简述。

资料来源：根据《全球趋势2030》整理。

五、结论：顶点与集大成者

从出台一份报告到打造一个团队、构建一个体系、形成一种影响、完成一类战略目标的转变。这份报告与此前研究的不同在于，其参与程度大大提高。一方面社会各界高度参与，另一方面各种研究成果和先进研究手段都介入其中，尤其是将战略推演引入国家安全战略评估与中长期趋势预判之中。此外，原来不曾参与的新领域专家也融入进来，尤其是国家实验室的科学家。报告还扩大了对破坏性技术的探讨，为其独立章节。为此，特别与能源部桑迪亚国家实验室、橡树岭国家实验室、美国宇航局的科学家进行探讨，此外还与硅谷等地的企业家和顾问进行交流。

这些现象无不反映出无论这项战略预判的成效如何，它作为美国情报界的一项公开研究、一个品牌窗口，都成功扮演了一种资源汇聚、交流平台的作用，且其影响和范围也在不断扩大，帮助情报界积累了更多的资源和成果。从这个角度讲，对比该项目刚起步时的情景，这项工作无疑取得了巨大的成功，因为它已不止于出台一份报告，而是打造了一个内部成熟、专业、稳定的跨学科专业化团队，形成了一个内外联动的跨部门、跨领域研究网络，共同构成了一个相对稳定的战略评估与趋势预判体系。同时，还借助该报告的研究和推广，实现了对相关资源的整合、对各方力量的影响以及对战略目标和价值观的宣传。可以说，这份报告已经不止于实体产品，而是开始产生附加值，具备了独立运行、完成特定战略任务的基本条件。

这份报告进一步加深了对此前成果的反思力度。尤其是报告撰写前，国家情报委员会首先组织学者，对此前历份报告进行逐一审阅和反思，找出以往报告中的偏见与盲点。随后又就此专门召开一次研讨会，研究如何克服此前的不足，进一步扩大成功经验。这一步骤的基本结论是：预先假定了美国的中心地位，从而忽视了美国角色的变化引起国际关系的变动；虽然关注到非国家行为体日益得势的现象，但对国家与非国家行为体之间的关系研究不够深入，必须深入研究治理问题，探索不同行为体之间的复杂关系；低估了变化的速度，尤其是对中俄的发展节奏判断失误；对传承关注过多，对危机和突发性事件关注不够；对意识形态关注不够，尤其是诸如政治、心理或社会细微变化，影响人们的一举一动；对"二级后果"和"三级后果"理解不够，可借助推演等仿真手段进一步理解过激行为体在关键时间节点上的可能动态。

报告还专辟一章，论述美国在国际体系里可能扮演的角色。由于此前对美国自身角色的探讨不足，很多海外读者提出了相关意见。因此，国家情报委员会特别勾勒了美国可能的发展方向及其对国际体系的影响，指出美国自身也处于关键时刻。

情景分析方法的运用也取得了新的突破。这份报告已经将情景分析融入全文之中，不再是作为补充，避免了出现两张皮的现象。包括在每一个情景中讨论改变全局的因素如何塑造世界的未来趋势，并进一步讨论在该情景下世界主要大国和地区的处境。

第七节　回归还是创新：《全球趋势2035》

一、背景与方法：更新换代的内生团队

该报告的执笔团队是国家情报委员会的“战略未来”项目组，苏珊娜·弗赖伊（Suzanne Fry）是该项目的主任。① 十余位国家副情报官（Deputy National Intelligence Officers）分别带领其负责方向的团队参与到全球趋势研究当中。中情局的图像和网页设计及产品化团队也介入项目的成果化工作。

2016年12月，《全球趋势：进步的悖论》被分别提交给即将离任的奥巴马政府和即将上任的特朗普政府。国家情报委员会希望利用这一时间空隙为即将上任的特朗普及其决策团队提供战略研判支持，“并为解决对国家和全球安全至关重要的长期问题奠定基础”。该报告于2017年1月9日向社会公开。

二、确定性趋势评估：长短周期搭配，评估更趋完善

《全球趋势2035》的基本思路是当前生活在一个“进步的悖论”环境中，即发展和进步有可能导致更加危险和无序的世界。未来世界掌握在人类决策之中。基本分析方法是抓住关键变量，即人口因素、经济指标、技术进步、意识形态、政治治理、冲突特征、全球风险。最后，将上述趋势联系到一起，分析其造成的国际力量格局和政治秩

① 项目团队成员包括：Rich Engel，Phyllis Berry，Heather Brown，Kenneth Dyer，Daniel Flynn，Geanetta Ford，Steven Grube，Terrence Markin，Nicholas Muto，Robert Odell，Rod Schoonover，Thomas Stork.

序的变化。通过对关键变量的评估，形成对2035年全球趋势及其关键影响的预判，包括富国老龄化、全球经济转型、技术加速进步加剧阶级断层、意识形态驱动排外浪潮、治理难度加大、冲突性质变化、气候变化等全球性问题亟待关注。其中人口因素是最重要的确定性趋势，其衍生的一系列指标也具有重要的研判价值。例如城市化率是重要的经济、社会发展指标，与教育、医疗和科技实力等紧密相关；男女比例是重要的社会稳定指标，也是人口稳定发展的重要指标；年龄中位数是劳动力情况的有效反映，老龄化社会带来的负面影响尚难被其他因素抵消；生育率是预测人口趋势的重要指标，由于具有较高的可预见性，在预判中具有关键价值。

《全球趋势2035》与之前报告的一大不同是对未来五年的趋势进行了近期预判，其主要方法是对各地区和主要国家的趋势分别进行预判。报告认为，未来五年可见的趋势是国家间和国家内部的紧张加剧，美国领导的国际秩序式微、中俄主导力上升、全球性议题日趋严峻；欧洲仍将面临冲击、美国未来五年将面临诸多内部考验、中南美洲政府变动将更频繁。并从上述区域趋势总结出，未来五年的一个主要趋势是："是否会出现一个内向的西方"。对中、俄的判断仍是犹疑的，认为未来五年两国仍主要面临内部政治稳定的挑战。并在此基础上判断未来五年将出现"日趋强硬的中俄"。东北亚着重分析了朝鲜拥核决心，以及中日韩在朝核问题上的关键作用。中东和北非减贫无望，将继续碎片化，极端伊斯兰势力影响持续扩张，人道主义危机和冲突风险加剧。伊朗、以色列和土耳其很可能成长为地区少数的实力派国家。随着撒哈拉以南非洲的教育人口比例上升和城市化进程加速，该地区将成为新的全球民主政治和经济增长点。南亚未来五年将取代中国成为全球经济发展最快的地区，但印巴之间的常规竞争失衡，将加剧该地区的核紧张态势。恐怖主义将日趋泛滥，科技手段将加剧该态势。

在此情况下，未来取决于当前如何决策，尤其是如何塑造新的国际政治秩序、国际合作与竞争模式以及如何应对全球性问题和技术变革。未来国际秩序的平衡将深度调整，中俄崛起改变地缘格局和美国主导的秩序，国际和国内秩序联系更加紧密，强权政治加剧，全球性议题改变国际规范和实践。

三、关键不确定性与情景分析：内外因素统筹，研判更加综合

报告随后假想了三种情景，探索关键趋势和抉择如何相互影响，最终走向不同的未来道路。设置三种情景的出发点是未来20年的三方面主要不确定性：一是国家内部的态势，即政府和各州之间的政治秩序建构；二是国家间的态势，即主要力量及其他关键行为体之间的竞合模式；三是长期和短期之间的权衡，即国家和其他行为体如何看待和应对复杂的全球议题以及科技转型，如何塑造新的国际政治秩序、国际合作与竞争模式以及如何应对全球性问题和技术变革。

在此三方面的不同抉择有可能引发三种主要情景，即国家为主体的“孤岛”情景、区域为主体的“轨道”情景和次国家与跨国力量为主体的“共同体”情景，参见图4—1。

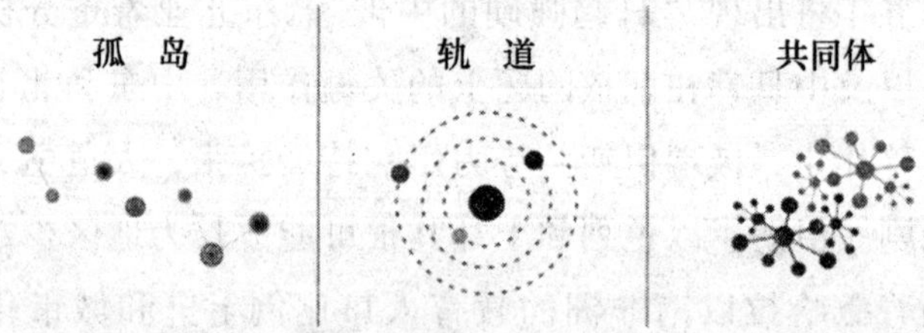

图4—1　《全球趋势2035》情景示意图

资料来源：《全球趋势2035》。

三种情景分别基于对近期挑战的不同反应，进而反映了国家、地区和次国家与跨国三种不同层级。三种情景同时考虑了美国对这些趋势的不同反应造成的影响，例如美国优先考虑内政而不是外交，通过

扩大全球参与保卫美国海外利益，以及改进政府实践来应对有影响力的行为体规模扩大的问题等。

此外，报告在短期预判部分也假想了几个新闻头条：一是2021年9月，伦敦和纽约临时工骚乱；二是2019年2月，中国购买斐济无人岛屿建造军事基地；三是2032年2月，IMF称非洲经济增速超过亚洲；四是2019年5月，墨西哥鉴于无人机炸弹暗杀威胁频发宣布私人拥有无人机违法。

四、政策建议：“稳健决策”思路浮出水面

在进行了情景分析之后，报告对分析结果进行了进一步的总结，揭示其反映出的深层含义，即：“通过提高抗干扰能力创造机遇”，认为未来的关键是提高政府、经济、社会和环境的多样性和稳定性，强化抵御各种风险的能力，才能掌握赢得未来的机会。同时，通过对短期预判与长期情景分析结果的比较，报告得出了“如果权力和行为体的扩散能够建立抵御更强干扰和更大不确定性的能力”，那么短期面临的紧张加剧局面有可能在未来得到缓解。

在此基础上，报告提出了一系列如何提高政府抵御风险能力的政策建议，包括：全球性问题会驱动国家与多种行为体协作提高抵御风险能力；全球化趋势倒退引发的保护主义和民族主义政策有可能激发地方活力，从而提升基层社会的抗风险能力；持续的职业培训、稳定的劳动力群体以及保持科技领先优势能够提高政府在面对先进科技不确定性影响时的风险抵御能力；借助通讯技术提高透明度能够提高政府在面对公民社会时的稳定性；应对诸如中东的问题社会，减少刺激极端主义的因素是提高中东稳定的关键；在基础设施、能源资源和环境等方面的建设中，加大对数据、方法、建模和预警方面的投资能够激发科技的维稳作用，提升社区和环境抵御风险的能力；个体全面解放的社会是更加稳定的社会。

对策建议部分着重论述了如何提高政府的稳定性，尤其是比较了

中美政治体制、能源环境和经济结构，认为在未来多种危险冲击的情况下，美国更具有稳定性。这样的结论显然有很强的意识形态色彩。形成这样判断或者是受到思维定式强烈影响的原因，或者是在一定程度上出于宣传和谋略的动机。

五、附录部分：新增大量篇幅，反映新的研究组织方式

《全球趋势2035》与之前报告的结构出现了较大不同，其附录长达146页，超过正文69页的一倍还多。如此长篇的附录反映出其在全文分析与结论中占据的重要基础性作用，具有较高研究价值。同时，附录也反映出国家情报委员会全球趋势预判的一些组织方式和研究方法。

附录分为两部分，一是未来五年的区域与国家，共十个部分，分为东亚和东南亚、南亚、中东和北非、撒哈拉以南非洲、俄罗斯和欧亚、欧洲、北美、南美，此外，还专门将北极与南极、外空独立讨论；二是关键全球趋势，分为人口趋势、人们如何生活、如何创造和创新、如何富强、如何思考、如何治理、如何斗争以及恐怖主义发展趋势，共八个部分[①]，详情参见表4—6。

附录反映出区域国别研究与问题研究紧密结合的研究路径。基本的研究理念是从人的因素出发，看未来全球趋势。在分析地区、国别和全球趋势时，都将人口这个最主要的变量，也是最稳定的确定性趋势，作为最主要的研究切入点，一方面探讨地区国别随着人口结构、教育程度、医疗寿命、男女比例等特征发展变化引起的地缘政治格局调整；另一方面从全球视角深入探讨未来20年人的生活、观念、行为方式等变化趋势引发的主要全球趋势。

① U. S. National Intelligence Council. Global Trends: Paradox of Progress. 2017, p. 81.

附录还反映出该研究基本组织方式，即国家情报委员会各地区和国别研究分支与综合问题研究分支共同作为基础性评估与预判的主体，对各自分管的领域开展研究。在研究和分析的过程中，服从于"全球趋势"项目团队的分析框架指导，并与平行的"情景分析小组"进行全程互动。这种研究方式显然更具有早期研究的特点，回归到国家情报委员会内部机构设置的基本格局上。而不是像前几份报告一样，采取外向型的研究方式，广泛接触外部方法和成果，引入跨学科跨领域的专家和团队，形成逐步完善和各具特色的研究方法和研究成果。

表4—6　以人口及其衍生指标为基础的国别和地区研究

指标	对指标选取的评述
主要区域及其代表国家	东亚（中国）、东南亚（印尼）、南亚（印度）、中东和北非（埃及）、撒哈拉以南非洲（尼日利亚）、俄罗斯和欧亚（俄罗斯）、欧洲（德国）、北美（美国）、南美（巴西）
国家的选取	国家选取依据是预计到2035年该区域人口最多的国家。其目的是以人口数量最大的国家为代表，反映该区域的基本发展趋势。
2035年人口（亿）	人口是进行预判的重要指标，人口学具有较强的确定性和对其他关键因素的决定性影响。
城市化率（%）	城市化率是重要的经济、社会发展指标，与教育、医疗和科技实力等紧密相关。
男女比例①	男女比例是重要的社会稳定指标，也是人口稳定发展的重要指标。
年龄中位数	年龄中位数是劳动力情况的有效反映，老龄化社会带来的负面影响尚难被其他因素抵消。
生育率（%）	生育率是预测人口趋势的重要指标，由于具有较高的可预见性，在预判中具有关键价值。

资料来源：根据《全球趋势2035》整理。

① 每100个女性对应男性人数。

六、结论：新面孔、新思路、新探索

总体而言，这份报告有继承也有创新。其总体分析框架、研究方法等基本保持了稳定。较为明显的特色有三个，也是其较为显著的创新性探索。

首先是增加了短期评估和预判，这与前 5 份报告截然不同。国家情报委员会的定位是美国的中长期思考中心。而这份报告似乎极为迫切地希望影响特朗普政府的战略决策，希望其不要偏离美国长期以来的国家安全战略基本轨道。报告明确指出："为美国新任总统特朗普及政府提供未来全球战略的评估框架和决策基础。"① 针对特朗普政府及美国政治环境出现的新特征，对此前长期坚持的中长期战略预判安排进行了积极调整，"在两个时间段里评估正在出现的趋势及其影响：一是近期，以 5 年为周期聚焦美国下一届政府面临的问题；二是长期，20 年后的影响，来帮助美国进行战略规划。这也是这份文件取消了题目中预判年代的原因"。② 正如其"轨道"情景所分析的那样，特朗普政府的国家安全战略就是建立在大国竞争的基本战略判断之上。从这个角度讲，报告取得了一定的成功。但实质上，报告的政策建议主旨是"稳健决策"，试图建议决策者制定在各种情景、不同国家安全战略环境下能够较为广泛适用的国家安全战略和政策。从这个角度上讲，该报告虽然致力于影响短期战略决策，但是却没能达成其目的。实际情况恰恰相反，美国的国家安全战略决策越走越向着大国竞争、战略对抗的方向发展。

其次是提出了报告的主旨——"进步的悖论"，这与前几份报告

---

① U. S. National Intelligence Council. Global Trends 2025：A Transformed World. 2008.

② U. S. National Intelligence Council. Global Trends：Paradox of Progress. 2017.

的主旨存在较大的差别。前面的报告均是描述性的主题，无论是"勾勒全球未来"，还是"转型的世界"和"变换的世界"。这些主题是对报告的一种不带先见的客观描述，试图提醒读者重视这种变化的、多样的和多元发展的全球趋势。而这份报告的主题"进步的悖论"则带有很强的主观性，形成了一种有说教色彩的全文主线。在某种程度上，这或许是一种倒退，因为这种做法与国家情报委员会早期的报告相似度更高，即希望为读者提供一种具有经验判断的战略研判结论。然而这种判断却味同嚼蜡，相比于《全球趋势 2025》所提出的关注强人政治和意识形态发展，以及《全球趋势 2030》所提出的对美国角色重新思考和再定位，这份新报告提出的发展的两面性、人类的抉择影响未来等理念并不显得深刻。这也是国家情报委员会第二次内生化的一个具体表征。

最后是专家团队内生化和研究的内部化趋势明显。这份报告不仅主责团队是土生土长的情报人员，而且就连外部合作的单位也仅仅是中情局的网页设计和美工人员。基本没有见到其他领域、其他机构和其他专业的专家和团队。反而是国家情报委员会的各下设机构全面参与其中，十余位国家副情报官成为各方向的负责人，在共同的分析框架和研究范式下对各国别和地区与全球性问题进行了研究，并汇总而成一个超过正文一倍的附录。这也是之前报告所未见的。

综上所述，这份报告在组织和方法上亮点不多，基本继承了"全球趋势"研究的内核，在此之上有所创新和探索。但是这种探索是否成功、与之前的发展路径是否匹配、与现实情况是否相符以及能否满足国家战略研判的需求还需要进一步观察。

本章小结

20 世纪 90 年代的美国大战略思考的热潮催生了战略评估的思想和方法革新。其中美国国家情报委员会定期发布的"全球趋势"系列报告就是重要成果之一。迄今为止的六份"全球趋势"报告经历了

“初创—成熟—新探索”三个发展阶段，并逐步实现了研究范式、理论与方法体系、组织实施方式等方面的专业化，形成了相对稳定的研究体系。该报告为美国国家安全战略的制定提供了综合性、基础性和客观性的战略评估与趋势预判支撑，反映在不同时期的美国国家安全战略中，取得了有目共睹的成效。

第五章

美国战略预判的基本特征与范式

“在绝大多数领域，社会科学远远不能做出可靠的预测，与国家安全问题相关的战略研究还未曾出现过这种预测能力。国家安全领域的争论很多是围绕政策可能引起的实际后果的不同评估。”①

——舒尔斯基、斯密特（Abram N. Shulsky，Gary J. Schmitt）

20世纪90年代中期后，美国战略思想界进入了新的深度调整时期。苏联解体后，持续了超过40年的以美苏对抗为主线的美国大战略宣告终结。克林顿政府上台后，美国开始寻找新的战略方向。此前的战略理论框架已经不适用于新的时代，如何评估美国的战略环境，确定国家安全威胁，明确国家核心利益，并预判未来发展趋势，成为困扰美国决策层和战略研究界的重大新课题。为此，美国官、民两界启动了对国家战略的广泛思考与研究，掀起了一轮战略研究的高潮。经过战略分析框架深度调整和方法探索创新，美国的战略研判体系出现了革新趋势。这一轮战略研究大讨论、大思考的结果就是，美国在失去主要战略对手后，成功保持了战略航向的稳定，有效调整了国家

① Abram N. Shulsky，Gary J. Schmitt，Silent Warfare：Understanding the World of Intelligence，Potomac Books，Inc.，2002.

战略资源的配置和布局，维护和巩固了美国的全球主导地位。在这一轮战略研判高潮中，一个重要的成果和遗产就是美国进一步丰富和完善了战略评估与趋势预判的力量布局和方法体系。在军、情、研等多方面培养了新的战略研究力量，形成了较为稳定的战略研判和规划体制机制，以及一系列延续至今的战略研究成果体系。其中一个重要的成果就是美国“全球趋势”系列研究报告。

第一节　顶层设计

以“全球趋势”为代表的战略评估与趋势预判是美国制定国家战略和政策的基础性、背景性的文献，是对全球范围的威胁和战略环境进行的综合性评估和趋势预判。由于在每届政府上台前提出，往往与“四年防务评估”和“国家安全战略”报告间隔 1—2 年不等。这种背景性研究的初衷就是为新的政府开展战略评估，制定总体战略，提供一种全球视野的战略环境评估和展望。例如，2017 年的国家安全战略的主要出发点是竞争更加激烈的国家战略环境，据此提出维护美国国家安全四梁八柱的纲领性目标和手段。这种大判断在“全球趋势”系列研究中已经反映出来，即美国对中俄崛起速度的低估导致了近 20 年来的战略误判，中俄对美国主导的国际秩序的冲击将极大改变美国领导的世界格局，成为国际战略环境的重大变量。

一、打造综合、宏观的国家战略预判

国家战略评估与趋势预判是紧密围绕国家综合战略决策，在最高决策层或服务于最高决策层，进行的综合研究活动。国家战略研究机构开展的战略风险评估与趋势预判的目标是服务国家最高战略决策，是一种综合性的国务研究活动，基本上不带有特定集团利益，不针对特定行业领域，不预设研究目标和结论，因此具有更客观真实的理论价值和研究结论。其趋势预判针对的是宏观的全球性大趋势，而不集

中于具体领域、地区、技术等其他方面的趋势。诸如企业和工业界、工程和技术、高校和智库等其他层级行为主体开展的相关分析研究活动不是本书研究的重点。

国家战略评估与趋势预判所服务的国家顶层战略是国家的宏观综合战略，而不集中于特定领域，尤其是不专门研究军事领域的战略和政策。通常所说的战略包含了两种意义：一种是战争和军事行动中高于战术和战役层面的谋略，称为战略，对应于英语中的“military strategy”；另一种是高于战争和军事行动的国家谋略，汉语中也称为战略，实际上可理解为政略或韬略，对应于英文中的“strategy”。我国军事战略学家李际均所说的“军事服从政治，战略服从政略”就是这个意思。[①] 因此，尤其应区分军事战略和宏观政治战略在汉语中共用“战略”一词造成的歧义。诸如“国家安全战略”等用语中的战略一词，就是指后者。例如“战略问题是一个政党、一个国家的根本性问题。战略上判断得准确，战略上谋划得科学，战略上赢得主动，党和人民事业就大有希望。”[②] 这里的战略显然不是专指军事领域的战略，而是综合、统筹的战略观。因此，本书集中研究服务于国家综合战略的风险评估与趋势预判，而避免过度集中于涉及军事战略、军备发展和采购政策等具体领域。

二、让预判发挥战略影响力

“全球趋势”系列研究与其他机构开展的专业性研究不同，是一种基本脱离机构自身利益的综合性战略研究。以“四年防务评估”为代表的国防和军事专业评估是国防部和军队开展的战略研究。一方面，这样的研究专注于以国防和军事安全为主体的国家安全挑战与威

① 李际均．中国军事战略思维［M］．中港传媒出版社，2015：14.

② 习近平总书记系列重要讲话读本（2016 年版）［M］．学习出版社，人民出版社，2016：283 – 284.

胁；另一方面，这样的评估结果关系到军费投入、军备采购、军种建设、全球投送、战争进程等多方面结果，深入涉及国防和军队系统的自身利益。相比之下，“全球趋势”研究是一项相对综合，且超脱部门利益的研究。情报机构服务自身的战略规划有其独立的战略评估文献，即“四年情报界评估”，在其对情报战略定位和能力需求评估的基础上，情报界制定“国家情报战略”。相比之下，“全球趋势”系列报告则更为独立，集中聚焦于服务最高战略决策，提供综合、客观的战略评估和趋势预判，为国家安全战略制定提供科学有效的战略评估支撑。

美国情报系统，尤其是国家情报委员会长期为最高决策者提供科学、客观、准确的战略评估与趋势预判，一方面提升了该研究的专业性和科学水准，另一方面也增强了其研判的客观性，成为辅助总统执政团队制定战略和政策的可靠支撑。国家情报委员会是美国情报界专门负责中、长期战略思考的组织，号称“全美情报界最高层级战略情报分析产品的生产者”。国家情报委员会通过广泛联系社会各界，汇聚公开信息和各领域智慧，统筹、协调情报界开展战略分析评估，尤其是进行远景战略预判。国家情报委员会的研究覆盖经济、安全、科技、网络、恐怖主义等各领域，负责主导情报界共同形成“国家情报评估”等国家最高层级的战略风险评估和政策建议报告。国家情报委员会官方网站对其机构的定位是：“辅助作为情报界首脑的国家情报总监，并作为情报界的长期战略分析中心。思考未来极端重要，又极其艰难。危机持续突发，使得除了每天看到头条新闻以外，几乎不可能看到‘地平线下’。国家情报委员会的目标就是跳出来思考，为此每4年对未来20年影响全球趋势的力量和未来选项进行评估。”①

“从1979年建立以来，国家情报委员会一直是情报界与政策界之

① U. S. National Intelligence Council. Global Trends: Paradox of Progress. 2017, p. vi.

间的桥梁，是情报问题的重要专家，也是情报部门协作和拓展的推动者。国家情报委员会的国家情报官来自政府、学术界和私营部门，都是情报界在地区和问题研究方面的高级专家。”① “在国家情报总监办公室内，国家情报委员会受负责情报整合的国家情报副总监的领导，设有一名主席、一名副主席和一名顾问，并由他们领导国家情报官团体。国家情报官们是国家情报管理团队的‘分析武器’，负责提供完善的情报分析工作。他们辅助国家情报管理团队整合美国情报，制定和实施统一的情报战略，以解决美国最紧迫的国家安全问题。”② 国家情报委员会的核心任务包括：提升运用情报分析技术及其标准的水准，包括替代性分析、新的分析工具和技术，以及在情报界中促成更广泛的协作；向高级政策制定者提供包括“国家情报评估”在内的整个情报界的协调意见；为国家安全委员会的负责人和代表准备在国家安全委员会会议上的材料；吸收学术界和私营部门的系统外专家来拓宽情报界的知识和视野。尽管国家情报委员会的大部分工作都是保密的，但也会发表或委托公开报告，其中包括解密的“国家情报评估”。国家情报委员会公布了数百份解密的“国家情报评估”和由国家情报委员会或其前身——“国家评估办公室”和“报告与评估办公室”编制的其他出版物。国家情报委员会的成果体系分为特别成果、委托研究报告、会议报告和解密的“国家情报评估”。

三、服务最高战略决策

战略预判的根本出发点和核心价值是辅助最高战略决策。“全球趋势”系列研究借助制度性安排服务国家最高战略决策，并积极影响塑造全球战略环境。国家情报委员会作为美国国家战略研判的重要咨

① https：//www. dni. gov/index. php/who - we - are/organizations/nic/nic - who - we - are（上网日期：2018 年 3 月 5 日）.

② https：//www. dni. gov/index. php/who - we - are/organizations/nic/nic - what - we - do（上网日期：2018 年 3 月 5 日）.

询和辅助机构，积极运用其决策影响力和渠道，通过制度性的安排，确保其战略预判成果在决策层发挥影响。一方面，在研究设计上直面最高决策者，致力于为其“分忧解难”，争取提出有针对性、有建设性和有影响力的决策辅助建议。另一方面，紧密围绕国家决策层的需要，规划开展密切服务新执政团队的决策研判辅助成果。国家情报委员会官方明确指出：“报告一般在总统大选日到就职日之间发表，并提交当选总统，作为总统及其执政团队的施政参考，为新当选总统提供未来15—20年的全球趋势预判，评估关键趋势和不确定性的影响，为白宫和情报界远景战略政策规划提供思考框架。”①

美国情报界以服务国家战略决策为已任，长期开展国家安全战略评估与趋势预判，其目标就是为最高决策者提供科学、客观、可靠并具有前瞻性的战略决策辅助。例如，从20世纪50年代开始，美国情报界就尝试对部分决策建议进行预测性检验，中情局将此类评估称为“机遇分析”。例如，1952年，中情局就曾向总统杜鲁门报送题为“试图推翻阿尔巴尼亚政权的后果”的“国家情报评估”。1954年，中情局对“如果美国在越南使用核武器”将引发的后果做出评估。②到20世纪70年代，为满足美国政府加强冷战双方经济相互往来的需要，中情局情报分析人员专门评估了“如果美苏开展贸易合作”可能带来的影响。③ 中情局也一直致力于运用科学方法开展战略预判，其广为人知的案例如用贝叶斯分析法评估中东冲突的概率、用交叉影响分析法预测西亚局势的未来、将试验方法应用于选举预测和选举系统模拟等。④

① Global Trends Home Page，https：//www. dni. gov/index. php/global - trends - home.

② Sherman Kent. The Law and Custom of the National Intelligence Estimate［M］. the Center for the Study of Intelligence，1994.

③ David M. Kennedy. Sunshine and Shadow：The CIA and the Soviet Economy［J］. Kennedy School of Government case Program，Harvard University，p. 112.

④ Richards J. Heuer，Jr.. Quantitative approaches to political intelligence：the CIA experience［J］. American Political Science Review，1979，73（4）：1215.

当然，服务最高战略决策并非易事。一方面，很多机构都试图影响决策，部分带有自身利益。这些机构之间往往形成竞争关系，其成果之间也难免龃龉。另一方面，战略决策对辅助性研判的需求并不是一成不变，例如，在反恐战争期间，美国的大战略并没有吸收战略研判的成果。因此，国家情报委员会战略预判工作对战略决策的支持自然也受到客观条件的制约，并非该机构通过自身的制度设计就可以达到影响政策的目标。特雷弗顿就职国家情报委员会主任前，于2012年在兰德公司发布的研究报告就集中阐述了这种困难。① 该研究的委托方就是国家情报委员会的“战略未来”项目组(Strategic Futures Group)，于2010年7月1日启动，委托对象是兰德公司国防研究所情报政策中心。报告是专门为国家情报委员会准备的，经脱密后公开发表。国家情报委员会对其提出的需求是解决“情报界如何能够形成更好的长期及战略性分析成果，从而改进当前的情报产品体系”。报告认为情报界推动长期战略预判面临以下困难：一是处理当前紧急事务是政策官员的当务之急，因此要求情报界在没有可见的政策需求情况下推动长期战略预判具有相当困难；二是战略预判指向未来，充满不确定性，很容易被政府官员认为是不相关的奢侈品，因此对其要求更高；三是长期战略预判的难度很高，因此也经常出现失误，必须能够客观看待这种现象。

克服这些困难主要依靠两方面努力，一是一旦社会对诸如国家情报委员会的“全球趋势”系列报告类的长期战略预判成果高度关注，也会带动政府官员对此提高重视程度；二是战略预判的关键还是在人，国家情报委员会进行顶级战略咨询服务的资本就是高水平的专家团队。通过提升团队专业化水平和权威性，形成具有更高社会影响力的报告，以外促内，可以提高战略评估与趋势预判服务国家最高战略

① Treverton G F, Ghez J J. Making Strategic Analysis Matter [J]. RAND, 2012, p. 14.

决策的水平。

第二节　立足国家核心利益安全

战略评估与趋势预判必须站在决策者角度，对国家战略决策的全流程进行审视，包括评估当前战略环境与威胁，预判未来发展趋势，提出政策建议并对其进行讨论和检验。因此，战略评估与趋势预判的过程就是国家整体战略决策过程的缩微。战略评估与趋势预判的各个环节如果加上战略和政策的贯彻落实环节，就是完整的国家战略实践流程。“全球趋势”研究的分析框架在20年间保持了相对稳定。虽然在不同时期分别对不同环节进行了一些探索，但其基本研究范式相对稳定，主要包括国家利益至上、逐步改进完善研判准确度和服务战略决策等三方面主要特征。

一、以意识形态、规范和秩序等首要国家核心利益为基准

每一项国家安全战略评估与趋势预判的研究，都是以维护国家核心利益为根本出发点的。这种国家核心利益的认识虽然不直接写明，但浸润在研究成果的字里行间。研究立项之初，首先需要明确研究的基本定位，要解决的主要问题，及要实现的主要目标。主旨明确、方案可行、切实有效，是战略评估与趋势预判项目得到国家支持的基本前提。美国国家情报委员会在设置此类项目时同样进行了这样的前期评估和设计。

意识形态安全、价值观安全和由本国主导的国际规范和秩序的稳定对维护国家安全具有先决性意义，更是国家核心利益中的首要方面。这些国家利益虽然不是领土、主权、发展等看得见摸得着的国家利益，但其对国家安全的价值甚至更高。这些居于首要地位的国家利益一旦遭到侵害，将比其他方面的国家利益遭受

侵害造成的影响更加恶劣。这在美国的战略评估与趋势预判中反映突出。

“全球趋势”并没有罗列美国的具体核心利益所在，但将维护意识形态、价值观和美国主导的全球秩序作为最根本的战略研判出发点。例如，冷战刚结束不久时，美国相对实力优势十分突出，霸权地位相对稳固。当时开展的《全球趋势 2010》项目对美国当时国家利益的基本设定是维持好当前的有利态势，处理好少数威胁源及未来可能影响美国价值观和霸权体系的全球性事务，为进一步做好全球领导者未雨绸缪。因此，《全球趋势 2010》的主旨非常明确，就是“描述和评估 2010 年世界政治领域的主要特点”。该研究主要聚焦于国际政治领域未来发展趋势及其对国家安全造成的影响。到 2010 年以后，《全球趋势 2030》项目启动时，美国战略思想界已经认识到美国不再是世界中心的趋势已经日趋明显，因此如何在这种环境中维护美国的核心利益成为首要议题。

二、根据形势发展及时合理调整对国家核心利益的认知

国家核心利益范畴在较长周期内会保持稳定，但在国家发展的不同时期也会存在一定的调整，据此设置的国家安全战略核心目标随之发生变化。美国的国家安全战略的时代性和政府特征反映出国家安全战略及其对国家安全环境研判的主观性。同样，先期开展的战略评估与预判活动也自然带有这种特征。虽然每一次的战略评估与趋势预判活动的根本出发点都是维护美国霸权、美国价值观和美国利益，但是在不同时期的成果反映出的其对国家核心利益的基本判断也出现了发展和变化。

例如，在世纪之交时，一系列新的问题已经开始挑战美国的国家利益，包括国内政治和经济社会情况变化、中国实力的上升、非国家行为体角色加重和科技等新问题的出现。因此，《全球趋势 2015》对

国家核心利益的认识已经出现了调整，开始考虑如何应对美国在国际体系中角色的变化及内外多重因素的冲击和影响。相对的，该报告视野更为广泛，将主旨确定为“变换的全球未来：2000—2015”，即进行包括国际政治演变趋势在内的综合性战略形势评估与趋势判断。此后，这种定位、任务和目标基本保持稳定，只在不同程度上持续进行微调。

美国经历“9·11”事件，并开始“反恐战争”后，《全球趋势2020》对美国核心利益的界定出现了更大变化。该研究格外重视美国在国际体系中的角色发生变化如何影响美国的国家利益。这时的战略研判活动开始被纳入盟国体系中开展，强化了盟国间战略沟通与协调的任务。

到小布什政府第二任期的后期，美国陷于两场战争，小布什政府的战略决策受到诸多诟病。于是《全球趋势 2025》开始针对在新世纪、新局势下如何维护国家安全利益进行更深入的反思，甚至开始讨论领导人发挥的关键作用。在此背景下，其战略研判工作进一步增强了美国情报界内部及政府部门间的协作程度，力图为决策层提供更加综合、统筹、全面的战略研判成果。

受到次贷危机等大量突发性事件对国际格局产生的深刻影响，《全球趋势 2030》开始集中更多资源探索应对“黑天鹅”事件，力图避免这些重大不确定性因素损害美国国家利益。

到特朗普政府上台前，《全球趋势 2035》在考虑国家核心利益的问题上就更加直接。最典型的就是对未来 5 年进行研判，并提出短期决策建议。这显然是考虑到政府换届造成的政策不稳定性极可能对国家安全利益造成不利影响。因此，加大了短期政策支持的力度，力图避免决策失误造成国家核心利益和国家安全受到损害。基于这样的定位，该项目一方面增强了外部研究方法的引进力度，另一方面提高了国家情报委员会内部的参与程度。

第三节　通过跟进形势发展逐步改进研判的准确度

作为一项具有较好连续性的固定发表周期的系列研究，“全球趋势”具备了独立研究所不具备的一个重要优势，就是通过对现实发展与上一份报告之间的反差进行对比分析，总结规律，形成改进。

一、建立反思改进的研究制度

《全球趋势2010》刚一发布就发生了1997—1998年东亚金融危机，改变了世界政治和经济格局和走势。该报告对历史将保持较好连续性的基本判断与现实发展出现了较大的背离。这次失误也换来了有益的成果，即后续报告开始逐步加强对此前报告的反思，站在此前成果的基础上，进一步探索和完善。

因此，《全球趋势2015》立项伊始，就对上一份报告进行了较为系统的反思，直言“吸取了上一份出现较大失误的教训”。新报告基于这样的反思，以及对现实发展的重新认识，大幅提升了对关键不确定性的重视程度，修正认为历史是基本连续的基本假定，强调要认识到关键驱动因素的变化，由之引发的重要不确定性和突发性事态有可能是历史的重要发展方向。这还体现在组织实施流程方面。新报告专门从组织阶段首先对上一份报告进行反思，随后设置两个平行的小组，通过横纵交叉的组织方式加强对战略评估与趋势预判全过程的监督和反馈。

由于主持人及其团队保持了较好的稳定性，《全球趋势2020》延续了这种基于现实与前期报告进行比对的研究范式，并集中对前两份报告的研究方法进行了系统改进，以提高应对关键突发性事件的研判能力，在这方面用足了功夫。《全球趋势2025》延续了这种跟进形势变化、反思改进研判的研究范式，对此前研究的反思和改进达到了一个新的高潮。该报告立项后，也首先对前三份报告与现实的发展进行比对。《全球趋势 2025》进一步反思之前研究对国际格局发展的不连续性重视程度不足的问题，对新能源的发展趋势的再评估引起对国际战略格局的重新认识，重新评估全球经济可能出现的重大突变，并提高了对世界和社会不同层面的分化导致的冲突和融合等趋势的重视程度。《全球趋势 2030》进一步加深了对此前成果的反思力度，并将这种研究范式基本固定下来。立项后的首要任务，就是对历份报告进行逐一审阅和反思，找出以往报告中的偏见与盲点，并认真研讨在未来的研究中如何克服这些问题。该报告加深了对非国家行为体的认识水平，将其作为与国家在相近层次的国际角色进行研究，尤其是对二者的互动关系及其引发的治理问题加大研究力度。《全球趋势 2035》虽然更换了团队负责人，但是也延续了这种反思改进的研究范式。

二、处理好“灯下黑”的误区

战略研判的一个误区是忽视对自身的考察。这是一个很容易出现的普遍误区。一方面，对国家安全环境的认识片面理解为外部环境，忽视对国内问题的关注。另一方面，聚焦于对内外变量的评估和预判，但忽视了对本国变化引发的可能影响，进而施加到本国的国家安全环境之中产生的新趋势性变动。

美国“全球趋势”研究通过反思和对比，认识到了这个“灯下黑”的问题，并得到了较好的解决。例如，《全球趋势 2020》虽然在完善体系方面下足了功夫，但报告团队将精力用在了方法改进上，导致对问题研究的总体把握出现了较大偏差，即“灯下黑”问题。也就是在对环境变化的评估中形成了忽略自身因素的基本假定，沦于思维定式的纰缪。《全球趋势 2025》发现：此前的研究中出现了“灯下黑”的问题，在国家安全战略评估与趋势预判中未能考虑美国自身变量造成的影响，而恰恰这一因素的变化极大影响着国际国内形势，对美国的国家安全环境造成了显著的影响。因此，项目团队集中精力对这种思维定式造成的负面影响进行了修正。该报告将美国在国际体系中的角色变化作为重要变量进行评估。

这也反映出此前的报告深陷于美国霸权的惯性思维中，没能在战略评估与预判中消除这种具有很强先验特征的思维定式。基于这样的认识，研究进一步发现此前对国际体系的转型的预判严重不足，多极世界成为现实、国际体系发生剧变的可能性大幅上升。在此情况下，美国的角色也自然会进一步下降，很大程度上已经不能继续“主宰一切”，“制衡美国”对一些国家已经成为可能。此后的《全球趋势2030》主要修正的仍然是对美国中心地位的先验假定，进一步提高了对美国角色变化引发国际关系变动的关注。

三、逐步推向更加细致和深入的高水平研究

通过反思和改进，研究的水平得以持续上升：一是改进此前的失误；二是充实更加细致和全面的研究内容；三是进行更深入的分析。通过这三方面的改进将研究推向更高水平。

例如，形势的快速变化让《全球趋势2030》团队进一步认识到，即使对趋势的判断是准确的，对其发展速度的预判不准也会极大伤害预判的可靠性。因此，研究开始关注到更多此前研究不够细致的问题，这就包括意识形态的问题、心理和思潮问题等更复杂的影响因素。尤其是对“后果”引发的“二级”和“三级”后果进行了更深入的推理演绎，将研究推进到更深入和更细致的水平。

再如，《全球趋势2035》作为最新的成果，在反思和改进的基础上形成了新的探索。其基本特征反映在提高研究的实效性上。一方面，通过增补对短期趋势评估与预判环节，加强对现实决策的指导价值。另一方面，全面加强了此前一直处于从属性位置的政策建议环节，将提高政策的“稳健性”作为整个研究的一项基本原则和思路确定下来，并将其贯彻到研究的全程之中。

第四节　紧密围绕服务国家战略决策的核心任务

战略评估与趋势预判的核心目的是服务国家战略决策。“全球趋势”系列研究较好地反映了这一核心思想，也成为其研究范式的重要组成部分，主要体现在三个方面。

一、在整个研究过程中贯彻服务国家战略决策的思路

“全球趋势”系列研究有一条鲜明的主线，就是将所有的研究工作统一到服务国家安全战略决策的核心任务上来。例如《全球趋势2010》和《全球趋势2015》都聚焦于如何维护美国的全球领导地位，通过形势研判，拿出了切实可行的决策建议。

由于《全球趋势2010》仅公开部分内容，仅从这些资料来看，该报告形成了三方面的决策指导意见：一是在全球趋势方面，由于“没有国家能够逃出与满足公众对物质和精神的需求竞跑的局面”，因此美国应更加重视内部治理问题，做好处理物质和精神需求与供给方面出现矛盾的政策和资源储备。二是鉴于中俄的发展态势，应高度重视其对美国统治的国际秩序的冲击。三是进一步消解中东和东北亚的不稳定因素，防范出现严重挑战美国国家利益的热点问题。可以说，这三方面的政策建议经过20余年的检验，是基本符合现实发展的。虽然后续的报告对这份早期报告进行了诸多反思和改进，但是不能否认，仅从国际政治发展这个领域来看，这份报告为美国决策层提供的关于国际和国内政治的政策建议是可靠和有效的。这也反映出当时研究的成功一面。

《全球趋势2015》更加着眼于21世纪的美国国家安全能力建设，提出了以维持美国对世界秩序的领导力为核心的决策建议，主要有三

方面考虑：一是由于美国的绝对优势降低，未来需要进一步明确国家战略优先方向，调整好资源的配置与分布；二是基于维持美国的绝对领导地位的考虑，要进一步加强在经济和科技方面的引领作用；三是加强治理能力，处理好与内外多种行为体的关系。

二、“内外有别”是政策建议发挥作用的关键

国家安全战略评估与趋势预判是国家的战略研判工作，其决策建议很可能转化为国家战略决策。因此，“内外有别”是这些决策建议发挥关键作用的基本保障。显然国家情报委员会的团队在这方面有很深刻的认识，其决策建议首先提交给决策团队，随后经过调整公开。这也反映在基本报告的研判与政策建议脱节上。而这些公开的政策建议，很可能扮演了有别于真正“政策建议”的新角色。一方面可以作为美国政府未来政策的一种宣誓，用以稳定盟国和其他不稳定因素等。另一方面也可能具有谋略的因素，在国际交流的过程中推广具有意识形态和美国价值观色彩的政策建议，或对其他方面的对美研判进行误导。这些现象集中体现在中期的三份报告中。

《全球趋势 2020》报告提出处理好美欧和美亚关系，应对好核扩散问题，并采取更大的努力赢得反恐战争胜利。从这份报告来看，这种决策建议出现了新的内外有别的可能性。因为这份报告的决策建议与前文的战略评估与趋势预判出现了一定程度的脱节。其决策建议更大程度上反映出当时的美国国家战略和政策取向，而不是指向更长周期的研判的决策建议。

《全球趋势 2025》的决策建议也反映出与上一份相同的特点，即与前面的评估与预判成果相对脱节，可能存在内外有别的情况。报告已经不设政策建议的部分，而是撰写了最后“多极世界下的权力共享”的部分，作为一种政策建议的替代形式。其内容包括提出重视领导人作用、经济风险防控、技术变革与地缘政治危机以及美国优势的削弱等。这些建议都更加符合当时的现实政治情况，具有较强的短期

决策建议的特征。

《全球趋势 2030》进一步强化了前两份报告的特点，在公开的文献中删去了政策建议的部分。客观地说，这反而可能是政策建议的一种进步。因为这样一份在奥巴马第一和第二任期之间的报告，正处于美国大战略的转型时期，既面临着“反恐战争”泥潭所困的尴尬境地，又面临“转向亚太”的重大战略任务，因此是不可能不为新政府提供有效政策建议的。而这种建议有可能正因为其重要性和现实性，在报告公开的环节进行了删节。从全文来看，这份报告的政策建议应该涵盖三方面内容：一是为应对个人与社会发展的“大趋势”，应集中精力提高治理能力；二是处理好世界多极化发展趋势，应对新兴国家崛起对美国的冲击；三是做好应对重大突发性事件的准备，包括经济危机和地缘政治冲突。

三、以提高决策的“稳健性”为未来发展方向

由于美国国内政治生态的变化、全球思潮的变化以及项目团队负责人的变化，《全球趋势 2035》的政策建议部分也出现了较大程度的调整。一方面是增加了决策建议的分析量，不再像前三份报告一样强调“内外有别”。另一方面是将“稳健决策”确立为报告的总核心，并将其作为未来战略研判中决策建议的主要发展方向。报告确立了一种决策的理论和思路，即“提高抗干扰能力”，认为未来的关键是提高决策的稳健性，强化抵御各种风险的能力。并围绕这一核心思路，从国际与国内、经济与社会、国家与个人等多个方面提出如何提高决策稳健性的建议。显然，这种思路贯穿在了整个研究的过程中，也成为这份报告与此前报告的重大差异之一。但也更反映出其将决策建议融入研究全程的研究范式得到了进一步增强，并为未来决策建议的发展确定了一个初步的方向。

本章小结

以“全球趋势”系列报告为代表的国家安全战略评估与中长期趋势预判成果对全球范围的威胁和战略环境进行的综合性评估和趋势预判，是美国制定国家战略和政策的基础性、背景性的文献。该成果由于更加综合和宏观，其机构更加超脱和专业，且高度聚焦服务国家最高战略决策，因此是美国国家安全战略决策所依据的主要战略研判成果之一，具有较强的代表性。

国家情报委员会作为超脱、专业的国家顶层战略咨询机构为该研究取得成功奠定了重要基础。紧密围绕国家核心利益，服务最高战略决策，成为该研究的核心价值所在。“全球趋势”研究的首要任务和特征是将国家核心利益及其主要威胁作为出发点，明确研究定位。尤其是将意识形态、价值观和国际秩序等国家核心利益确定为首要国家安全利益，并根据形势发展及时合理地调整对国家安全利益的认知。其次是建立反思改进的研究制度，通过跟进形势发展逐步改进研判的准确度，进而将研究的细致程度和深度推向更高水平。尤其是处理好对自身角色的认识问题，解决战略研判的“灯下黑”。最后，紧密围绕国家安全战略决策是研究的核心主线，在整个研究的过程中都贯彻服务国家安全战略决策的思路，采取“内外有别”的方式提高战略决策建议的有效性，并向提出“稳健决策”的方向发展。

第六章

美国战略预判的方法体系

“指导任何人类群体行为的具体知识，从来就不是作为一个稳定而严密的体系而存在的，它只以分散的、不完美的和不稳定的形式，存在于众多人的头脑中，一切知识的分散性和不完美性，是社会科学必须首先面对的两个基本事实。”①

——弗里德里希·哈耶克（Friedrich A. Hayek）

在“全球趋势”研究的发展演进过程中，逐步形成了以中长期战略评估与趋势预判为主轴，“仿真模拟”“情景分析”和“稳健决策”相结合的“一轴三元”研究方法体系。这种“评估—预判—决策”三元融合的方法体系是一种“定量与定性相结合”的综合研究方法，横向覆盖了国别与地区研究、全球性问题研究等不同研究领域，综合覆盖了确定性趋势评估、关键不确定性分析和决策支持等三个主要战略评估与趋势预判的流程。

这种方法体系是在研究逐步深入的过程中积累和改进而来的，其过程经历三个阶段：初步探索时期，在传统评估方法的基础上初步引入情景分析；专业化时期，形成“评估—情景”二元主导的分析架

① ［英］哈耶克．科学的反革命［M］．译林出版社，2003：22－23．

构；新探索时期，融入决策理论和方法等新的力量进行了新的探索，初步形成“评估—情景—决策”的三元主导架构（参见图6—1）。

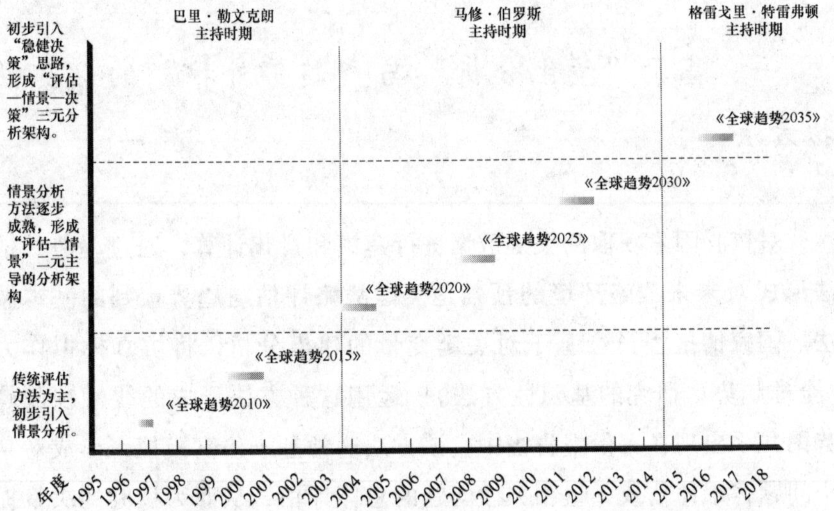

图6—1　美国“全球趋势”研究三阶段发展示意图

资料来源：根据“全球趋势”系列报告整理。

经过持续的探索、改进和完善，这种“评估—预判—决策”三元融合的方法体系逐步稳定下来，成为了美国独具特色的国家战略评估与趋势预判体系。“一轴三元”方法体系的三个主要组成部分分别是近年来美国战略评估与趋势预判的三种主要手段，即“仿真模拟”“情景分析”和“稳健决策”。在仿真模拟的方法中，“净评估”最负盛名，且居于主导性地位。该方法在国防和军事领域产生，也主要应用于国防和军事领域。“情景分析”与“稳健决策”是未来新的战略评估预判方法增长点。“情景分析”在美国的战略研讨、战略风险评估、危机管控、战略趋势预判等领域广泛应用。尤其在国家情报委员会的战略评估与趋势预判的发展演进过程中，逐步丰富为一种综合性研究方法体系。“稳健决策”由兰德公司创立，最初应用于气候变化、环境资源政策规划等领域，也形成了极为广泛的影响。

第一节　以“仿真模拟”为基础的战略评估方法

一、基于“量化分析”与“趋势外推”的仿真模拟方法

对核心因素获取的关键数据进行建模和量化计算，通过趋势外推法形成对未来战略环境的预判是美国战略评估与趋势预判的基本做法。国家情报委员会基于对关键变量的建模分析，将仿真模拟作为“全球趋势”研究的基础性方法。① 运用这种方法形成的线性预测趋势图几乎出现在每份报告当中。该方法通常基于仿真模拟，形成对某个问题客观评估或一组相关性问题的总体评估，从而为稳健的决策提供总体评估支持。

仿真模拟方法最典型的应用领域是经济金融和资源能源。以金融资产的投资预判与决策为例，首先对未来的经济金融规模进行折现，获得资产的当前价值评估。在这个框架中，预期收益的贴现可以将通货膨胀和资金的机会成本综合考虑在内。② 在此基础上，对当前和未来环境建立起较为广泛的假设，进而通过模型计算评估每一个概率事件的预期收益。模型之间的平行比较，还可以形成对类似行为体之间的比较，以检验假设的稳健性和评估的准确性。③ 另一个典型

---

① https：//www. dni. gov/index. php/global – trends – home（上网日期：2018年3月5日）.

② Robert C. Higgins. Analysis for Financial Management（8th Ed）［M］. Boston：McGrawHill，2007，Chapter 7；Zvi Bodie，Alex Kane，and Alan Marcus. Investments［M］. New York：McGraw – Hill，2004，pp. 414 – 428.

③ Aider Tuner. The Uses and Abuses of Economic Ideology［J］. Project – Syndicate. org，July 15，2010；Joe Nocera. Risk Mismanagement［J］. New York Times，January 4，2009.

的案例是评估资源储备。量化方法一直是战略资源评估最普遍的中长期分析工具，还广泛应用于对已探明和未探明的能源储量进行评估预判。将政治、社会等其他因素纳入考量后，可以形成更加客观可靠的评估成果。①

战略评估需要关注一系列潜在的风险集合，不仅仅聚焦于单一领域或特定议题的发展趋势。能否更全面地评估情况，超越孤立的变量，预判主要趋势，了解这些趋势如何相互作用并影响结果，对管控国家安全风险至关重要。因此，战略评估通常要进行两级的风险计算，即直接风险和间接风险。直接风险就是评估什么事件是更具风险的，而间接风险则是指什么类型的事件会间接影响到抵御风险的能力。开展战略评估最常见的形式是设计一套损失函数，评估在不同风险条件下潜在损失的大小以及这些损失发生的可能性，从而将其综合成为总体风险的评估结果。近年来，风险评估模型中涉及的因素也日益丰富。从美、英等国的战略规划文件和战略评估文件中都可以看到这种做法。

这种分析模型建立的基本前提是假定未来环境的相对连续性，其哲学和理论基础就是基于演绎推理的数据趋势外推。通过数据建模分析，模拟事态走势。这种战略评估方法的关键哲学假设是历史的连续性，在归纳推理法基础上，通过对过去发生事情规律的总结，预示未来。基于归纳方法进行的未来研判是建立在因果关系及其可复制推广的假定之上的。近代英国唯物主义哲学家弗兰西斯·培根就是经验论者，提倡在论证认识事物时运用经验分析的方法，即分析事物或过程的各种特性。② 然而历史事件与普遍规律之间是否具有确定的因果关系是很容易受到质疑的。例如，波普尔就认为，社会科学不可能存在

---

① British Petroleum. Statistical Review of World Energy ［J］. June 2010；Society of Petroleum Engineers. Glossary of Terms Used in Petroleum Reserves and Resources Definitions ［M］.；Viren Doshi，Hege Nordahl，and Adrian del Maestro. Big Oil's Big Shift ［J］. Strategy - Business. com，August 2，2010.

② ［英］培根．新工具［M］．商务印书馆，2005.

普遍规律，社会科学只能关注应用到具体背景下的规则。① 仅了解事物的既有特性和过程是远远不够的，还需要对事物的各种特性进行综合研究，找出事物的本质及其之间的复杂相互关联，进而发现事物的规律。而这种对信息的全景式需求在现实中客观上是不可实现的。美国中情局专家就指出："认识论给我们的教训是，没有一种方法可以事先知道预测的正确与否，因此也没有一种确定的办法让情报失误得以避免。"②

仿真模拟方法有其局限性。当趋势引发的后果是有限的、可考察的，且其不确定性是可量化的，或可以通过简化进行量化的，这种长期趋势就可以"数学化"计算，并在此基础上形成趋势预判。仿真模拟流派 20 世纪 90 年代以前一直在战略分析和预判领域居于绝对统治地位，几乎代表了美国等西方国家哲学和科学的语境和研究范式与方法中的最高水准。然而，仿真模拟方法也存在客观缺陷，即不能很好地将外源性和不可预测的风险纳入评估体系，因此难以妥善应对较为严重的不确定性和灾难性的风险。这也是 1973 年全球能源危机中该方法受到较大质疑的根源所在。因此，该框架也不能在模型中综合考虑极端情况，很容易受到"黑天鹅"事件的影响。③ 往往越罕见的、越难发生的情况，也可能是最重要的机会或威胁，这种情况往往也是机遇与风险同时发生又稍纵即逝的，因此很难进行常规的量化分析式的风险评估。④ 由于仿真模拟方法无法对历史的不连续性和深度不确定因素，尤其是突发性的"黑天鹅"事件进行预判，受到了一定程度的否定。但毫无疑问，仿真模拟至今仍是战略分析与预判最重要的方

① Karl R. Popper. Conjectures and Refutations: The Growth of Scientific Knowledge [M]. New York: Harper&Row, 1963, p. 264.

② Woodrow J. Kuhns. Intelligence Failures: Forecasting and the Lessons of Epistemology, Paradoxes of Strategic Intelligence [M]. Frank Cass, 2003, p. 93.

③ International Risk Governance Council. White Paper on Risk Governance: Towards an Integrative Approach [M]. Geneva, 2005.

④ Sull D N. Strategy as active waiting [J]. Harvard Business Review, 2005, 83 (9): 120, pp. 120 – 129.

法和流派之一。

二、“全球趋势”仿真模拟分析的核心变量

“全球趋势”系列研究报告作为一个体系化的战略预判成果，虽然经历了岁月的变迁、人员的流动，但其基本的研究方法具有较强的连续性。总体而言，这些战略预判的套路和关键分析因素保持了较好的稳定性。对“全球趋势”系列报告的关键分析要素和关键不确定性进行的总结参见表6—1。

表6—1　“全球趋势”研究的核心要素分析框架

报告	关键分析要素及排序	关键不确定性
全球趋势2010	1. 人口及其衍生的指标 2. 人均收入（经济）增长及其衍生的指标 3. 食物供给压力和贫困问题 4. 信息和通讯技术变革 5. 能源需求缺口 6. 军事科技发展和威慑稳定性变化	公开的报告并未罗列其认为的关键不确定性和排序，只是描述性地指出：国家发展趋势是国际体系中最大的不确定性；对未来关键国家和区域的评估具有较高的不确定性；中、俄的发展和变化所引起的不确定性程度较高，为预判带来更大的挑战。
全球趋势2015	1. 人口 2. 自然资源与环境 3. 科学与技术 4. 全球经济与全球化 5. 国家和国际治理 6. 未来冲突 7. 美国的角色	1. 先进技术两用性的不确定影响 2. 不对称武器造成的战略不确定性 3. 全球经济稳定增长依赖于一系列国家和地区的持续稳定 4. 中东的持续恶化和突发事态可能性上升 5. 中国的重要影响和重大政策不确定性 6. 俄罗斯的不确定性 7. 日本的不确定性 8. 印度的不确定性

续表

报告	关键分析要素及排序	关键不确定性
全球趋势2020	1. 经济增长带来的技术和社会影响 2. 新兴国家崛起造成的地缘政治变局 3. 民主化的意识形态造成的治理困境 4. 跨国犯罪、内部冲突和大规模杀伤性武器等冲突	1. 全球化 2. 世界经济 3. 企业与新科技 4. 亚洲崛起 5. 发达国家人口老龄化 6. 能源供给 7. 非国家行为体 8. 政治伊斯兰势力 9. 大规模杀伤性武器扩散 10. 不稳定之弧 11. 大国冲突 12. 环境问题 13. 美国因素
全球趋势2025	1. 经济全球化 2. 人口统计 3. 新的国际力量 4. 充足中的匮乏 5. 潜在冲突 6. 国际体系的新挑战 7. 多极世界下的权力共享	1. 能源转型 2. 气候变化速度 3. 重商主义倾向 4. 中俄民主化 5. 核武化的伊朗 6. 中东稳定形势 7. 西方内部稳定 8. 国际制度为维护世界稳定发挥的作用
全球趋势2030	1. 危机频仍的全球经济 2. 治理能力的差距 3. 更多的潜在冲突 4. 地区动荡的蔓延 5. 新技术的冲击 6. 美国的角色	1. 严重的传染病 2. 更快速的气候变化 3. 欧元区或欧盟崩溃 4. 一个民主的或崩溃的中国 5. 一个改革的伊朗 6. 核战争或大规模杀伤性武器 7. 网络攻击 8. 太阳风暴 9. 美国与世界的脱离

续表

报告	关键分析要素及排序	关键不确定性
全球趋势2035	1. 人口因素 2. 经济指标 3. 技术进步 4. 意识形态 5. 政治治理 6. 冲突特征 7. 全球风险	不再单独罗列，全文共出现“不确定性”49次。

资料来源：根据“全球趋势”系列报告整理。

即使是时隔20年之久的最早和最新的两份报告相比，其分析的主要要素的一致性也很高。《全球趋势2010》选取的关键因素及其顺序是人口、经济、资源能源、军事。《全球趋势2035》选取的指标及其顺序是人口、经济、技术、意识形态、政治治理、冲突特征、全球风险。可以发现，人口、经济、军事等最基本的要素都是战略预判的关键分析环节。其他的“全球趋势”系列研究也用基本相同的核心因素分析框架，通过对关键不确定性影响因素的深度分析评估，形成对有较强确定性的未来趋势的预判。

2000年发布的《全球趋势2015》选定七种决定国际安全环境的全球驱动因素（人口、自然资源和环境、科学技术、世界经济和全球化、国内和国际的管理方式、冲突的性质、美国的作用），推断在4个领域（科技、战争威胁、全球经济和中东地区）存在较大不确定性风险，从而形成四项关于未来的确定性结论：各国优先考虑的事项将起重要作用；美国的职责范围将覆盖全球；美外交重点更加跨国化；各国政府将提高透明度。①

2008年发布的《全球趋势2025》指出的确定性大趋势包括：经

① U. S. National Intelligence Council. Global Trends 2015: A Dialogue About the Future with Nongovernment Experts. 2000.

济增长推动新兴大国崛起；新的跨国问题兴起；恐怖主义、冲突和核扩散的前景不明；一个更为复杂的国际体系；美国的主宰地位受到削弱。①

2012年发布的《全球趋势2030》认定具有全球趋势影响力的九个重要不确定性影响因素（严重的传染病、更快速的气候变化、欧元区或欧盟崩溃、一个民主的或崩溃的中国、一个改革的伊朗、核战争或大规模杀伤性武器、网络攻击、太阳风暴、美国与世界的脱离），由此引发的六大改变全局的因素（危机频仍的全球经济、治理能力的差距、更多的潜在冲突、地区动荡的蔓延、新技术的冲击和美国的角色），并以此推断全球四大趋势（个体角色的增强、权势的扩散、人口统计状况发生巨变、粮食、水和能源之间的关联日甚）。②

2017年发布的《全球趋势2035》选定九个具有全球趋势影响力的重要不确定性影响因素（人口状况、自然资源与环境、科学与技术、全球经济与全球化、国内与国际治理、未来冲突、大国关系、思想潮流、"问题"国家），据此推断东亚将在以下三方面呈现出强劲的发展势头：东北亚与东南亚经济差距拉大；中国要求发挥其地区影响力；跨国力量促使东亚社会发生重大变化。③

从上面的总结可以发现，虽然在研究发展的过程中，有一些新的尝试和创新探索，但是核心分析因素总体上保持了较为稳定的框架。这种框架就是国家情报委员会开展战略评估与趋势预判的最基础的仿真模拟研究方法的内核。经过了20余年的发展演进，仿真模拟方法及其内核保持了相对稳定，说明了其对国家安全环境进行战略评估与

---

① U. S. National Intelligence Council. Global Trends 2025：A Transformed World. 2008.

② U. S. National Intelligence Council. Global Trends 2030：Alternative Worlds. 2012.

③ U. S. National Intelligence Council. Global Trends 2015：A Dialogue About the Future with Nongovernment Experts. 2000.

趋势预判的效力。在开展相关研究时，该方法及其核心分析要素的框架可资借鉴。

第二节　以“情景分析”为核心的战略预判方法

情景分析是借助系统方法，对可能发生的情景集合进行推理和分析，学习和理解未来的可能性，构建共同认识，指导和辅助决策。[①]情景分析试图探索和揭示战略环境下的不确定性，是一种基于学习的认知建设的工具。[②] 其主要目标是，通过缩小决策者可能面临的未来情况范围，为解决决策问题提供更清晰的框架。

一、“情景分析”方法的产生与定位

历史上，情景分析是一种促进在长周期不确定性的环境中克服个体和小集团决策偏见的方法。[③] 情景分析最早可以追溯到二战结束后，当时美国兰德公司对核武器可能被敌国利用的各种情景进行了分析。情景分析方法正式形成于20世纪60年代末，在70年代末逐步成为以美国为代表的主要大国战略决策的重要方法。其重要推动因素是1973年突然爆发的世界能源危机，引发对此前主要是基于定量计算与趋势外推、侧重历史连续性的仿真模拟预测方法的质疑。1972年壳牌石油公司规划人员采用情景分析法预判有可能发生石油危机，但该预判在当年未能引起重视。在世界经济受到重大冲

① Riccardo Vecchiato. Strategic foresight: matching environmental uncertainty [J]. Technology Analysis & Strategic Management, 2012, 24 (8): 783 – 796.

② Wilk J. The art of the long view: Planning for the future in an uncertain world [J]. Long Range Planning, 1991, 24 (6): 110 – 114.

③ Raford N. Online foresight platforms: Evidence for their impact on scenario planning & strategic foresight [J]. Technological Forecasting & Social Change, 2014, 97: 65 – 76.

击时，诸多大型预测项目应声落马，如何应对深度不确定性环境中的历史不连续场景，一时成为重要关注焦点。壳牌公司当时使用情景分析方法开展战略预判的案例石破天惊，从而催生并引领新的情景分析方法流派，最终与量化计算方法形成两极并立的格局。时至今日，壳牌公司一直持续开展以情景分析方法为主体的战略预判，并公开其分析档案，是公认的最系统、最成功的情景分析方法实践。壳牌公司将该方法设定为对“未来的不同图景”的描述，从而“识别一些重要事件、主要参与者及其动机，进而反映出世界是如何运作的”。壳牌运用这些情景分析“来探索未来可能的发展趋势，并检验公司针对这些潜在趋势的策略是否得当”。[①] 在对2050年的战略预判研究中，壳牌确定了未来能源的两个主要场景：“混乱”和“蓝图”。其一，“在供应紧张之前，政策制定者很少关注更有效的能源使用。同样，除非出现重大气候变化，否则温室气体排放问题不会得到认真解决。”其二，“开始应对经济发展、能源安全和环境污染挑战的行动越来越多。价格杠杆开始对大规模排放发挥关键影响作用，给清洁能源技术的发展提供了巨大的刺激，例如二氧化碳的固定和储存，以及提高能源效率的措施。其结果是二氧化碳排放量大大降低。”[②] 这两种情景简明地描述了决策者将面临的可能未来的范围，并为改善长期性问题提供了可能框架。

情景分析方法流派填补了量化计算流派无力应对深度不确定性的缺陷。量化计算方法建立在演绎证伪法基础上，通过限定具体应用情况、规范主要影响因素等方法，建立数学或逻辑模型，来解析理性行为，尤其是将人作为理性行为体来理解人的行为，建立对理想化世界的预测。演绎法更多地依赖自由创造的结论，并通过收集事实证伪来验证其科学性。较为典型的如微观经济学、博弈论和情报分析心理学等理论。具体的，比如通过发现特定情况中会出现的

---

① Shell，“What Are Scenarios?”.

② Shell International BV. Energy Scenarios to 2050 [M]. 2008.

特征“迹象”，来研判可能发生的情况。但将类似方法用于社会科学，尤其是存在突出的深度不确定性的国际政治领域，其客观困难是极为突出的。

二、情景分析是评估和预判关键不确定性的重要方法

通常创造性地思考未来非常困难，原因在于近期发生和当前事态都会引发具有倾向性的评估和判断。“每个情景想定代表未来某一段时期清晰的、似乎合理的图景。因为不可能准确掌握未来，所以解决方法就是建立若干个情景想定。”① 设计不同的情景能够帮助挑战一些潜意识里关于未来的假定，揭示一些新的、通过其他方法很难发现和认识到的可能性和选项。② 该方法通过想定一组可能的场景，帮助决策者在多种可能的未来中评估其决策的稳健性，避免决策者基于对特定格外关注的风险而制定政策，而忽视应对其他可能风险，最终导致决策的稳健性不高，难以适应未来高度不确定的环境。

情景分析法是战略评估与趋势预判的核心方法。在战略研究实践中，解决高度复杂系统、深度不确定关系和重大突发事件等一直是超出传统分析方法应对范畴的难题。通过建构与研究对象相关的情景集合，开展想定式分析研判，能够提高战略预判的成效。情景分析方法与直线推测不同，能够更加动态看问题，其核心要义是尽可能降低未来的不确定性。情景分析以想定式情景的形式对未来的目标模型进行描述，是对未来可能发生事态的精炼和模拟。情景分析不试图准确地

① ［美］罗伯特·克拉克．情报分析：以目标为中心的方法［M］．金城出版社，2013：253.

② U. S. National Intelligence Council. Global Trends：Paradox of Progress. 2017, p. 49.

预测出未来是哪种情景，而是重点关注一些关键因素，通过分析这些因素，及多种可能的相互作用方式，描绘出几种可能的未来趋势。[①] 当历史的连续性被打破，突发性事件超出传统的趋势分析范式时，量化分析的方法基本上在预判方面就失效了。在分析不确定性极端突出的问题时，尤其是应对“黑天鹅”式的突发性事件，量化计算方法难有用武之地，可靠性大幅降低。在此情况下，以美国为代表的主要大国往往采用情景分析方法，缩小未来可能对决策产生影响的情景范围。[②] 在此情况下，情景分析方法成为战略预判新的增长点，该方法通过帮助决策者挑战既有思维定式、缩小未来不确定性的范围，辅助形成更加稳健的战略决策。“因为不可能准确掌握未来，所以解决方法就是建立若干个情景想定。这些情景想定实际上是对未来的情景进行特别的构想，情景想定规定了不确定性的边界，以及似乎合理的未来的限制。”[③]

情景分析有助于消除或减少认知偏差、避免小集团决策思维、弥补量化计算的线性分析方法漏洞等优势。借助想定式的情景对未来的目标模型进行描述，主要用于制定计划和做出决策，一般被用来在既定的假设条件下探索可能的未来环节。决策者可以借此确定各种力量之间的关系、哪些力量对组织或局势可能产生影响、采取行动的关键决策点和决策基础与战略等。通过提供一系列逼真的可能性，整套备选的想定情景可以帮助决策者确定，无论发生哪种备选的情景，可能出现的对组织产生影响的共同特征。常用的情景分析方法包括论证性情景想定、驱动力情景想定、系统变化情景想定和时间片段情景想定

① 刘志良，董阳春．解读美国的长期战略预测——《全球趋势 2025》评析［J］．世界经济与政治论坛，2009（2）：34－39.

② Bishop P，Hines A，Collins T. The current state of scenario development：an overview of techniques［J］．Future Survey，2008，volume 9（1）：5－25（21）.

③ Wilk J. The art of the long view：Planning for the future in an uncertain world［J］．Long Range Planning，1991，24（6）：110－114.

等形式。[①] 建立情景想定的方法有案例式模型、前后关系映射和交叉影响分析等方法。[②] 在安全领域，情景分析用于战术或战役计划的制定，如危机管理、禁毒等。[③] 在商业领域，情景分析被用来制定战略计划，例如用于分析备选的并购对象或考虑新的生产线。这些经常是全球性的情景分析。在情报领域，有学者利用情景研讨作为交流媒介，套取情报对象的有价值情报，进而利用相关信息优化其想定。[④]

三、情景分析方法是逐步演进的

从20世纪90年代末以来，美国国家情报委员会就运用情景分析方法开展“全球趋势”系列战略评估与趋势预判。“主要采用情景分析方法对可能出现的世界性趋势进行综合预测。通过对多个情景构成的情景集合进行分析，描述关键不确定性将导致什么样的不同未来，进而探索关键决策选项，帮助政府、组织和个人应对未来趋势。”[⑤] 随着这种方法的不断丰富和完善，国家情报委员会运用的以情景分析方法为核心的战略评估与趋势预判方法已经自成流派，经过长期实践和改进，形成了具有美国国家级战略咨询机构特色的研究方法体系，成为国际战略评估与趋势预判领域的一支独特引领力量。

《全球趋势2025》想定四个情景，“以探讨正在进行的全球性转变引起的新挑战，呈现的新形势和困境”：一是在西方出局的世界中，新大国取代西方，成为世界舞台的领导；二是“十月惊魂”（即11月

① Boucher W. I. Scenario and Scenario Writing, in Nonextrapolative Methods in Business Forecasting [M]. Conn.: Quorum Books, 1985, p. 47 - 60.

② [美] 罗伯特·克拉克. 情报分析：以目标为中心的方法 [M]. 金城出版社，2013：263.

③ 同上书，255.

④ Schwartz P. The art of the long view [M]. Doubleday Currency, 1991, p. 78.

⑤ U. S. National Intelligence Council. Global Trends: Paradox of Progress. 2017.

总统选举前夕可能影响选情的事件）说明忽视全球气候变化产生的冲击，意想不到的巨大冲击减少了世界的政策选项；三是“金砖闹翻”，争夺关键性重大资源，触发主要大国冲突，尤其是中印两个大国；四是“政治并非总是地方性的”，非政府网络的出现，确定了环境问题的国际议程，使各国政府黯然失色。①

通过对每份报告中的情景设计、分析、结论和表述形式的对比研究，可以发现情景分析在“全球趋势”系列研究中的角色和作用是逐步上升的，其研究方法和形式也是逐步完善的。这些成果中的情景分析基本情况参见表6—2。

表6—2　“全球趋势”研究中情景分析的演进

报告	情景	位置与形式
全球趋势2010	并未在报告中涉及情景分析内容，只是在研讨中“专门为此设计了一系列新的情景在会上讨论。但其最终目的不是对“真正不连续性”的探索，即突发性的极端变化，而是关注渐进式的逐步积累变化。因此，研究更关注于有可能引起重大变化的一些小变动”。	无，仅在前言中有概述。
全球趋势2015	1. 包容的全球化。在科技的助益下，经济繁荣增长，治理持续改善，冲突基本可控。 2. 有害的全球化。人口增长造成资源紧缺，科技发展造成负面影响，经济形势不佳，治理失效，冲突增多。 3. 地区竞赛。科技发展不均衡，区域性经济整合导致区域治理成本上升，中东、中南亚和撒哈拉以南非洲三个主要区域之间的冲突上升。 4. 后极化的世界。西方经济发展放缓，发展中国家崛起，引发多极竞争。	附录

① U.S. National Intelligence Council. Global Trends 2025: A Transformed World. 2008.

续表

报告	情景	位置与形式
全球趋势2020	1. 达沃斯世界。由中、印领导全球化进程的世界。 2. 美式和平。检验美国如何保持全球统治能力。 3. 新哈里发国。极端宗教及其政治体制如何挑战西方规范和价值观。 4. 恐惧的循环。大规模武器扩散造成的战略稳定模式变化。	在研讨会和综合外部研究成果的基础上，形成八个全球情景，分别反映不同的研究目的。最后举办一场更大范围的研讨会，检验八个情景，讨论各自优劣，最终将情景减少到四个。 报告分为五个部分，分别为全球化的矛盾、崛起国改变地缘政治格局、治理的新挑战、普遍的不安全以及政策建议。并分别在前四个部分设计一个想定情景。 项目组运用了一系列信息和分析工具，是此前研究所不具备的。借助于 CENTRA 技术公司，项目组建立了网站，用于交流和吸收公开意见，形成研讨成果。同时，建立一套数据体系，存储和检索研究数据。此外，还整合交流工具辅助与国内外专家交流，建立了一套让专家可以亲自动手实践的计算机仿真系统，帮助用户开发各自设想的情景。
全球趋势2025	1. 没有西方的世界。新兴大国取代西方成为世界舞台领导。 2. 十月惊魂。忽视全球气候变化产生的冲击，意想不到的巨大冲击会减少世界政策选项。 3. “金砖”闹翻。争夺关键性重大资源，引发大国冲突，尤其是中印之间。 4. 非地方性的政治。非政府网络的涌现，设定环境国际议程，并使政府黯然失色。	建立四个情景，这些情景并没有一起放在最后或独立的章节，而是融入各自分析的大趋势部分。

续表

报告	情景	位置与形式
全球趋势2030	1. 熄火的发动机。大停滞的世界。 2. 融合。大融合的世界。 3. 脱缰的基尼。大分化的世界。 4. 非国家化世界。非国家化的世界。	将情景分析完全融入全文之中，不再是作为补充，避免了出现两张皮的现象。包括在每一个情景中讨论改变全局的因素如何塑造世界的未来趋势，并进一步讨论在该情景下世界主要大国和地区的处境。
全球趋势2035	短期预判部分： 1. 伦敦和纽约临时工骚乱。 2. 中国购买斐济无人岛屿建造军事基地。 3. 非洲经济增速超过亚洲。 4. 私人拥有无人机违法。 长期预判部分： 1. “孤岛”。全球经济长期低迷。 2. “轨道”。主要大国寻求单边安全而造成的紧张局势。 3. “共同体”。信息通讯技术发展造成的有影响力行为体大量出现。	分为短期和长期两部分。 正文主体围绕情景分析展开。 具体的国别研究放入附录。

资料来源：根据“全球趋势”系列报告整理。

这种情景分析方法的发展可以分为三个时期。一是初创和探索时期。主要是2002年以前，主要代表成果是《全球趋势2010》和《全球趋势2015》，其时国家情报委员会尚未成立“战略未来”项目，中情局下设有“全球未来”项目。二是创建和完善具有自身特色的以情景分析为核心的战略评估与趋势预判方法体系时期。主要是2002年至2014年，代表成果是《全球趋势2020》《全球趋势2025》和《全球趋势2030》。有理由认为，这段时期中情局的“全球未来”项目经过改组，由马修·伯罗斯（Mothew J. Burrows）领衔更名为“战略未来”项目组，并成为国家情报委员会公开对外活动的战略研判力量，随后主导了包括战略推演等在内的战略研判方法体系的建设与实践。三是调整和进一步探索时期。主要是 2014 年以后，国家情报委员会及其“战略未来”项目的负责人大幅调整后，对方法体系进行了一些新的探索、创新和尝试，其代表性成果是《全球趋势 2035》。

第一阶段。通过比较可以发现，在 1995 年项目刚启动的时候，情景分析只是在研讨会上采用的一种讨论形式，既没有在研究的组织流程设计中系统引入情景分析方法，也没有在正文中对此有所体现。当然，这有可能是因为首份报告的涉密性较高，其中一部分内容没有被公开，只是将主要的结论进行了公布。但是从此后的几个版本的变化过程中可以发现，第一份报告的情景分析确实只是一种极为边缘的辅助性讨论方式，并没有成为研究的一种方法，也不是正文讨论的一部分。

到 2000 年，情景分析开始被作为一种重要的评估和预判方法引入，但还没有成为研究的主要方法。其主要特征就是情景分析被放在附录当中，作为对整个报告的战略评估与趋势预判的一个补充。

第二阶段。从 2003 年开始，国家情报委员会的人员开始发生新的变化。到 2004 年，伯罗斯主导的战略评估和趋势预判研究已经开始将未来学和情景分析方法作为一个重要的研究任务。可以说，这次战略评估与趋势预判对于国家情报委员会的方法论体系建设是开创性和标志性的。这种创新主要体现在五个方面：一是在研究开始前就进行系统预研。二是在研究的进程中开始设置情景小组，并全程参与研究的各个步骤。三是经过这样的系统设计，情景设计和分析得到了更科学和系统的实施。例如，形成情景的集合，并在其中选择有价值的情景等。这种方法及其具体实施方式在后文中展开。四是情景分析得到了信息化技术的支撑，形成了包括数据系统、仿真系统和网上互动系统在内的初步信息化体系。五是创建了情景分析在全文布局中的融合表述形式，形成了虚拟化的情景阐述方法，采用比喻式的情景命名和概括模式等。这种方法和模式一直延续到今天，成为国家情报委员会全球趋势预判研究的独特模式，也是其独特方法体系的最主要特征。

到2008年，情景分析方法已经经历了初创阶段，进入了完善和成熟时期。情景分析的组织方式基本固定下来，情景分析在全流程中的辅助作用也基本成型，情景分析在全文中的融合性表述达到了更高水平。到这个时候，情景分析已经融入战略评估与趋势预判的方法体系，不再是初创时期的一种外源性的引进。研究牵头人及其团队基于其研究主题的特征、研究的服务对象和研究机构及团队的性质，对其情景分析的方法进行一系列的调整与改进，将其与基于对核心要素的量化分析方式进行有机融合，形成了独具特色的研究方法体系。同时，在新技术和外部资源与力量的支持下，情景分析的现代化水平也进一步提升。国家情报委员会开展的全球趋势预判从方法论的角度上已经成为世界未来学研究的一个流派。这是政府机构对国家安全环境开展的战略评估预判在学术界得到的重要认可。学术界的专家开始撰文评论和研究其方法和实践，力图发现其中的不足和缺陷。当然很大程度上这些缺陷和不足是由于其研究的主题与研究机构特色所导致的。学理上的瑕疵并未能伤及其结论的有效性和政策影响力。

最终在2012年，这种方法实践达到了一个顶点。《全球趋势2030》是国家情报委员会以情景分析为中心的战略评估与趋势预判方法体系的代表作。经过近十年的发展，熟悉这种研究方法的专业化团队已经建立起来。在熟练运作和有力保障之下，借助这种方法开始引进更多的外部资源和力量，将更多领域的先进成果和权威专家整合到情景设计和分析的进程当中，极大丰富了研究成果的综合性和整合能力，起到了“意在文外”的更好效果。

第三阶段是2014年以后，国家情报委员会的战略评估与趋势预判团队发生了较大人员调整。在引入兰德公司专家和内生力量崛起之后，对以情景分析为核心的方法体系进行了大胆的探索创新。其主要特征如下：一是情景分析的主体地位进一步提升，以至于正文基本上围绕情景分析展开，国别和地区研究进入附录。可见情景分析已经开始扮演研究的基础性角色。二是稳健决策的理念被引入，这是兰德公司流派与国家情报委员会流派的方法融合。其效果如何还有待进一步观察。三是情景分析方法的应用领域开始拓展，既服务于中长期战略预判，也对短期的战略趋势进行想定和评估。这份报告中对短期趋势也想定了场景进行分析。这也是对国家情报委员会战略评估与趋势预判方法体系的进一步完善。总之，在经历了20年三个阶梯的发展之后，国家情报委员会的情景分析方法开始向新的方向探索，能否实现新的跨越，仍有待评估。

四、“全球趋势”研究中情景分析的实施流程

到《全球趋势2035》时，以情景分析为核心的重大不确定评估与预判方法体系已经基本成型。因此，本书将以该报告中的情景分析作为案例，进一步剖析和探讨。该报告设置了“孤岛”“轨道”和“共同体”三种情景，具体情况参见表6—3。

表6—3　《全球趋势2035》情景分析的基本路径

项目	“孤岛”	“轨道”	“共同体”	备注
基本背景	全球经济长期低迷。	主要大国寻求单边安全而造成的紧张局势。	信息通讯技术发展造成的有影响力行为体大量出现。	从目前研判的一些大趋势出发。
挑战的假定	传统经济发展模型和全球化推进的判断。	和平与合作是世界发展的主题，也是未来必然趋势。	国家是国际舞台上的基本单位。	突破思维定式是情景分析的重要价值所在。
分析重点	政府将面对日益突出的治理挑战：未来社会对经济和物质安全需求上升、全球化进程退步、新兴技术改变工业从业秩序和贸易方式以及政治不稳定性上升。	政策选择是巩固稳定性并维护和平，还是加剧紧张态势。	国际力量和具有国际影响力的行为体的根本属性发生变化的趋势。	明确分析的重点影响因素。

续表

项目	"孤岛"	"轨道"	"共同体"	备注
分析主要目的	检验政府选项以改变如下状况来促进经济发展、提高生产能力：经济和科技内向趋势、减少对多边合作的支持、采取保护主义政策。	检验民族主义崛起、冲突模式改变、新兴技术影响、国际合作减弱如何加剧国家间冲突。	检验未来的治理方式：确定什么样的政策选项，能够为未来治理提供机遇，减少阻碍。	明确的情景分析目的是做好情景分析的关键。
情景叙述方式	2028 年，一位经济学者对 2008 年全球经济危机发生 20 年来的反思。	2032 年，一份国家安全顾问的备忘录，反映出他对时任总统史密斯第二任期即将结束时国际环境的评估。	2035 年，一位加拿大大型城市的市长回顾她见证的近 20 年来的变化。	描绘情景的形式创新能够有效增加情景的说服力。
主要想定内容	财富聚集与不平衡加剧；新技术对工业界的改造超出预想；贸易模式转变，政府更倾向于区域和双边贸易；全球经济增速放缓；中印仍陷于"中等收入陷阱"；国内和经济挑战迫使美欧聚焦内部事务；知识产权侵权和网络攻击加剧损及国际信息合作；气候变化挑战中东、非洲等地区的政府能力；全球疫情损害全球贸易及生产能力。	2020 年代初，政治极化和财政负担限制美国的全球存在。到 2020 年代中期，上述进程导致了区域环境的恶化。2024 年地缘政治竞争加剧，但受政经利益掣肘。此后，美国政府强化了军事同盟，扩大了全球军事存在。2028 年印巴发生核冲突。中美协作管控了局面。	中央政府和地方政府的权力结构大幅调整。商业持续发展进一步巩固企业与客户的跨国联系。人对政府的从属关系弱化，国家属性淡化。中东"失去的一代"借助网络挑战传统中央集权。这种趋势快速向区外蔓延。通过对内压制谋求稳定越发困难。一些国家重新分权获得稳定。一些国家分裂。	此部分或是出自不同的团队，以致思路、手法和倾向性不尽相同，抑或是根据议题差异和文体需要有意为之。值得反思也值得借鉴。

续表

项目	"孤岛"	"轨道"	"共同体"	备注
结论	更加防御性和互相隔离的世界，形成诸多隔绝外部环境的"孤岛"；西方在不触及核心利益问题上更少动用武力，美国联盟体系萎缩；非洲、中东和南亚不稳定性上升。	地缘政治竞争将长期存在，威胁基于规则的国际秩序；主要大国为了自身生存必须进行安全合作，相互尊重核心利益。部署新型武器会改变冲突升级方式，增加误判风险。不稳定性事件也会刺激各方寻找共同利益、协商互信措施。	国家与经济、宗教组织，包括民间社会团体和地方政府，都将成为多元化的利益攸关方群体。各级行为体参与到区域和跨区域的日常事务中，并形成网络化的关联关系。深度的社会变革推动政治议程和国家改变，形成"自由世界"。	通过情景分析总结出可能出现的结果，为进一步的政策分析提供支撑。
讨论及政策建议	新技术或许能够有力改变未来经济不振的局面。新技术导致失业的局面没有预期严峻。全球化和贸易放缓可能激发新一代的地方性创新、企业和经济增长点。生物和健康技术发展催生新产业。	必须对盟友持续确认安全承诺，避免出现安全灰色区域，诱发大国间的冲突，损及国际规范。谨慎部署新型武器，进行预防性军备控制。建立新的"最终时刻"通报机制，防止出现大型自然灾难和严重军事冲突。	政府需要出台积极政策，鼓励与包括城市、非政府组织、民间团体及公民社会等广泛的行为体建立积极公私伙伴关系。政府应积极借助大型跨国企业和慈善组织弥补在科研、教育、培训、健康医疗和信息服务等方面的能力不足。	政策建议是情景分析的落脚点。因此在情景分析中进行初步的政策建议后，专辟一章讨论政策建议。

续表

项目	“孤岛”	“轨道”	“共同体”	备注
引申思考	成功的政策是鼓励研究创新、促进信息共享、保证高质量教育和民众全寿命周期的科技等来吸引高科技人才。失败的政策是控制信息交流、没能尊重知识产权、不鼓励引进高科技人才。	必须管控地缘竞争持续加剧的态势，降低误判和冲突升级风险，为应对共同风险创造更大的合作机会。	国家政府依然是提供国家安全及其他“硬实力”的主体，但是其与地方、企业和跨国行为体的互动能力将反映出其“软实力”，提升政府稳定能力。民主政治更适合于公私伙伴和地方政府建立合作关系。极权政治在此情景下更容易失败。	大部分议题反映出较强的西方意识形态主导性，包括保护知识产权、加强信息共享、开展军备控制、推进民主政治等。

资料来源：根据《全球趋势2035》整理。

可以看出，其基本方法和思路是首先从目前研判的一些大趋势出发，根据分析关键不确定因素的结果，明确情景的基本背景，选定要挑战的基本假设。突破思维定式是情景分析的重要价值所在。在此之后，确定分析目标和重点影响因素。

随后建立情景，以某种未来发生事件的记录形式，并对其细节进行详细描述，力图形成对未来场景的精确描绘。情景分析目的明确是做好情景分析的关键，描绘情景的形式创新能够有效增加情景的说服力。对情景内容具体描绘部分或是出自不同的团队，以致思路、手法和倾向性不尽相同，抑或是根据议题差异和文体需要有意为之，值得反思也值得借鉴。

在情景设计之后，对该情景进行研讨和分析，通过情景分析总结出可能出现的结果，为进一步的政策分析提供支撑。政策建议是情景分析的落脚点，因此在情景分析中进行初步的政策建议后，专辟一章讨论政策建议。形成情景分析的结论，并基于此提出政策建议之后，开展更深入的思考。该部分反映出很强的西方意识形态色彩，包括保护知识产权、加强信息共享、开展军备控制、推进民主政治等。

五、“情景分析”方法的关键应用价值

情景分析方法在预判和决策中的应用主要分为理念研究和经验研究两大类。理念研究主要致力于形成概念、模型、框架等。经验研究主要进行经验数据的采集和分析，又分为问卷调查、访谈、案例研究和实验等方式。① 其核心是对大量样本进行深入调研，形成综合、全面的研究成果。例如，一种基本方法是“结构性对话设计”（SDD，Structured Dialogic Design）。② 该方法改变在决策体系中自上而下的“基于能力的规划”（CBP，Capability－Based Planning），有效提高研究视角的多样性、理念的创新性和产品的创造性，通过激发跨领域、跨部门合作，尤其是获得竞争性意见，提升预见的集体效应，从而改进整体规划质量。③ 这样的方法在企业投资、城市规划等方面受到广泛运用，也对战略决策文化产生了深远的影响。通过研究以美国为代表的主要大国的国家战略决策过程，也可以发现这种自下而上、扩大调研范围的方法日益普遍，其调研范围也不断扩大，研究方法在逐步改进和完善。

目前，以美国为代表的主要大国已普遍运用情景分析方法辅助国家对外经济、科技等战略规划。例如，德国政府采用六步情景分析法

---

① C. A. Varum，C. Melo. Directions in scenario planning literature – a review of the past decade［J］. Futures 42（2010）355－369.

② Warfield J N，Cardenas A R. A Handbook of Interactive Management［M］. Iowa State Press，2002.

③ Weigand K，Flanagan T，Dye K，et al. Collaborative foresight：Complementing long－horizon strategic planning［J］. Technological Forecasting & Social Change，2014，85（85）：134－152.

对光伏产业发展进行战略规划[①]；英国政府运用类似方法对清洁制造产业进行规划，并逐步在全欧范围内推广[②]；澳大利亚政府运用情景分析对替代性能源进行2050年远景战略规划[③]。美国近三届政府的军事战略就是从安全环境的分析和评估出发，基于未来的五个标准情景，确定任务目标和优先顺序，进而制定各级各类军事战略规划。这五个标准情景分别是：最紧迫的任务，在阿富汗、伊拉克的军事行动；最危险的任务，应对核生化大规模杀伤性武器落入恐怖主义之手；最困难的任务，未来与中国军事冲突；塑造，发挥美国综合国力优势，塑造当前和未来的安全环境，尽可能降低前3种情景的可能性，或降低其难度；防范，采取必要的、着眼于未来的研究开发措施，应对不可预测的重大科学技术突破和地缘战略变化。[④]

我国从20世纪80年代起，开始有学者接触到情景分析方法，对运用情景分析方法开展预测进行介绍。[⑤] 目前，国内零星有从经济管理或情报学角度对国外方法进行介绍的书籍和综述文章。[⑥] 这些研究

① Wulf，T.，Meibner，P.，Stubner，S.. A scenario – based approach to strategic planning. Working Paper，Integrating Planning and Process Perspectives of Strategy. HHL，Leipzig，2010.

② Saritas，O.，Aylen，J.. Using scenarios for roadmapping：the case of clean production ［J］. Technol. Forecast. Soc. Chang. 77，1061 – 1075，2010.

③ Graham，P. W.，Smart，A.. Possible Futures：Scenario Modelling of Australian Alternative Transport Fuels to 2050 ［M］. CSIRO Energy Transformed Flagship Publications. Department of Resources，Energy and Tourism，Australia，2011；Barber，M.，Conway，M.. Vision Australia：A Stocktake of Future Scenario Reports for Australia，Securing Australia's Future Project，Final Report：Scenario Review and Causal Layered Analysis of Selected Scenarios ［M］. Center for Australian Foresight，2014.

④ 吕德宏. 从思想到行动：解读美军战略规划［M］. 长征出版社，2008：21 – 22.

⑤ 宗蓓华. 战略预测中的情景分析法［J］. 预测，1994（2）：50 – 51.

⑥ 胡光宇. 战略：预测与决策［M］. 清华大学出版社，2005. 胡光宇. 战略定量研究基础：预测与决策［M］. 清华大学出版社，2010. 赵乃凡. 战略预测的方法和技术［J］. 中国储运，2000（2）：29 – 31. 田光明. 情景分析法［J］. 晋图学刊，2008（3）：7 – 9. 张学才，郭瑞雪. 情景分析方法综述［J］. 理论月刊，2005（8）：125 – 126. 岳珍，赖茂生. 国外“情景分析”方法的进展［J］. 情报杂志，2006，25（7）：59 – 60. 于红霞，钱荣. 解读未来发展不确定性的情景分析法［J］. 未来与发展，2006，27（2）：12 – 15.

集中在学术介绍和专业领域研究，但在国家层面开展研究，尤其是实际应用到国家决策领域，还未见较为成功的公开案例。

情景分析方法在国际政治领域具有特殊价值，其中一个重要性就是能够帮助国际政治学者和国家决策者对范式变迁（Paradigm Shifts）进行有效预判。范式变迁往往会突破人的传统思维定式，导致开展政策研究和制定政策的基本假设和前提条件出错，从根本上造成决策失误。对于范式变迁的判断，不应仅仅基于感性认识，尤其是对单一现象或事件的感性认识。情景分析能够有效克服上述短板，帮助决策者更加深入地了解战略格局的变化和权力平衡调整如何影响传统的经济和政治范式，助其更快适应新的国际政治格局深刻变化。国际政治领域的一种范式变迁是主要国际力量的实力消长。例如，新兴国家的经济实力增长引起传统国际政治权力格局和平衡的深度调整，也对国际秩序造成新的变革，军备控制、气候变化等很多全球性问题都必须在新的权力结构和政治范式下相应调整。另一种范式变迁是国际政治行为体的属性发生变化，误判这种变迁很容易造成战略决策失误。较为典型的是“9·11”袭击事件后国际社会对“基地”组织的认知与客观情况之间存在显著的偏差。① 范式变迁在国内政治和经济领域也存在突出影响。一个例子是关于美国经济的辩论。凯恩斯主义经济学的支持者认为，削减政府支出将使复苏前景更加黯淡。然而，信奉李嘉图的经济学家则认为，削减开支将增加消费者和企业对未来的信心，并鼓励经济增长。② 而事实是2008年金融危机后，一些美国家庭开始改变消费习惯，大大提高了他们的储蓄率，从而改变了上述分析的基

① Treverton G F, Ghez J J. Making Strategic Analysis Matter [J]. Making Strategic Analysis Matter, 2012.

② Barry Eichengreen. Fiscal Fibs and Follies [J]. Project – Syndicate. org, July 13, 2010; Paul Krugman. Now and Later [J]. New York Times, June 20, 2010; David Brooks. Prune and Go [J]. New York Times, June 10, 2010; Robert Skidelsky. Keynes Versus the Classics: Round Two [J]. Project – Syndicate. org, October 10, 2009.

本范式基础。[1] 范式变迁既带来机遇也构成新的风险。理解这些范式变迁对制定正确的战略和政策具有决定性作用。如果范式认知偏差被带入国家战略政策制定中，则有可能引发突出的战略误判。情景分析方法是防范面对范式变迁出现战略误判的有效手段。[2]

六、对“情景分析”方法的认识误区

情景分析是一种科学的研究方法，而非对未来的简单预言或确定性预报。已形成的情景，没有哪一种会必然发生，也不会出现这几种想定轮流发生的情况。[3]《全球趋势 2030》在全文伊始就明确：“与此前国家情报委员会其他‘全球趋势’系列报告一样，本报告并不奢望预测未来，因为这必定是徒劳无功的；本报告旨在提供框架，供人们思考未来的种种前景及各方面影响。”[4] 运用一般决策和研究思路开展的想定很有可能走入类似误区，比如将情景理解为对未来的预言、对可能发生情况的预报等。这些简单化的理解都背离了情景分析方法的基本原则。

首先，情景不是预言。预言是对于未来发生事情的一种肯定性判断，具有单一性和确定性特点。而情景分析不是预言未来一定会发生的情况，而是提出系列情景集合，是对未来可能发生事件的一种科学的综合分析方法。“因为不可能准确掌握未来，所以解决方法就是建立若干个情景。这些情景实际上是对未来的情景进行特别的构想，每

① David Leonard. The New Abnormal [J]. BusinessWeek. com, July 29, 2010; Daryl G. Jones. Personal Savings Rate: Worse Than We Thought [J]. Money. CNN. com, June 30, 2010.

② Treverton G F, Ghez J J. Making Strategic Analysis Matter [J]. RAND, 2012.

③ [美] 罗伯特·克拉克. 情报分析：以目标为中心的方法 [M]. 金城出版社，2013：252.

④ U. S. National Intelligence Council. Global Trends 2030: Alternative Worlds. 2012, p. 1.

个情景模拟一种清晰的、似乎合理的结果。情景想定规定了不确定性的边界，以及似乎合理的未来的限制。”①

其次，情景不是预报。“对于不确定性，我们不尝试给出确定的‘答案’。”② 预报是一种可量化、可评估的未来事件分析和报告方法。情景分析不对未来可能发生的事件进行规范性的评估，只提出可能性，并在此基础上进行科学分析和进一步演绎。“每个情景想定代表未来某一段时期清晰的、似乎合理的图景。”③

最后，情景不是演戏脚本。存在这样一种误区，即将情景理解为进行演习的脚本；将情景想定理解为设计一种演习的剧本；将情景分析和研讨理解为简单的表演或扮演活动；将情景设计实践理解为编剧；认为情景分析是一种发挥个人主观能动性的创作过程。实际上，情景分析不同于培训、演习和其他创作中的剧本或脚本。剧本一般设定固定的流程和结果，而情景分析虽设定类似场景，但并不预设过程和结果，而是在过程中探索研究成果。

第三节 以“稳健决策”为新增长点的决策辅助方法

一、“稳健决策”思路的产生与定位

开展战略评估与趋势预判的关键在提供切实可行的决策支持，这也决定了战略趋势预判的实质是一种决策分析与决策辅助行为。因此，战略预判不止于对客观现实风险的评估分析环节，即观察、理解

---

① ［美］罗伯特·克拉克．情报分析：以目标为中心的方法［M］．金城出版社，2013：253.

② U. S. National Intelligence Council. Global Trends：Paradox of Progress. 2017, p. vi.

③ ［美］罗伯特·克拉克．情报分析：以目标为中心的方法［M］．金城出版社，2013：253.

和掌握影响未来变化的因素，更与战略决策深度相关，必须对决策进行预测性检验，以采取最合适的政策应对未来可能发生的事态。“评估—预判—决策”三个环节密不可分，又相互支撑。通常由战略预判人员主导客观评估分析工作，决策检验传统上由决策参与者主导。在科学决策中有必要将两个环节打通，进行系统的风险评估及应对策略检验。[①] 其原因在于在实际操作中，决策者在战略研判活动中的主导权更强，“做出决策的用户往往对预测性分析（Predictive Analysis）持怀疑态度，除非他们亲自做这种分析。他们认为自己对未来的判断最起码与专业分析人员一样好”。[②] 这种矛盾的存在不利于形成科学客观的战略评估与趋势预判成果。因此，战略预判的另一个重要支撑体系是决策理论和决策辅助实践。近年来该领域的最新前沿成果就是“稳健决策”（Robust Decision - Making，RDM）

早期的决策辅助分析基于概率论，多用于市场情景。现代科学决策分析在国际战略领域的应用滞后于内政、环境、气候等领域。决策理论及决策分析是近年来社会科学研究的热点和难点问题。20世纪20年代，“严格不确定环境”的决策理论出现，突破了传统随机过程，指出决策者只知道可能发生的事件，但难以量化判断其发生概率。这一“环境”与国际战略情景具有较高相似性。21世纪以来，决策分析向“深度不确定性”领域发展。决策辅助的作用是帮助决策者在复杂多变的环境中，降低不确定性因素的影响，做出尽可能有效的决策。因此，如何降低环境的不确定影响是其关键所在。目前应对深度不确定情景的主流思路是探索性分析，即充分分析决策问题中大量不确定性，通过反复运行模型，探索各方案在不同情境下产生的结果。较为典型的深度不确定性决策案例是应对气候变化的环境政策。尽管气候专家能够在短期内给出温度的概率分

---

① 李际均．中国军事战略思维［M］．中港传媒出版社，2015：2.

② ［美］罗伯特·克拉克．情报分析：以目标为中心的方法［M］．金城出版社，2013：238。

布，但从长远来看，极端的不确定性是气候的基本特征。标准模型、过去的趋势和先前的经验对预测未来只能提供极为有限的帮助。

通常情况下，国家面临的威胁是严峻而多方面的，但应对每一种威胁的对策却并不是相互兼容的，每项对策都需要重大的财政和人力投入，因此决策者往往难以做出“多全其美”的决策，也就是能够应对所有挑战的决策，称之为“稳健”（Robust）的决策。因此，决策者面对的一个关键挑战是如何找到一种能够在广泛的场景中发挥效用的政策选项，也就是最稳健的政策。

20 世纪 80 年代初，美国战略规划界提出“柯林斯定律”，为战略规划设定了标准想定的研究范式。设计和建造新型武器装备的决策就是催生这种决策方法的典型情景。设计和研发新装备的周期可能需要长达 15 年以上的时间，期间的诸多不确定性造成了实施稳健战略的挑战。确定军备能力和装备性能达到何种标准需要对国家面临的威胁开展有效评估，尤其是对手能力及其发展趋势的准确判断。一旦确定了所需的能力，找到合适的设计就需要比较不同替代方案的成本效益，从而使军备能够满足需求。考虑到威胁的不确定性和未来战略情景的不确定性，研发符合长期分析模型的军备就存在典型的战略不确定性困境。进入 90 年代，以戴维斯提出的“对不确定性敏感的规划”和“稳健性战略规划”为代表，美国战略思想界开始推动战略规划向灵活决策方面发展，也就是提高决策在深度不确定环境的稳健程度。[①]提高政策对未来不同情景的适应性在这类稳健政策的设计中起着关键作用。通过确定短期行动方案，并在中长期事态发展过程中设好监测指标，进行持续政策调整，从而辅助决策者更好地适应未来的突发事件。

---

① 吕德宏．从思想到行动：解读美军战略规划［M］．长征出版社，2008：105－111.

二、以兰德公司为主导的“稳健决策”流派的崛起

美国兰德公司在“稳健决策”领域拥有较为成熟的经验，具有代表性的成果是以兰德公司罗伯特·伦珀特（Robert J. Lempert）等人为代表，在20世纪90年代末研发成功的“高稳健性决策模型”（RDM），以及在此基础上逐步完善形成了“兰德战略评估系统”（RSAS）。RDM模型首先由战略专家构建大量未来情景，并系统提出各种可能对策。随后用计算机辅助，大规模运算在各种情景下所有对策的收益和损失。通过对比评估各种对策方案在所有情景中的表现，找出各方案的缺陷并进行改进。以此为循环，不断迭代运算，形成最优决策集。该方法的主要目标是利用现代计算能力解决“深度不确定性下的长期预测”问题。通过比较所选战略与同一情境下最优结果之间的差距，选择情景集中的优势战略。简言之，即选择“最不坏方案”。该理念与传统思路中选择“最优方案”具有本质区别。在可计量的环境中，避免出现最差情景中的失败决策。①

伦珀特是这个领域前沿的突出代表之一。伦珀特目前是兰德公司帕迪长期国际政策中心主任、首席研究员，并在兰德公司帕迪研究生院任政策分析教授。他在哈佛大学获得应用物理学博士学位，应用物理学与科学政策硕士学位，在斯坦福大学获得物理和政治科学学士学位。他的研究重点是在深度不确定性条件下的决策，研究领域包括气候变化、能源和环境等。伦珀特及其研究团队协助许多自然资源机构在制定长期规划的过程中考虑气候变化等因素。他还承担白宫科学技术政策办公室等单位的委托研究，开展涉及国家安全战略和科技投资

---

① Lempert R J，Popper S W，Bankes S C. Shaping the Next One Hundred Years：New Methods for Quantitative，Long－Term Policy Analysis［M］. RAND Corporation，2003.

决策等领域的课题研究。伦珀特是美国物理协会、外交关系委员会、美国国家科学院气候变化的政治和社会影响评估委员会成员。他还牵头负责联合国政府间气候变化专门委员会（IPCC）第五次评估报告第二工作组的起草工作，并负责为该委员会起草关于对极端事件和灾害进行风险管控提高环境变化适应性的特别报告。伦珀特还是欧洲宇航防务集团的杰出访问学者。伦珀特以应对深度不确定环境的稳健决策理论而闻名，其专长是通过建模和计算机辅助，在不依赖长期预判的情况下，提供稳健决策方案，并形成了一系列相关成果。①

本世纪初，兰德公司在 RDM 模型的基础上逐步完善形成了“兰德战略评估系统”（RSAS）。其思路就是探索性分析，即充分分析决策问题中大量不确定性，通过反复运行模型，探索各方案在不同情境下产生的结果。其核心是充分拓展可能情景及其对策方案效果，最终为决策者提供最优决策方案。② 冷战结束后，兰德公司为美国陆军开发了一种叫做“基于假设的计划”的方法。这种方法首先明确当前策略所基于的核心假设，尤其是识别出在决策时间范围内很容易发生变动的假设。随后，确定一系列指标，帮助决策者不断评估初始假设的正确性。在此基础上，这种方法帮助决策者定义两种举措：一种是塑造性行动，对正在发生变化的假设进行控制；另一种是应对措施，降低一个不良的假设所带来的风险。该理论和方法的逻辑是，如果决策者对他们可能面临的未来情景有更好的看法，他们就能获得一种潜在的战略调整的感觉，他们可能实施这些调整以适应变化。③ 美国学者还通过研究对决策者进行态势感知辅助的理论和方法，建立了诸如“态势感知的信息安全危机管理处理模型”（SA－ISRM）等类似的决

① 参见本书“参考文献”中 Robert J. Lempert 公开发表的成果。

② Treverton G F, Gabbard C B. Assessing the Tradecraft of Intelligence Analysis: [M]. RAND Corporation, 2008.

③ Dewar J A, Builder C H, Hix W M, et al. Assumption－Based Planning; A Planning Tool for Very Uncertain Times [J]. Rand Corporation, 1993.

策辅助系统。① 其他辅助方法还有主要应用于自然生态保护的信息差方法和具备在国际战略领域应用潜力的决策图方法等。信息差方法主要用于解决信息不对称，通过在掌握不同信息的行为体之间实施信息交互，填补信息空白，掌握信息差，实现决策辅助。决策图方法提出分布式推理的模式，同时处理多种推理规则，即决策受到多种因素影响、具有多个决策行为体、拥有多个决策目标、拥有质量不同的信息支持。

在兰德公司稳健决策方法形成的过程中，另一个人不得不被提及，他就是詹姆斯·迪尤尔（James A. Dewar）。2001 年，兰德公司创立帕迪长期国际政策中心，迪尤尔是兰德公司的帕迪长期国际政策中心的创立者之一。该机构创立的定位是致力于研究长周期全球政策与未来人类，其任务是“提高我们思考更长远未来的能力——从 35 年直到 200 年”。该中心第一任负责人就是在兰德公司供职超过 22 年的詹姆斯·迪尤尔。由于长期在兰德公司供职，迪尤尔的公开介绍较少，但其成果颇丰。迪尤尔研究了人类历史上较为成功的长期规划案例，包括美国宪法、巴拿马运河、美国太平洋铁路、马歇尔计划、俾斯麦统一德国、乔治·凯南的“遏制”政策、罗斯福让美国每个公民人手一张卡片的社会保障计划、联邦通信委员会将美国电话系统连上计算机。在此基础上，迪尤尔提出了长期政策分析（LTPA）的概念，指出“长期”的意思是“具有深度不确定性的特征”——典型的包括系统层面的不确定性、事态将向何处去的不确定性、价值观转变的不确定性，以及目标的不确定性。迪尤尔认为，长期政策分析的最大困难之一是如何引起政策制定者的注意。迪尤尔及其研究中心还开发了一套软件系统，可以将数千种场景引入模型中运行。② 迪尤尔最杰

① Webb J, Ahmad A, Maynard S B, et al. A situation awareness model for information security risk management [J]. Computers & Security, 2014, 44 (2): 1 - 15.

② http://longnow.org/seminars/02004/feb/13/long - term - policy - analysis/（上网日期：2018 年 3 月 5 日）.

出的成就是建立了“基于假设的规划”理论，同时他也是军队仿真和推演系统的专家，形成了一系列相关研究成果。①

三、“稳健决策”被引入战略评估与趋势预判

2003年11月，国家情报委员会启动“2020项目”时，集中对未来预判方法如何服务国家安全战略决策进行了研究。该进程的重要推动者就包括时任兰德公司长期全球政策中心主任的詹姆斯·迪尤尔。可以说，从2004年的《全球趋势2020》开始，兰德公司的“稳健决策”方法就已经开始融入国家情报委员会的战略评估与趋势预判体系当中，成为其重要组成部分。稳健决策的影响进一步升级是在兰德公司全球风险与安全中心主任格雷戈里·特雷弗顿在2014年9月被任命为国家情报委员会主席后，迪尤尔和伦珀特领衔的兰德公司稳健决策方法开始进入国家情报委员会战略评估与趋势预判的方法体系之中。稳健决策思路也突破了对气候变化、资源环境等具体政策和特定部门的决策支持，开始在更高层次上对国家安全战略决策发挥影响力。

2014年时任国家情报总监克拉珀通过人事任命，将兰德公司的“稳健决策”引入国家情报委员会的战略评估与预判体系后，形成了以中长期战略评估与趋势预判为主轴，“仿真模拟”“情景分析”与“稳健决策”相结合的“一轴三元”方法体系，并实现了“评估—预判—决策”三元融合发展的新格局。20世纪90年代，特雷弗顿曾任国家情报委员会副主席。离任后，在兰德公司任全球风险与安全中心主任。2014年9月，被任命为国家情报委员会主席后，将兰德公司“稳健决策”的思路和方法带回了国家情报委员会，进一步丰富和完善了国家情报委员会战略评估与趋势预判的方法体系。其代表性成果就是由特雷弗顿主抓的《全球趋势2035》。

在《全球趋势2035》中，涉及到“稳健决策”的语义中，强调

① 参见本书“参考文献”中 James A. Dewar 公开发表的成果。

提高国家的抗冲击能力的词汇“Resilience”共出现高达30次，而在上一份报告《全球趋势2030》中出现7次，《全球趋势2025》和《全球趋势2020》中仅出现1次，《全球趋势2015》和《全球趋势2010》则分别为3次和0次（参见图6—2）。

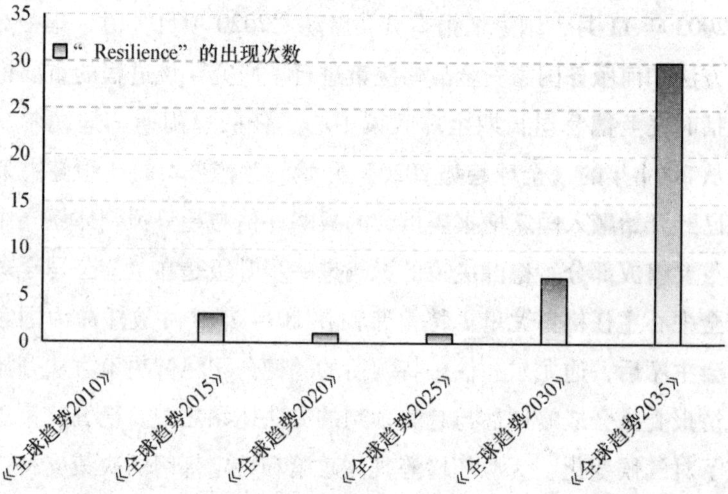

图6—2 “全球趋势”报告中的“稳健性”词频统计图

资料来源：根据“全球趋势”系列报告整理。

这集中反映了“稳健决策”理念在“全球趋势”研究中发挥作用的变动情况。其中《全球趋势2035》出现了较大幅度的变化，开始系统地将“稳健决策”相关研究成果引入政策建议之中，以提高国家应对各种挑战的普遍耐受能力。美国将这三种方法结合后，形成了相互配合和补充的良性分析结构，为未来的战略评估与趋势预判开创了一个新局面。

第四节 “一轴三元”方法体系及其未来发展方向

经过不断实践和改进，美国形成了以中长期战略评估与趋势预判为主轴，“仿真模拟”“情景分析”和“稳健决策”相结合的“一轴三元”战略研判方法体系。该体系以“评估—预判—决策”为基本架构，成为美国中长期战略评估与趋势预判的最新发展趋势。“仿真模拟”“情景分析”和“稳健决策”三种方法分别用于应对“确定性趋势外推”“关键不确定性”和“不依赖于外部环境的决策建议”等三方面重点任务。“一轴三元”的方法体系搭建起美国战略评估与中长期趋势预判方法体系的主体架构，将战略评估与趋势预判中的三种主要问题统筹应对，形成定量与定性相结合、当前与未来相结合、确定性与不确定性相结合、研判与决策相结合的多元复合方法体系（参见图6—3）。

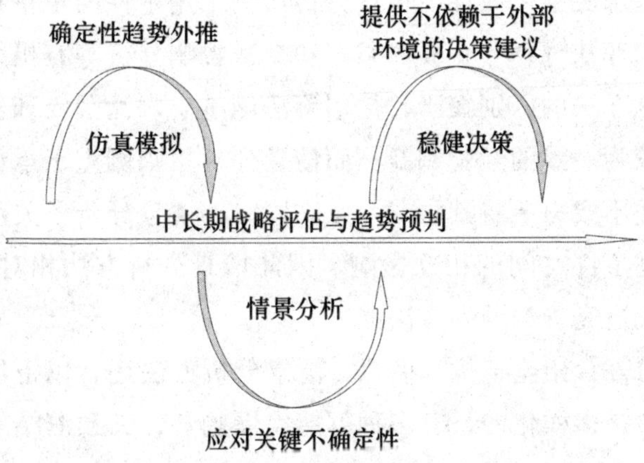

图6—3　“一轴三元”方法体系示意图

资料来源：根据“全球趋势”系列报告整理。

一、“情景分析”对“仿真模拟”的补充

情景分析方法与仿真模拟方法的主要区别在于降低不确定性。情景分析方法评估未来可能出现的情况，而非对未来的简单预言或确定性预报。已形成的情景，没有哪一种会必然发生，也不会出现这几种

情景轮流发生的情况。[①]“关于未来的情景，以及在其中讨论的机遇与挑战，都不是互斥的，也就是说，未来可能会发生不同情景中的各种要素，但是会以不同的强度或在世界不同的地区出现。”[②]“这些情景是用于让读者挑战他们现有的规划假设，能够对可能出现的机遇与挑战进行一种战略性的对话。一旦出现新的情况，这些情景都需要被重新评估。”[③] 因此，使用情景分析法预测出的各种情景不一定会发生，但有助于战略决策者摆脱习惯思维，意识到未来发展中的各种突发、意外情况，提前规划对策。情景分析会评估各种情景出现的可能性高低，并突出最可能的趋势。[④]

情景分析方法与仿真模拟预测方法的另一个区别在于，仿真模拟预测不形成定量与定性深度结合的工作模式，即使有定性分析成分，也致力于追求专家一致性。情景分析法则采用定性与定量相结合的形式，将德尔菲法（Delphi Method）和交叉影响分析等有机结合。情景分析与德尔菲法的区别在于，德尔菲法侧重于广泛吸收和获取专家知识，形成较为一致的经验判断；而情景分析法则侧重于承认专家的不一致性，并不致力于将其协调一致。同时，情景分析还关注影响组织发展的关键事件之间的相互影响。因此情景分析方法相对更为复杂，是一种更先进完善的预判方法。

具体而言，相比于仿真模拟，情景分析方法还有以下区别：承认未来的发展是多样化的，有多种可能发展趋势，其预测结果也是多种可能性并存的；承认人在未来发展中的“能动作用”，把分析未来发展中决策者的群体意图和愿望作为情景分析的重要构成，并通过充分的沟通交流将决策者纳入情景分析过程；高度重视对组织发展起重要

① ［美］罗伯特·克拉克．情报分析：以目标为中心的方法［M］．金城出版社，2013：252.

② U. S. National Intelligence Council. Global Trends：Paradox of Progress. 2017, p. 49.

③ 同上．

④ 陈胜昌．美国对世界未来15年的预测及其国家战略——评美国国家情报委员会《2025年全球趋势》研究报告［J］．经济研究参考，2011（46）：2-9.

作用的关键因素和协调一致性关系的分析；与仿真模拟的定量分析不同，情景分析的定量研究嵌入大量的定性分析，起到指导性作用，实现定性与定量有机结合；情景分析方法是一种开放性方法，在其不同环节能够引入包括趋势仿真预测、德尔菲法、“政治、经济、社会和科技”（PEST）分析法、交叉影响分析法（CIA）等主流分析方法，并广泛引入其他学科知识，获取和处理专家的经验知识，使这种未来研究具有心理学、统计学等多学科特征的未来思维方式。[①]

二、“稳健决策”对“情景分析”的补充

国家战略决策及国家安全战略环境的战略评估与趋势预判是否可以借鉴情景分析方法的研究成果、运用情景分析方法，一直存在争议。对于美国运用情景分析方法开展战略评估与趋势预判的做法，也有很多学者对其提出质疑。尤其是批评用“情景”作为战略预判的结论或许有失严谨，认为情景分析是战略预判的过程和方法。以《全球趋势 2030》为例，报告将想定的“熄火的发动机”“熔合”“脱缰的基尼”“非国家化的世界”等四个情景作为“分别代表通向 2030 年的不同路径”，但并不对其出现的可能性进行论述，只是提出了不同维度的最优最劣可能性，降低了进行深度研判的可能。有学者就指出，四个情景能否或如何产生对未来的决定性影响的问题，认为相关的结论还有待观察。[②] 还有学者指出，该报告虽然对不同情景的讨论很充分，形成了一份“千手共著”的研究成果，但是对于情景发生的可能性、不同情景之间的比较差异等方面研究欠缺。[③] 尤其是对其提

① 岳珍，赖茂生．国外“情景分析”方法的进展［J］．情报杂志，2006，25（7）：59－60.

② Moran R. Four Scenarios for 2030［J］. Futurist，2013，volume 149：20－27.

③ Nilles J M. Global Trends 2030：The Forecast of the Thousand Hands［J］. World Future Review，2014，5（4）：383－384.

出的八种可能性极低的“黑天鹅”情景提出了质疑，认为不讨论其可能性的做法是极不专业的。①

这些争议的核心焦点是对战略环境发展趋势只提出情景，不分析情景发生可能性的做法，不能满足国家安全战略决策的需要。“好的情景设计与分析远非科学，而是艺术。其中的矛盾在于，情景必须足够现实可行，但是又必须充满想象，必须具备足够的可能性，又必须足够挑战现有假设。人们做出的选择，无论是个人决策还是集体智慧，无论是有意为之还是机缘巧合，都将是未来趋势发展的最大变量。”②

情景分析方法起源并广泛用于特定行业及企业界。相比于特定行业和企业，国家通常面临的是更加复杂的环境，其评估与预判的难度更大。有研究指出，国家安全环境具有“4M”特征，即国家安全的威胁和挑战有多种规模，来源于多种行为体，通过多种形式造成风险，并在多种时间维度上发挥影响。有鉴于此，各国政府在将情景分析方法引入国家战略决策的过程中，都对其进行充实、完善和适当改进。例如，新加坡政府就认为仅仅情景分析本身不足以应对政府面对的复杂情况。英国政府也在情景分析的基础上引入了普通的调研方法和“可比性基准测试”方法（Comparative Benchmarking）等完善其战略预判体系。③

将“稳健决策”融入战略评估与趋势预判方法体系，是美国战略思想界给出的解决方案。本世纪初，受到大量突发性事件的影响，美国战略思想界认识到单纯量化计算基础上进行仿真模拟的战略评估方法具有一定局限性，不能满足国家安全战略研究中应对深度不确定性

① Marien M. The Provocative GT - 2030 Report: Outline and Comments [J]. World Future Review, 2013, 5 (4): 324 - 331.

② U. S. National Intelligence Council. Global Trends: Paradox of Progress. 2017, p. 49.

③ Wilkinson A. In the NIC of Time? Changing Our Minds about Global Foresight [J]. Clinical Infectious Diseases An Official Publication of the Infectious Diseases Society of America, 2013, 5 (4): 339 - 346.

环境的需要，无法预判历史的不连续性。因此，国家情报委员会引入情景分析方法，并将其逐步确立为进行战略预判的核心方法。十余年之后，美国战略研究人员再次不满足于情景分析所提供的不能评估可能性的未来预判成果，其决策建议的有效性亟待提升。因此，引入稳健决策思路，即在任何情况发生的可能下，都为决策者提供“最不坏”的决策建议。

三、“一轴三元”方法体系及其未来

“治大国如烹小鲜”，战略决策的稳健性和国家的抗冲击能力是维护国家核心利益安全，保证国家稳定、发展的关键基础。“全球趋势”系列成果的演进过程较为明显反映了这样的历程。报告一直以中长期战略评估与预判为主线，但在不同的发展阶段，对方法的不同重点领域进行了丰富和完善。初期的报告，以战略环境评估为主体，中期的报告主体是评估与预判的结合，后期研究的主体结构演变为“评估—预判—决策”三个部分的深度融合（具体情况见表6—4）。

表6—4　“评估—预判—决策”方法三元融合发展趋势

战略规划环节	评估	预判	决策
目标	形成全面综合的战略环境和威胁评估	降低未来不确定性 应对突发事态	检验政策的稳健性，提供不依赖于环境的高质量决策
哲学和理论基础	历史延续性基础上的数量发展与趋势外推	深度不确定性环境下打破历史延续性的突发性问题	穷举法下的期望收益最大化
主要方法	仿真模拟	情景分析	稳健决策

续表

战略规划环节	评估	预判	决策
发源领域	国防和军事 经济与金融	能源危机 经济危机	资源管理 气候变化
关注重点对象	威胁和风险评估	打破思维定式	优化决策质量

资料来源：根据“全球趋势”系列报告整理。

这种发展趋势也受到了较为广泛的认同。在工业和企业界，情景分析的理论和方法也在不断创新和发展，其发展方向就是将情景分析与稳健决策进行融合。[①] 目前，工业和企业界最具影响力的是“全球商业网络”（Global Business Network）方法。这种方法正在发展为将情景分析、决策规划等方法整合到一起的方法，即“基于情景的高稳健性规划”（Integrated Scenario - based Robust Planning）方法。这种将情景分析与稳健决策相结合的方法实际上并不新潮。其实质与美军博伊德“观察—定向—决策—行动”（OODA）方法如出一辙。[②] 这种方法也分为四步：一是确定研究方向，通过访谈和调查表确定问题方向；二是探索关键不确定性，通过 PEST 分析、德尔菲法、交叉影响分析等确定关键不确定性；三是开展情景想定，通过情景研讨进行战略分析；四是形成稳健决策方案，通过强稳健性的战略规划确定战略行动方案。[③]

① Wulf, T., Meibner, P., Stubner, S. A scenario - based approach to strategic planning [J]. Working Paper, Integrating Planning and Process Perspectives of Strategy. HHL, Leipzig, 2010.

② Boyd & Military Strategy. http://www.d - n - i.net/seceond_ level/boyd_ military（上网日期：2018 年 3 月 5 日）.

③ Alizadeh R, Lund P D, Beynaghi A, et al. An integrated scenario - based robust planning approach for foresight and strategic management with application to energy industry [J]. Technological Forecasting & Social Change, 2016, 104: 162 - 171.

此外，科学领域新进展为战略研究提供了新的创新空间，战略评估与趋势预判的方法也在科技快速发展的助益下，向更高水平发展。例如复杂系统科学、计算机科学等领域广泛使用的ABM（Agent - based Model）模型、情感分析、大数据分析等。[①] 其中尤其是以“大数据”技术为代表的“第四范式”，即“数据密集型科学范式”，很有可能成为继“评估—预判—决策”方法三元融合体系之后的新的发展方向。这种以新的数据科学为引领的先进决策科学方法将很有可能从研究方法、组织结构和体制机制等多方面带来革命性的改变。

本章小结

“全球趋势”研究采用“评估—预判—决策”的三环基本分析方法体系。在评估阶段，主要采用“仿真模拟”的方法，通过将“量化计算”与“趋势外推”进行结合，解决确定性的趋势问题。其核心分析因素在长期的实践中保持了相对稳定，也证明了该方法的基础性作用。在预判阶段，主要采取情景分析方法，解决历史的不连续性和关键不确定性，为应对扭转趋势的重大突发性事态提供分析手段。在决策研究的阶段，经过了长期探索，在最新的报告中引入了稳健决策的思路，主要目的是提供不依赖于对未来确定性判断的普适性决策。这种融合发展的趋势形成了以中长期战略评估与趋势预判为主轴，“仿真模拟”“情景分析”和“稳健决策”相结合的“一轴三元”研究方法体系，形成了确定性趋势评估、深度不确定性环境预判和不依赖于环境的决策相互补充和配合的局面。“评估—预判—决策”方法三元融合，将形成更加完善的战略研判方法体系，未来有可能在美国国家安全战略评估与趋势预判中发挥主体作用。

---

① Wilkinson A. In the NIC of Time? Changing Our Minds about Global Foresight [J]. Clinical Infectious Diseases An Official Publication of the Infectious Diseases Society of America, 2013, 5 (4): 339 - 346.

第七章

美国战略预判的成功经验

“对于那些试图根据以往的经验和目前的迹象来判断未来的人来说，世界事务充满了意想不到的东西。在两次世界大战间问世的书籍，难道有任何一本能帮助人们预料20世纪第八个10年中，国际政治到底会怎样?”①

——汉斯·摩根索（Hans J. Morgenthau）

从1995年立项组织首次“全球趋势”研究开始，到2017年发布第六份“全球趋势”报告，美国的国家战略评估与中长期趋势预判实践已经不间断地经历了20余年的演进。每隔4年一次的“全球趋势”研究都是一次螺旋式循环的组织实施过程。每次立项论证，都伴随着对此前工作的回顾、反思和改进。每次项目的推进，都吸收融入更多新理念、新思路、新方法与新技术。藉此过程，美国在组织实施系统性的大型未来战略研究项目方面积累了一定经验，形成了一套具有较强美国特色的国家战略评估与中长期趋势预判体系。这既包括体制机制方面的顶层设计、“内外互促”的实施流程，也包括开放性理念和反复迭代思路的始终贯彻。毫无疑问，相关经验具有极高的借鉴价值。

国家情报委员会的战略风险评估和趋势预判遵循较为系统的科学规范，按照规范流程组织实施。一般而言，“全球趋势”研究从立项

① ［美］摩根索. 国家间的政治［M］. 商务印书馆，1993：40－41.

到发布报告的周期大概为12—16个月。早期的报告由于方法和组织都不够完善，周期略短。经过经验积累和改进，其组织实施方式也逐步成熟和专业化，具有系统筹划、有序组织、内外统筹、持续完善等特点。

第一节　体制机制保障

一、设置国家顶层战略咨询机构

国家情报委员会的授权和职能定位对于获取社会资源、维持上报渠道和提供后勤保障极为重要。2004年以前，国家情报委员会属于中央情报局序列，挂靠在中央情报主任办公室之下。到2004年，美国对情报界进行自1947年以来规模最大的一次改革，国家情报委员会成为新成立的国家情报总监办公室下的一个机构，负责协助国家情报总监辅助国家最高决策。[①] 根据2004年出台的《情报改革与防止恐怖主义法》（Intelligence Reform and Terrorism Prevention Act）规定，国家情报委员会负责协调整个情报界观点，并向国家情报总监提交国家最高级别情报产品“国家情报评估”。国家情报委员会还负责听取情报界内外相关问题专家的意见，为美国的国家决策者提供有关当前国际问题的最权威评估，进而辅助决策者进行决策。显然，这样的职能设定赋予了国家情报委员会获得最高情报统筹的权力，这既包括在政府内部，尤其是对情报界的最高统筹权，也包括对各种社会资源进行汇集的授权。

这种高层级的授权和职能定位对该机构的战略研究带来三方面积极影响。一是获得更多的情报信息资源。公秘结合是情报界经久不衰的重要工作规律。获得情报统筹授权对于研判威胁和挑战，评估和预

① Global Trends Home Page，https：//www. dni. gov/index. php/global - trends - home（上网日期：2018年3月5日）.

判战略环境，具有不可多得的先天优势。这也是其能够提供“国家情报评估”的重要基础。二是获得更多的内部力量支持。2004 年之后，情报界一体化统筹的程度逐步提高，国家情报委员会的相关研究成果的质量也显著提升。这一方面取决于资金、人力等方面的投入，另一方面也得益于情报界各机构的技术团队的支持。仅“全球趋势”研究就得到中情局、国家安全局等部门的技术力量全面支持。三是赢得很多外部合作机会。上可通天，是国家情报委员会对社会力量参与其研究的天然吸引力。美国各官方和半官方智库及大批学者和企业的重要政策参与驱动力就是能够影响国家战略决策。国家情报委员会作为美国最高层级的内外交流窗口单位，为这些社会能量提供了向政府内部释放的重要渠道。国家情报委员会中的很多人都曾在“总统每日简报”的团队工作过，负责每天为总统当面汇报或提供情报汇总材料。这其中就包括国家情报委员会前主席约翰·甘农和现主席艾米·麦考利夫等。其中麦考利夫还曾担任该团队的负责人。畅通的决策服务渠道自然转化为机构的权威性。很显然，2004 年之后，国家情报委员会调动外部力量的能力大幅跃升。1997 年时，国家情报委员会的合作对象还是传统合作伙伴，尤其是军方的智库。到 2008 年之后，不只国务院的相关研究资源全部得到调动，社会上的技术力量和咨询团体、大型企业的研究权威、国际组织、大学等机构中的可用力量均被调动起来。尤其值得一提的是，科学界也开始大量参与到国家安全战略评估与趋势预判当中。这显然不仅在美国是前所未有，在很多国家也是较难实现的。在科学和政策之间所存在的隐形壁垒，通过顶层设计被攻破。更多的国家精英通过咨询服务的形式，参与到国家顶层战略的谋划过程中。这对国家未尝不是一种幸事。

二、组建国家顶级专家团队

国家情报委员会的机构和岗位设置为战略评估和趋势预判提供了重要保障，成为该研究的扎实基础。一是国家最高情报分析负责人对研究负总责。国家情报委员会设一位主席和一位副主席。根据“情报界第 207 号令”（Intelligence Community Directive Number 207），情报委员会主席由负责分析事务的国家情报副总监担任，副主席由负责分析事务的国家情报副总监帮办（Assistant Deputy Director of National Intelligence for Analysis）担任。而“全球趋势”研究的总负责人就是国家情报委员会主席。[①] 因此，可以说，该研究的总负责人就是国家最高情报分析负责人。国家情报委员会的战略研究就是国家最高战略研判层开展的国家安全战略评估与趋势预判工作。二是专家治研是该机构长期以来的重要特征，对于战略研判工作的有效开展具有关键价值。历任主席中绝大多数是资深情报分析人员或知名学者专家。很多人来自高校和智库，最终又去往高校和智库。这种降低官僚化程度的机构设置是该机构保持很强专业性和战斗力的重要保障（相关情况参见表 7—1）。[②]

表 7—1　历任国家情报委员会主席情况

<table>
<tr><th>国家情报委员会主席</th><th>任期开始时间</th><th>任期结束时间</th><th>时任美国总统</th></tr>
<tr><td>理查德·雷曼
（Richard Lehman）</td><td>1979 年</td><td>1981 年</td><td>吉米·卡特
（Jimmy Carter）</td></tr>
<tr><td>亨利·罗恩
（Henry Rowen）</td><td>1981 年
7 月 8 日</td><td>1983 年
9 月</td><td rowspan="3">罗纳德·里根
（Ronald Reagan）</td></tr>
<tr><td>罗伯特·盖茨
（Robert Gates）</td><td>1983 年
9 月</td><td>1986 年
4 月 18 日</td></tr>
<tr><td>弗兰克·霍顿三世
（Frank Horton III）</td><td>1986 年
9 月</td><td>1987 年
9 月</td></tr>
<tr><td>弗里茨·埃尔马特
（Fritz Ermarth）</td><td>1988 年</td><td>1993 年
1 月 20 日</td><td>乔治·H·W·布什
（George H. W. Bush）</td></tr>
</table>

① http：//www fas. org/irp/dni/icd/icd_ 207. pdf（上网日期：2018 年 3 月 5 日）.

② https：//www. dni. gov/nic/NIC_ home. html（上网日期：2018 年 3 月 5 日）.

续表

国家情报委员会主席	任期开始时间	任期结束时间	时任美国总统
约瑟夫·奈（Joseph Nye）	1993年2月20日	1994年9月15日	比尔·克林顿（Bill Clinton）
克里斯汀·威廉姆斯（Christine Williams）	1994年9月15日	1995年6月1日	
理查德·库珀（Richard N. Cooper）	1995年6月1日	1997年1月	
约翰·甘农（John C. Gannon）	1997年7月22日	2001年6月	
约翰·黑尔格森（John L. Helgerson）	2001年8月3日	2002年4月26日	乔治W. 布什（George W. Bush）
罗伯特·哈钦斯（Robert Hutchings）	2003年2月	2005年1月	
冯稼时（Thomas Fingar）	2005年6月13日	2008年12月1日	
彼得拉·沃伊（Peter Lavoy）	2008年12月1日	2009年7月6日	巴拉克·奥巴马（Barack Obama）
克里斯托弗·科吉姆（Chris Kojm）	2009年7月6日	2014年7月	
格雷戈里·特雷弗顿（Greg Treverton）	2014年9月8日	2016年10月28日	
艾米·麦考利夫（Amy McAuliffe）	2016年10月28日	目前	唐纳德·特朗普（Donald Trump）

资料来源：根据美国国家情报委员会官网及其他相关网站整理。

在历任主席中，对“全球趋势”研究进行了直接领导的大部分都是战略研究领域的知名专家和学者。例如，《全球趋势2035》项目时任国家情报委员会主席的是格雷戈里·特雷弗顿（Greg Treverton）。特雷弗顿是情报研究专家，在战略研究和中长期政策研究方面有大量成果，此外还在恐怖主义、情报与执法等领域著述颇丰。在2014年9月成为国家情报委员会主席前，任兰德公司全球风险与安全中心主任。时任国家情报总监克拉珀将其委任为国家情报委员会主席。1993年至1995年，特雷弗顿曾任国家情报委员会副主席。此前曾在参议院情报特别委员会任职。特雷弗顿在普林斯顿大学获得学士学位，在哈佛大学获得公共政策硕士学位和政治学与经济学博士学位。2016年10月，其国家情报委员会主席一职由艾米·麦考利夫（Amy McAuliffe）接替后，重返学术圈。特雷弗顿是战略预判、规划及情报研究等领域的专家，有大量相关领域的公开成果。①

《全球趋势2030》项目时任国家情报委员会主席的是克里斯托弗·科吉姆（Christopher A. Kojm）。他从2009年到2014年担任国家情报委员会主席。1977年，科吉姆从哈佛大学获得文科学士学位。1979年，在普林斯顿大学伍德罗·威尔逊学院获得公共和国际事务硕士学位。1979年到1984年，他在对外政策协会任高级编辑。1984年到1998年，他成为众议院外交事务委员会议员李·汉密尔顿（Lee H. Hamilton）的幕僚，李后任该委员会主席。1998年到2003年，科吉姆就职于国务院情报和研究局，任负责情报政策和协调的助理国务卿帮办。② 随后转任美国国家恐怖袭击事件委员会副主任，后又担任"9·11公共话语项目"主席。2004年至2006年期间，科吉姆在其母校普林斯顿大学伍德罗·威尔逊公共与国际事务学院任客座教授。2006年，他任美国国会"伊拉克研究小组"（Iraq Study Group）高级顾问。2007年之后，他是乔治·华盛顿大学埃利奥特国际事务学院的教授。③

《全球趋势2025》项目时任国家情报委员会主席是冯稼时（Charles Thomas Fingar）。冯稼时曾于小布什政府期间担任助理国务卿（2004—2005年），后改任国家情报委员会主席（2005—2008年）。

---

① 参见本书"参考文献"中Greg Treverton公开发表的成果。

② http://www.dni.gov/nic/NIC_personnel.html（上网日期：2018年3月5日）.

③ http://www.americanprogress.org/events/2008/04/inf/KojmChristopher.html（上网日期：2018年3月5日）.

目前在斯坦福大学任教，是国际安全与合作中心（CISAC）的高级研究员和斯坦福大学美中关系项目主任。冯稼时生于1946年1月11日。1968年，在康奈尔大学获得政府和历史研究方向的学士学位，分别于1969年和1977年获得斯坦福大学政治学硕士和博士学位。冯稼时精通德语等多种语言。他曾在主管情报的副参谋长办公室担任高级德语语言学家，在德国海德堡就职于美国陆军欧洲司令部和第7集团军。1975年，冯稼时开始在斯坦福大学工作，任斯坦福军备控制项目助理研究员。该项目日后发展为"国际安全与合作中心"。冯稼时于1986年到美国国务院任职。1986年至1989年，任美国国务院情报和研究局（INR）中国处主任；1989年至1994年，任东亚和太平洋分析办公室主任；1994年至2000年，任主管分析的助理国务卿帮办；2001年至2003年，任首席助理国务卿帮办；2004年7月23日至2005年5月，任助理国务卿，领导美国国务院情报和研究局（INR），并作为国家外交情报委员会（NFIB）成员协调情报研判。冯稼时是著名的2007年关于"伊朗核计划"的"国家情报评估"的主要作者之一。他目前还担任"美中关系全国委员会"的董事会成员。①

《全球趋势2020》项目时任国家情报委员会主席的是罗伯特·哈钦斯（Robert Hutchings）。哈钦斯毕业于海军学院，曾是美国海军军官。在威廉玛丽学院获得硕士学位，并在弗吉尼亚大学获得博士学位。1989年至1992年，曾任国家安全委员会欧洲事务主任。1992年至1993年，任大使级的国务卿特别顾问，负责管理美国对东欧的外交援助项目。1993年至1997年，哈钦斯是伍德罗·威尔逊国际学者中心主管国际研究的访问学者。1997年开始，哈钦斯成为普林斯顿大学教授，在该校伍德罗·威尔逊公共与国际事务学院任驻校外交官。2003年至2005年，哈钦斯被任命为国家情报委员会主席。哈钦斯2009年进入德克萨斯大学林登·约翰逊公共事务学院，任该院沃特和

① http：//fsi. stanford. edu/people/thomasfingar（上网日期：2018年3月5日）.

埃尔斯佩思·罗斯托国家安全主席和公共事务教授，并于2010年至2015年任院长。哈钦斯的研究领域是国际关系、美国外交政策和欧洲政治。此外，哈钦斯还在自由欧洲电台、乔治敦大学、乔治·华盛顿大学、约翰·霍普金斯大学高级国际研究学院以及弗吉尼亚大学任职。曾获得国家情报勋章、国务院最高荣誉奖、波兰共和国荣誉勋章等。其著作包括《突破外交政策：成功的外交案例》①《冷战结束后的美国外交》② 等。

《全球趋势2015》项目时任国家情报委员会主席的是约翰·甘农（John C. Gannon）。甘农1966年在圣十字学院获得心理学学士学位。随后从华盛顿大学圣路易斯分校获得历史学硕士和博士学位。其研究方向是拉美，博士论文的题目是“牙买加政党政治的演进”。他能够说西班牙语。此后他曾在海军工作，曾派驻东南亚。1992年至1996年，甘农任中情局情报处欧洲分析室主任。此前，他曾在情报处多个部门工作，包括经济研究室、拉美研究室等。他还曾在“总统每日简报”团队工作。甘农1995年至1997年任中央情报局负责情报业务的副主任，1997年至2001年任国家情报委员会主席。其中1998年6月还被任命为主管情报分析和产品的局长助理。③

《全球趋势2010》项目时任国家情报委员会主席的是理查德·库珀（Richard Cooper）。库珀生于1934年6月14日，是美国著名经济学家、政策顾问和学者。库珀1956年本科毕业于奥伯林学院，1958年在伦敦政治经济学院获得经济学硕士学位，1962年获得哈佛大学博士学位。库珀于1963年至1966年间担任耶鲁大学助理教授，并于1966年至1977年担任国际经济学教授。从1972年到1974年，担任

① R Hutchings，J Suri. Foreign Policy Breakthroughs：Cases in Successful Diplomacy［M］. Oxford University Press，2015.

② Hutchings R L. American Diplomacy and the End of the Cold War［J］. Polish Review，1999，44（4）：394－396.

③ https：//www. sourcewatch. org/index. php？ title＝John_ C. _ Gannon（上网日期：2018年3月5日）.

教务长。1961 年至 1963 年，库珀担任国家经济顾问委员会高级经济学家。1965 年至 1966 年间，他曾担任美国国务院国际货币事务助理国务卿帮办。1977 年至 1981 年期间，他在吉米·卡特政府担任经济事务副国务卿，期间曾任代理国务卿一天（1980 年 5 月 3 日）。1981 年，库珀成为哈佛大学国际经济学教授。1990 年到 1992 年，库珀任波士顿联邦储备银行的主席。1995 年至 1997 年期间，任国家情报委员会主席。卸任国家情报委员会主席后进入哈佛大学任国际经济学教授。2001 年至 2007 年曾任全球发展网络（Global Development Network）副主席。

除了这些直接领导和参与“全球趋势”研究的国家情报委员会主席以外，有一位较为特殊的国家情报委员会主席值得专门提及。他出任国家情报委员会主席更能反映出该机构的“专家治研”特征。这位国家情报委员会主席就是著名国际关系学者约瑟夫·奈（Joseph S. Nye）。奈生于 1937 年 1 月 19 日。他是国际关系理论中新自由主义学派的代表人物。1973 年，奈与罗伯特·基欧汉合著《权力与相互依赖》，奠定了其新自由主义学派理论开宗的地位。奈以最早提出“软实力”（Soft Power）概念而闻名。他在 1990 年出版的《注定领导世界：美国权力性质的变迁》一书及同年在《对外政策》杂志上发表的题为《软实力》一文中，最早明确提出并阐述了“软实力”概念。奈本科毕业于普林斯顿大学，随后在牛津大学学习哲学和政治经济学，1964 年获哈佛大学政治学博士学位后留校任教。曾于 1977 年至 1979 年出任卡特政府助理国务卿，主管安全援助和科技，并同时作为国家安全委员会防止核武器扩散组的负责人。1993 年至 1994 年，奈曾任克林顿政府国家情报委员会主席，负责协调专门为总统提供的情报评估业务，并获得情报界杰出贡献奖。1994 年至 1995 年，奈又被任命为负责国际安全事务的助理国防部长。2004 年大选时，他是总统候选人约翰·克里团队中的国家安全顾问人选。奥巴马政府上台后，任命奈为驻日大使。卸任后，奈重回哈佛，曾任肯尼迪政府学院院长，现为该院教授。2014 年 10 月，奈还被时任国务卿克里任命为外交事务政策委员会成员，同时他也是国防政策委员会成员。由于奈在国际关系研究领域的突出成绩，他作为国家情报委员会前主席的身份往往被忽视。实际上，他的国际关系研究与他在情报界开展的长期预判工作相辅相成，既是因为他对国际关系本质的深刻洞悉和蜚声遐迩，才有机会担任国家情报委员会主席，又是因为他曾主导国家顶层的战略预判与决策辅助工作，帮助其更好地对国际关系理论与实践进行更为深刻的研究。①

三、建立全球覆盖、全域覆盖的研究机构

地区国别与问题研究密切配合的机构设置是基础性支撑。国家情报委员会还设一位评估副主席，一位战略规划和拓展主任，一位分管分析和产品团队的主任，一位特别顾问。国家情报委员会下设 14 个部门，每个部门设一位国家情报官和国家副情报官。国家情报官作为美国国家情报委员会机构的主体，其主要职责有：向国家情报总监提出相关建议；定期与高层情报用户进行交流，满足他们当前和未来的情报需求；通过兼具有效性与针对性的情报生产流程生产情报界最高质量的评估性情报产品；与外部专家合作以充分利用他们的专业知识与技能；帮助情报界分析人员评估相关的能力与需求；推动情报界在战略预警问题上的合作，促进分析手段和方法的进步；就情报界优先事项进行清楚的陈述，以指导情报的搜集、评估和获取工作。这 14 个部门中约有 7 个关注国别和地区性问题，包括非洲、东亚、欧洲、拉丁美洲、近东、南亚、俄罗斯和欧亚等；另一半的部门则关注全球性问题和情报任务，包括经济和全球问题、科学与技术、情报确认、军事问题、跨国威胁、预警、大规模杀伤性武器及扩散。根据国家情报委员会公开的报告及部分披露的研究机构设置，其问题与地区国别

① 约瑟夫·奈在战略预判领域的代表性成果为：Nye J S. Peering into the Future［J］. Foreign Affairs，1994，73（4）：82－93.

的覆盖情况参见表7—2。

表7—2 国家情报委员会的研究领域设置

研究类别	方向
地区研究	东亚
	东南亚
	南亚
	中东和北非
	撒哈拉以南非洲
	俄罗斯和欧亚
	欧洲
	北美
	拉美
问题研究	常规军事问题
	经济问题
	科技问题
	战略与核问题
	跨国威胁

资料来源：根据美国国家情报委员会官网及其他相关网站整理。

问题和地区国别相结合，是国际战略环境评估与预判研究的基本范式。地区和国别问题研究遵循国际通行做法，是横向拆分的研究领域覆盖方式。问题研究一般包括恐怖主义、军事安全、经济贸易、能源资源、生态环境等不同方面，属于纵向拓展的研究领域。将横纵两方面交叉合作，形成对区域和问题的全面覆盖。这种研究形态的根源是国家情报委员会的机构设置。根据该机构的研究领域设置，按照人员岗位分工开展不同领域的战略评估与趋势预判工作。

第二节 “核心—外围—核心”的组织实施方式

根据国家情报委员会组织战略评估与趋势预判的研究历史，相关工作的基本路径是“组建核心团队—广泛拓展研讨—提炼形成产品”。

一、组建核心团队，选定胜任的牵头人

项目负责人对整个项目的成败至关重要，对项目起到引领性作用。其知识背景、研究履历和人格个性都将对最终产品产生决定性影响。在国家情报委员会开展“全球趋势”项目的20年里，有两个关键人物对这项研究的发展路径起到了决定性作用。他们组建的研究团队经过长期摸索实践，打造了一个涉国家安全战略的评估与预判研究流派。这两个人就是马修·伯罗斯（Mathew J. Burrows）和巴里·洛温克伦（Barry Lowenkron）。

巴里·洛温克伦是该研究的主要创始人之一。他是《全球趋势2010》的主笔和《全球趋势2015》的主要参与者。巴里·洛温克伦是美国对外关系研究专家，1973年毕业于东北大学迈蒙尼德学院，1977年在约翰·霍普金斯大学保罗·尼采高级国际研究学院获得硕士学位。公开信息反映，从1979年到2005年，洛温克伦都在约翰·霍普金斯大学任美国外交政策兼职讲师，教授美国外交政策课程。洛温克伦曾是福特基金会军控和东欧研究员、休伯特·H·汉弗莱研究员以及对外关系委员会成员。但实际上，洛温克伦一直是美国负责美欧关系和欧洲安全事务的重要智囊。《华盛顿邮报》称洛温克伦为“长期的外交政策大师，曾在五角大楼、中央情报局和国务院的政策规划部门工作”。[①] 洛

① https：//www. washingtonpost. com/wp － dyn/content/article/2007/05/03/AR2007050302144_ 2. html（上网日期：2018年3月5日）.

温克伦的专业是跨大西洋关系研究。1988 年至 1989 年、1991 年至 1993 年，他两次任白宫国家安全委员会欧洲安全事务主任。随后，洛温克伦成为时任参联会主席科林·鲍威尔（Colin Powell）的特别助理。从 1993 年到 2002 年，他一直在情报界工作，包括国家情报委员会负责欧洲方向的国家情报官、情报分析部门主管以及中情局长特别助理。[①] 此后，他进入当时美国国务院下属机构信息署（United States Information Agency），成为一名项目发展官。随后成为国务卿舒尔茨任内的国务院政策规划部门成员，其后继续作为国务卿鲍威尔和国务卿赖斯的政策规划团队的高级成员，并一直做到国务院政策规划部门的首席副主任。[②] 2005 年 10 月 14 日至 2007 年 8 月 28 日，在小布什政府任国务院主管民主、人权和劳工事务的助理国务卿。2007 年至 2014 年任麦克阿瑟基金会全球安全和可持续发展项目副总裁。2014 年后任美国的德国马歇尔基金会执行副总裁和首席运营官。

马修·伯罗斯是这项研究发展完善过程中最关键的人物之一。他是《全球趋势 2020》《全球趋势 2025》《全球趋势 2030》三份报告的项目负责人和主要执笔人。伊丽莎白·阿伦斯作为伯罗斯的主要助手之一，在三份报告成型过程中一直发挥了主要的辅助作用。伯罗斯 1976 年毕业于卫斯理大学，1983 年在英国剑桥大学获得欧洲历史研究方向的博士学位。1986 年，伯罗斯加入中央情报局，在该局情报处任分析员，负责西欧事务，包括欧盟等欧洲机构的发展。从 1998 年到 1999 年，他在对外关系委员会获得研究员职位，是第一位获得该荣誉的情报人员。1999 年到 2001 年，伯罗斯担任美国驻联合国大使理查德·霍尔布鲁克（Richard Holbrooke）的特别助理。2001 年到 2002 年，成为时任美国财政部长保罗·奥尼尔（Paul O'Neill）的副国

---

① https：//2001 - 2009. state. gov/outofdate/bios/l/55981. htm（上网日期：2018 年 3 月 5 日）.

② http：//www. gmfus. org/commentary/barry - f - lowenkron - join - gmf - executive - vice - president - and - chief - opera ting - officer（上网日期：2018 年 3 月 5 日）.

家安全顾问。2005 年，伯罗斯受命组建并指导国家情报委员会新的长期分析部门，即“战略未来”项目组。这项任命对之后该工作的发展起到了决定性影响。2007 年，伯罗斯被任命为国家情报委员会顾问。2010 年，伯罗斯担任“分析和产品团队”主任，负责管理高级分析师和生产技术人员团队，指导和管理国家情报委员会所有产品从命题到成果分发的全过程。他目前就职于大西洋理事会，在斯考克罗夫特战略与安全中心担任“预判、战略和风险倡议项目”主任。他目前仍是中情局情报处的高级分析顾问。其公开的研究领域包括国防和国家安全领域的新兴科技、全球趋势、非传统安全、城市化和欧洲研究。①

二、有序开展广泛接触的开放性研究活动

在围绕关键人物组建核心团队之后，根据研究规划，有序开展交叉合作的研究和广泛的研讨活动。根据该研究的后期发展情况，这项工作基本分为三个环节。一是基本框架起草组，主要工作是根据地区国别和主要问题研究的成果，撰写初步的研究报告。例如：“检验地区趋势，将这些评估汇集后，发现更广泛的全球动向，评估正在出现的趋势及其影响，一方面以 5 年为周期聚焦美国下一届政府面临的问题，另一方面聚焦 20 年后的影响，帮助美国进行战略规划。”② 这一组在项目负责人的参与和指导下，负责对此前的报告和形势发展进行评估和比较，分析和改进此前研究中出现偏差的问题所在，以弥补方法和组织流程上的缺陷。例如“对美国两党 1945 年以来战略规划的假定进行评估，找到那些与正在出现的战略现状最不矛盾的点。通过这种检验，找到优先问题、优先国家和人，进行访问，制定研究范围”。③“探讨此前‘全球趋势’报告的成绩记录，避免重犯以前的错

① http：//www. atlanticcouncil. org/about/experts/list/mathew – j – burrows#full-bio（上网日期：2018 年 3 月 5 日）.

② U. S. National Intelligence Council. Global Trends：Paradox of Progress. 2017.

③ 同上.

误，搜集各方对相关问题的研究。”① 通过对地区国别和全球综合性问题的交叉研究，基于历史的连续性，预判世界大趋势。二是情景分析组，主要负责情景分析的方案设计，参与研究和研讨的全过程，推动对关键不确定性的关注和研究。设置该组的主要目的是通过组织专门力量，运用情景想定等方法，突破传统线性思维，挑战固有的历史经验和假定，对关键变量和驱动因素进行专门分析，力图获得对影响世界大势的重大不确定性的准确认识，做到提前预警。“考虑到所有地区和议题的潜在不连续性，发展一套对不连续性种类的识别方法，借而反映出不同于现状的根本性的转折。”② 三是外部研讨组织和外部成果转化组。在对每份报告的梳理中可以发现，随着研究的不断深化，研讨会的次数、范围和规模也不断扩大。到后期，这项工作由国家情报委员会一位专门负责外联的主任担任，成为研究的一项关键任务。具体的情况在后续对报告开放性研究的部分进行探讨。四是技术配合组。2000 年以后，信息技术的广泛运用成为美国情报界的重要战斗力增长点。国家情报委员会也借助这一趋势，积极运用中情局、国家安全局、社会和企业以及国家科学界资源，为研究提供科技创新保障。

三、重回核心团队，形成服务最高战略决策的研判成果

再次回到核心团队，将汇聚的外部资源转化为内部成果。这一步最为关键。其原因一方面在于，最终的政策建议必须在这个核心团队内形成，提交给国家最高决策层的报告也必须在小范围内知悉。另一方面在于，政策建议是预判的终极目的，这一环节是收敛而不是发散的。每一份报告的目标都是为执政团队提供科学有力、极具前瞻性、

① U. S. National Intelligence Council. Global Trends 2030：Alternative Worlds. 2012.

② U. S. National Intelligence Council. Global Trends：Paradox of Progress. 2017.

充满智慧、令人信服的决策建议，争取对国家安全战略提供长期有效的支撑。很大程度上，这种研究成果也是部分关键人物的意志体现。因此，从核心团队到广泛研讨再到核心团队是国家情报委员会战略评估与趋势预判的基本组织方式。

第三节　开放性内外统筹是重要体系和方法创新

内外统筹、广泛调研、公秘结合是国家情报委员会开展战略评估与趋势预判的重要组织形态，也是汇聚内外资源、提升研究质量、避免闭门造车的关键举措。“全球趋势”系列研究号称“千手共著”，是一个不断扩大调研范围、提高研究综合统筹程度的研究历程。美国前中情局局长乔治·特尼特指出，“全球趋势”系列研究反映了情报界与外部专家的全面合作，为预判未来进行了建设性对话，“我们鼓励这种生动的交流”。[①] 国家情报委员会对“全球趋势”系列研究的最新定位和描述是：“近 20 年来，美国国家情报委员会的‘全球趋势’报告一直致力于在美国政府内外构建战略对话。在报告形成的过程中，国家情报委员会从系统外专家那里获取了诸如全球化、人口统计学和环境等因素的专业知识，并提出了一份份前瞻性文件，帮助决策者在全球重要问题上进行长期规划。自 1997 年第一次发布‘全球趋势’报告以来，每一份报告的受众都在扩大，并吸引了更广泛的感兴趣的受众。‘全球趋势’报告每四年在美国总统大选之后发布一次。”

一、范围不断扩大

国家情报委员会 20 余年来的战略预判工作是一项不断拓展调研

① U. S. National Intelligence Council. Global Trends 2015: A Dialogue About the Future with Nongovernment Experts. 2000.

样本规模的研究项目，通过在全球范围内跨领域的信息搜集，提高研究的综合统筹程度，以期形成更广泛接受的共识性成果。2008年发布的《全球趋势2025》系统回顾了这一过程："第一份报告努力展望了2010年，主要依靠美国情报界内部的专门知识，也在一定程度上吸收了美国政府和学术界的其他成分。在拟定《全球趋势2015》报告时，我们接触了美国政府以外的数量更多的和领域更多样化的一批批专家，其中大多数是美国公民。在拟定第三份报告《全球趋势2020》时，我们大大拓展了非美国专家的参与机会，在五大洲召开了6次研讨会。我们还增加了在美国开会的次数，改变了会议的模式。这些会议使我们进一步了解了具体的趋势和驱动因素，以及世界上不同地区的专家们如何看待这些因素。"① 2017年发布的《全球趋势2035》则更进一步："该项研究用时两年，在全球范围内对超过35个国家的2500名自然科学家、社会科学家、思想家、宗教人物、商业和工业代表、外交官、专家学者、妇女、青年和公民社会组织进行访谈，广泛了解其对未来趋势及其不确定性的见解。通过对高级官员和战略家的访谈，更深入地理解关键大国的战略意图和国家利益的变动情况。"②这种开放性内外统筹的研究模式有两方面意义。一方面能够广泛汇聚各方智慧，尽可能消除偏见、片面与失真，增加成果的科学性、客观性和可靠性；另一方面也利用开放研究的过程，主动进行战略宣传、引导和塑造，将思维方式和价值观向全球各国精英广泛传播，起到引导未来走向、塑造未来趋势的潜在作用。

国家情报委员会还积极研发信息技术手段，汇集各方面信息。《全球趋势2030》的一个创新点就是设立了一个公共博客，供公众发表评论。到报告发表时，该博客共收到140多个帖子，200多条评论。接受了来自167个国家的访问，点击量达到7.1万余次。这

① U.S. National Intelligence Council. Global Trends 2025: A Transformed World. 2008.

② U.S. National Intelligence Council. Global Trends: Paradox of Progress. 2017.

既是舆情采集的过程，能够帮助研判国家和地区的一些多样性看法，辅助战略研判，也是宣传的手段，帮助提升该研究的国际和社会知名度，提升决策影响力和国际影响力。国家情报委员会并不止于将这种手段作为“全球趋势”研究的一种独有工具，而是将其作为该机构整体研究组织和对外宣传交流的重要平台。“国家情报委员会将持续提出同样的问题，以了解这些趋势是如何随着时间变化的。读者可以加入在‘全球趋势’博客上的对话，帮助提供更多关于这些问题的信息和背景：未来的力量会继续扩散还是集中？在何种程度上，通信技术的进一步发展会改变社会和公民与政府之间的关系？自动化和机器人技术将如何影响人类的就业和经济？到2035年，社会、经济和政治方面的悬而未决的问题或不确定因素可能会是最具颠覆性的问题？”①

二、汇聚各方智慧

该研究试图广泛汇集外部研究成果，将其转化为能够为最高决策服务的内部产品。这种思路与国家情报委员会初创时的基本定位一脉相承，就是在政府内建立高端的咨询平台，整合有权威性和影响力的专业化人员和技术，为国家最高战略决策提供咨询服务。《全球趋势2030》是该做法的集大成者。在研究方法方面，报告搜集各方对相关问题的研究，如史汀生中心戴维·米歇尔（David Michel）关于海上和环境趋势的研究、丹佛大学弗雷德里克·S·帕迪中心的国际趋势模拟方法、麦肯锡公司专利“全球增长模型”、德克萨斯农工大学布什学院的推演系统，以检验“美国未来权力及其对国际体系的影响”。在研究成果方面，报告研究过程中“涉及到的参与单位还包括：国际

① https：//www. dni. gov/index. php/who - we - are/organizations/nic/nic - related - menus/nic - related - content/glob al - trends（上网日期：2018年3月5日）.

体系演变（普林斯顿大学）、破坏性技术（战略商业观察公司）、资源短缺问题（皇家国际事务研究所）、非国家行为体（皇家国际事务研究所）、自然灾害问题（能源部实验室）、自然资源可持续性及其对国家脆弱性的影响（桑迪亚国家实验室）等”。

《全球趋势2035》对此进行了更深入地阐述，“随着我们越来越能够轻易地在物理意义上和数字层面上跨越国界，我们正在拒人于千里之外。技术提高了我们的生活质量，但减少了某些领域的工作机会。政府投入的资金比以往任何时候都多，但个人拥有的权力比以往任何时候都多。这些只是我们面临的悖论中的一部分。我们在全球范围内召开的会议，召集政府官员、学者、商界人士、民间社会代表等，以及其他旨在激发思考未来20年可能的全球发展轨迹和不连续性的研讨会、交流和其他活动，这些活动的洞察力和政策相关性至关重要。来自36个国家的超过2500名来自各行各业的专家帮助研究趋势——包括经济、人口、生态、能源、健康、治理、安全、身份和地缘政治——并理解它们对全球和平、安全与繁荣的影响。在美国总统选举日和总统就职日之间的每四年一次的‘全球趋势’报告及其相关会议形成了广泛的研究成果，国家情报委员会咨询全世界范围内的不同声音，帮助挑战此前的假设，发现新问题，也从这些会议和研究中收集想法，帮助对框架进行概念化并以一个令人信服的和可以理解的风格展示未来20年可能发生的重要趋势和突发事件。”①

三、主动塑造战略环境

该研究过程本身的开放性具有战略宣传、引导的目的，为美国的战略环境起到一定的塑造作用，也就是不只研究未来，更能主动影响

① https：//www.dni.gov/index.php/who－we－are/organizations/nic/nic－related－menus/nic－related－content/glob al－trends（上网日期：2018年3月5日）.

和塑造未来。这在后几份报告的研究过程中更为明显。报告在内部完成框架设计和主体内容后，即开始在全球主要国家和地区召开研讨会，与各方精英人士进行交流和碰撞，既是对报告进行充实完善、吸纳有益的观点和信息，又是对报告所持的方法论、意识形态和战略观点进行的广泛传播，对各国各地的精英人士发挥影响，力图将其调整到美国的国家安全所需要的频道上来。报告“可能看起来像一份报告，但实际上是一份邀请，对进一步讨论的邀请，从而探索如何进一步解开未来”。[①]“国家情报委员会循例发表一个不涉密的世界评估报告的初衷是鼓励开放和有信息量的讨论，深入探讨未来的风险和机会。更为重要的是，‘全球趋势’发表不涉密版本的原因在于那些每天占据我们日常工作的秘密并不能对一两年后的形势产生多大的影响。而有价值的反而是以此为议题，与全球的专家、政府官员、学生、女性群体、企业家、活动家及其他广泛群体进行的接触。”[②]

国家情报委员会作为美国情报界的一员，其公开发表的“全球趋势”报告无疑在全球范围内引发了广泛关注，造成了深远影响。国家情报委员会每次发布“全球趋势”报告，均引起全球媒体高度关注，其关注方向、主要论断和未来假定均成为各国热议的焦点。不可否认，国家情报委员会通过抛出议题、抬升热度、试探影响等一系列方式，在一定程度上起到了塑造和影响全球趋势向对美有利的预定方向发展的作用。

第四节　持续改进研究方法和技术辅助手段

不断吸纳集成创新研究方法和技术手段是“全球趋势”系列研究

① U. S. National Intelligence Council. Global Trends：Paradox of Progress. 2017, p. vi.

② U. S. National Intelligence Council. Global Trends：Paradox of Progress. 2017, p. vii.

持续完善和改进的一个重要推动因素。“每一份全球趋势文件，国家情报委员会都寻求方法创新，应用更具前瞻性的方法，从更多样性的角度看问题，并且力求最大程度提高政策相关性。”[①]

一、情景分析与战略推演相结合

战略评估与趋势预判的一个重要发展趋势是将情景分析与战略推演相结合。《全球趋势 2035》在认识到“采用沙盘作业和推演不够，对潜在失衡或失调的关注不足，对不起眼的后果可能引起的影响关注不够，对过激行为体在关键时间点上的动向及其影响把握能力不足”之后，[②]“大量运用推演与仿真——让专家团队扮演关键国际行为体——探索未来全球区域发展趋势、国际秩序、安全环境和全球经济”。[③] 这种将情景分析与推演相结合的做法在国际上日趋主流，也成为各类机构开展国家安全战略评估与趋势预判争相发展的重要手段。其基本特征就是运用情景想定和战略推演相结合的研究方法开展涉国家安全重要战略议题的预判性研究。美国针对攸关国家安全问题的重大战略问题，往往借助类似方法开展战略预判。如《恐怖的海峡》就是美国基于战略推演方法形成的战略决策辅助报告。[④] 20 世纪 90 年代美军针对冷战后的核扩散开展战略推演研究活动，委托美国兰德公司设立“在某日之后”的推演研究项目，审议冷战后世界核武器及其相关能力扩散对美国国家安全和军事战略的影响。国家情报委员会的国家安全战略评估与趋势预判活动中也采用了这种方法。国家情报委员会负责战略评估与趋势预判的是“战略未来”项目组。“该机构也

---

① U. S. National Intelligence Council. Global Trends：Paradox of Progress. 2017, p. vii.

② U. S. National Intelligence Council. Global Trends 2030：Alternative Worlds. 2012.

③ U. S. National Intelligence Council. Global Trends：Paradox of Progress. 2017.

④ 兰德公司．恐怖的海峡？中台对抗的军事问题与美国的政策选择［M］. 军事科学出版社，2000.

是国家情报委员会开展战略推演的主责单位，经常性组织开展推演活动，其主题包括‘2012 年以后的伊拉克’‘伊朗核武’‘朝鲜崩溃’‘苏丹解体’‘阿富汗未来’等。”①

二、信息技术辅助

此外，前文所述的借助信息技术搭建交互平台是该研究重要的技术创新举措。目前，绝大多数情景分析都依赖于大量专家访谈，并在此基础上开展小范围工作组研究。这种分析方法是一种劳动力密集型方法，需要大量投入人力、物力、财力开展背景访谈、数据搜集、面对面讨论以及工作组研讨，客观上造成了能够参与的人数量有限。②而信息技术手段无疑能够极大优化这种广泛参与、集中研究的工作模式。例如，基于网络的参与系统能够提供成百上千人共同参与的可能。③ 其中 Web 2.0 是一种重要的未来手段，“通过提供参与架构实现收获集体情报，这种架构能够容纳在广泛复杂的不同群体之间开展实验和合作”。④ 随着互联网及个人移动终端的广泛普及，国家情报委员会也在其战略预判中逐步尝试借助网络平台汇聚社会观点，借此进一步提升战略预判水平。《全球趋势 2035》就在形成初稿后，“在互联网上向全社会公布，借助技术手段广泛搜集各界对其预判初步成果的反馈，并在此基础上对报告进行了进一步改进。”⑤

---

① Treverton G F, Ghez J J. Making Strategic Analysis Matter [J]. RAND, 2012, p. 3.

② Raford N. Online foresight platforms: Evidence for their impact on scenario planning & strategic foresight [J]. Technological Forecasting & Social Change, 2014, 97: 65 – 76.

③ 同上.

④ T. O' Rielly, What is Web 2.0? [J]. 2005; P. Anderson. What is Web 2.0? Ideas, technologies and implications for education [J]. JISC Technology and Standards Watch, February 2007.

⑤ U. S. National Intelligence Council. Global Trends: Paradox of Progress. 2017.

本章小结

历经20余年的持续改进，美国在组织实施系统性的大型未来战略研究项目方面积累了一定经验，形成了一套具有较强美国特色的国家安全战略评估与中长期趋势预判体系。这既包括体制机制方面的顶层设计、“内外互促”的实施流程，也包括开放性理念和反复迭代思路的始终贯彻。相关经验具有极高的借鉴价值，但也暴露出一些更深层次的缺陷与不足，值得更进一步的思考。

系统筹划、有序组织、内外统筹和持续完善是美国“全球趋势”研究的主要组织形态。国家顶层战略咨询体制和机制为战略研判工作提供了根本保障，也注入了强大动力。“从核心到外围再到核心”的基本组织流程保证了研究兼具公开性与秘密性。开放性的内外统筹是该研究的重要体系和方法创新，对于形成高质量的研究成果提供了重要保障。持续的反思、检验和改进，是该研究形成方法体系、专业化团队和不断扩大的影响力的关键所在。其中技术辅助手段的运用起到了显著的增益效果，弥补了一些方法上的缺陷。

第八章

美国战略预判的缺陷、反思和改进

“认识世界发展大势，跟上时代潮流，是一个极为重要并且常做常新的课题。中国要发展，必须顺应世界发展潮流。要树立世界眼光、把握时代脉搏，要把当今世界的风云变幻看准、看清、看透，从林林总总的表象中发现本质，尤其要认清长远趋势。”①

——习近平

（2014 年 11 月 28 日在中央外事工作会议上的讲话）

美国的战略预判作为一种社会科学类研究探索和实践，也存在很多缺陷和不完善之处。例如，2000 年的《全球趋势 2015》中预言不会有克隆牛出现、坚信伊拉克有核武库、欧洲在未来三年内至少出现 3 个世界顶尖技术中心（伦敦、慕尼黑、巴黎）并成为全球经济新的增长点，如今看来都远远偏离现实发展。

战略评估与趋势预判的失误如果被国家战略决策所采纳并实施，其后果是不可承受的。因此，对美国战略评估与趋势预判存在的问题进行评估和总结就具有很强的现实价值。综合来看，美国的战略

① 中共中央党史和文献研究院．习近平关于总体国家安全观论述摘编［M］．中央文献出版社，2018：265－266.

评估与趋势预判在一定程度上存在对情景分析方法运用不当、选取指标存在偏颇、对历史的突发性发展重视不够以及仍然没能避免思维定式的困扰等问题。此外，在组织方面也出现了一些“旧病复发”的问题。

必须认识到，此类研究虽经反复改进完善，仍然存在很多缺陷和不足。很多根本性问题并非通过体制机制、思想理念和方法组织等技术操作层面的改进就可以消除的，而是反映在更加深刻的科学哲学、意识形态、人的因素等方面。这些问题也正是在对其进行深度解析后，剖得的最精华所在。“形而上者谓之道”，恰恰是在工于“器物之学”时，“至善之道”却待后来人。

第一节　美国战略预判的主要缺陷

一、“见微知著”还是“以偏概全”

控制主要变量，忽略微扰因素，是自然科学的重要方法论基础。抓住反映事物本质的主要因素，忽略对体系发展不造成显著影响的因素，是将世界化繁为简、进行科学分析的基础性方法。美国国家情报委员会的战略评估与趋势预判显然是这种西方科学方法论在社会科学领域的一种实践。其核心因素的基本框架体系虽然在20年里保持了较好的延续性，反映出其实用价值和科学性。但这种做法自然也存在弊端，即过度关注少数核心因素，而忽视了其他变量。这种做法虽然符合自然科学的方法论和哲学基础，但也不可避免地存在漏洞。

对于变量选取问题的批评主要集中在“以偏概全”的问题上。有学者指出，其研究对于不同情景的分析运用了一个共同的关键要素——全球GDP，也并没有提出可定量的情景是如何代入模型参数以及使用了怎样的模型，这就像“建造了一个强大的风洞设施（情景），但只用来测试一个吹风机（模型）”。[①] 文章高度重视可持续性，但并未提及经合组织和世界银行的“绿色增长”概念，而其对发展问题的研究又完全依据 GDP 数据，并未考虑发展的质量和效益等问题。[②]

同时，研究的组织方式也可能导致“以偏概全”的情况发生。由于情景分析的质量很大程度上依赖于工作组负责人和写作者的经验和技巧。对相同群体进行不同方式的咨询会产生完全不同的结果。这导致了情景分析的过程存在高度的异质性。[③] 因此，有学者对此批评到：报告虽将气候变化作为重要的全球趋势影响因素，但在其 20 余国的合作名单上，鲜有气候专家在列，也并未参考联合国及经合组织大量高度相关的专业性报告。[④]

抓住主要矛盾，而不是摆弄其中的个别事实，是马克思列宁主义哲学所提倡的做法。列宁指出：“在社会现象方面，没有比胡乱抽取一些个别事实和玩弄实例更普遍更站不住脚的方法了。应该设法根据正确的和不容争辩的事实来建立一个可靠的基础。要让这个基础成为真正标准，就必须毫无例外地掌握与研究的问题有关的事实的全部总和，而不是抽出个别事实，否则就必然会发生怀疑，怀疑那些事实是随便挑选出来的，怀疑是为了替卑鄙的勾当作辩护而以‘主观’臆造的东西来代替全部历史现象的客观联系和相互依存关系”[⑤] “在社会

---

① Wilkinson A. In the NIC of Time? Changing Our Minds about Global Foresight [J]. Clinical Infectious Diseases An Official Publication of the Infectious Diseases Society of America, 2013, 5 (4): 339 – 346.

② Marien M. The Provocative GT – 2030 Report: Outline and Comments [J]. World Future Review, 2013, 5 (4): 324 – 331.

③ Curry A, Schultz W. Roads Less Travelled: Different Methods, Different Futures [J]. Journal of Futures Studies, 2009, 13 (4): 35 – 60. Schoemaker P J H. Scenario Planning: A Tool for Strategic Thinking [J]. Sloan Management Review Winter, 1995, 36 (2): pp. 25 – 40.

④ Marien M. The Provocative GT – 2030 Report: Outline and Comments [J]. World Future Review, 2013, 5 (4): 324 – 331.

⑤ [俄] 列宁全集：第 23 卷 [M]. 人民出版社，1958 年：279 – 280.

现象的领域中，最流行而又最无益的方法，莫过于分离各个小事实和玩弄实例。因为要在事实上奠定基础，就必须无例外地把握与所考察的问题有关系的事实的总体，而不是各个事实。否则就会任意地选择并搜集事实，就会无视整个历史现象之客观的相互依存关系，为了注重无意义的事情，而采取‘主观的’处理方法”。①

这种唯物辩证法基础上的研究原则值得在开展战略评估与趋势预判的研究活动中更加重视。国家情报委员会显然对此有所反思，对其趋势分析的模型进行了持续改进完善。《全球趋势2035》特别在这方面进行了更加全面的探索，“建立了一种新的理解地缘政治力量的概念，转变过去过度强调以国家为基础的物质力量，例如GDP和军费投入，更多考虑到非物质性的力量，比如意识形态、关系以及重要的企业、社会运动和个人”②。未来，在战略评估与趋势预判向更高水平发展的过程中，有必要对此认真总结和完善，在“见微知著”与“以偏概全”之间做到科学、客观、合理、有效的平衡与取舍。

二、历史螺旋演进还是突然转折

经过不断的实践和对预判失误的反思，20年来国家情报委员会团队从哲学和方法论角度对未来预判作出了较大的调整。较为明显的是如何看待突发性的重大变化。事实上，随着“全球趋势”系列研究的不断深入和经验的逐步积累，美国相关从业者逐步认识到处理好历史连续性与不连续性之间的关系尤其重要。在20世纪90年代中期，美国战略预判圈子相当自信地宣称他们的共识是“真正的不连续性很少发生，即历史不会与过去形成严重的非演进式的重大变动。因此，战略预判的关注点是渐进式的、逐步积累的变化。我们尤其强调一系列

---

① ［俄］西洛可夫．辩证法唯物论教程［M］．笔耕堂，1935.

② U. S. National Intelligence Council. Global Trends：Paradox of Progress. 2017.

更小的变化，经过时间的积累，最终可能引起重大变化”[①]。

到2008年，受到现实剧变的沉重打击后，此时发布的《全球趋势2025》已经开始反思此前报告的假设。该报告指出由于此前报告的基本假设是“美国继续主宰一切，而多数大国已经放弃了制衡美国的念头”，导致其评估与预判过度依赖历史连续性，出现了较大的偏差。在纠偏后，项目团队将新的假设设定为“多极世界成为现实，国际体系发生巨变，美国作用最为重要，但不过是全球多个抓大事的角色之一而已”。报告还特别指出：“《全球趋势2020》对能源因素的影响判断失误，该报告基于历史连续性认为能源供给足以满足全球需求，但国际油市可能受多种因素影响而动荡，能源需求会影响超级大国间关系。”因此报告集中讨论了历史的不连续性可能，认为全世界正在向使用清洁能源过渡，能源稀缺将是地缘政治推动力。此外，该报告虽然没有改变之前报告对金砖国家崛起的假定，但更强调很可能出现重大突变，强调“事先注定不了任何一个单项结局”，今后20年向新国际体系的过渡将险象丛生，可能出现诸如中东核武器竞赛和国家间资源争夺战。[②]

到《全球趋势2030》时，报告对历史延续性和突发性的判断已出现了根本性不同。尤其是报告对此前研究中问题的总结反映出其对过度依赖历史延续性的深刻反思。该报告开篇便引用约翰·梅纳德·凯恩斯在1937年所言“未来与而今大大不同，与传统思维和行为方式格格不入，绝大多数人都不愿意在实践中按照此看法行动”，用来说明历史的不连续性往往突破人的想象，必须突破惯性思维的禁锢，尽可能关注到突发的改变历史延续的可能事态。例如，该报告就此指出一种超越冷战后思维的历史变化，即“到2030年，没有任何国家，美国、中国或其他任何大国，会是霸权国”，也就是认为中长期以后，

① U. S. National Intelligence Council. Global Trends 2010. 1997, p. 3.

② U. S. National Intelligence Council. Global Trends 2025: A Transformed World. 2008.

随着个人能力的显著增长、权力在国家间及从国家向非正式网络扩散，存在主导型“霸权国”的这种国际格局可能出现根本性变化，整个国际秩序都将随之调整。① 报告认为之前的战略研判“对美国的中心地位过于肯定，作为基本假设，对美国角色的变化及其原因谈论较少，对美国在国际体系中的角色关注不够。虽关注到非国家行为体影响日益凸显，但对国家和非国家行为体之间的关系研究不足，对国际治理的研究不够深入，对不同行为体之间的错综复杂关系了解不充分。虽然对中国崛起有所预测，但完全没有预判到中国的高速发展和快速崛起，对事态进展的时间和速度把握不足。对趋势、危机与突发事件之间的关系关注不足，关注事态传承发展过多，关注变化过少。对意识形态关注不足，尤其是对政治、心理和社会的互动关系发展关注不够。采用沙盘作业和推演不够，对潜在失衡或失调的关注不足，对不起眼的后果可能引起的影响关注不够，对过激行为体在关键时间点上的动向及其影响把握不足”②。有学者评论称，该报告增加的对不确定性研究具有很高价值，即未知的“游戏改变者”，但他同时引用美国前防长拉姆斯菲尔德的名言指出如何认识“不可知的未知”，也就是如何评估、预判和应对“黑天鹅”事件，报告仍然没有给出使人信服的答案。③

到 2017 年，《全球趋势 2035》中则更加开门见山，在正文第一段便强调：“在下面的文章中，我们采用不同的时间维度来探索未来的不同方面，目的是描述突发的不连续性造成的风险，以及深度、缓慢推进的变化，进而找准决策支点。”随后继续强调：“纵贯全文，我们突出了不同类型的不连续性，以期覆盖关键趋势的所有交汇点。”

① U. S. National Intelligence Council. Global Trends 2030：Alternative Worlds. 2012，p. 3.

② U. S. National Intelligence Council. Global Trends 2030：Alternative Worlds. 2012，p. 3.

③ Sohn I. Megatrends and Game Changers：The U. S. National Intelligence Council's 'Global Trends 2030：Alternative Worlds' [J]. Foresight the International Journal of Applied Forecasting，2013：45 –48.

从上述演进的历程来看，国家情报委员会的战略评估与趋势预判的哲学观、历史观和方法论体系在20年间几乎发生了颠覆性的改变。从认为历史大势是绵延持续的，到认为最重要的战略判断是历史的不连续性。从侧重确定性趋势评估，到以情景分析方法应对关键不确定因素，并将其作为整个研究的方法核心。从“美国决定一切”，到“什么都确定不了”。这种翻天覆地的认识剧变是研究持续推进、经验不断积累、反思不断加深的结果。这样的经验是付出了巨大的国家战略代价才获得的，值得其他国家在发展战略评估与研判的过程中认真总结与借鉴。

三、意识形态的窠臼和思维定式的禁锢

国家情报委员会自其前身成立之时，就试图为最高决策者提供一种准确、客观、科学的中长期战略评估成果，并为此长期努力，成为较为突出的超脱部门利益的国家咨询机构。但由于机构特色、人员构成和大环境等因素的影响，其成果仍然存在着较为明显的思维定式。即使通过情景分析和广泛研讨等方式来扩大视野，消除小集团思维，但依然没有能够实现其目标。即使是间隔最久的两份报告，《全球趋势2010》和《全球趋势2035》也具有很多共同点，甚至预判的内容、观点或立场相似度也很高。很大程度上反映了美国国家情报委员会战略预判的传统，一方面是基于研究方法的必然结果，另一方面也是基于机构、人员和团队属性的某种主观意识形态倾向，值得进一步探讨。

一些长期研究战略预判或持续关注国家情报委员会“全球趋势”系列研究的专家对此有一定程度的批评和建议。例如，该系列成果一直未能吸取教训，对一些前沿技术过度乐观，尤其是信息技术，而赋予诸如全球变暖等重要议题的分量不足，忽视了美国领导的“发展曲线”深刻含义的运用，尤其是没能认识到全球发展的极限，最终导致

报告仅仅展示了一种美国典型的技术先导和流于表面的经验主义论调。① 国内学者也指出报告反映出与同时期其他类似报告相似的“中国崛起引起美方的恐慌”，意图潜移默化改造中国等崛起国家，并利用印度牵制中国。② 还有学者指出，《全球趋势 2025》报告反映了小布什政府连任成功、新保守主义高涨背景下的国际政治经济重大变化，是意识形态和内部政治在战略预判领域的投射。③ 对未来持消极悲观的态度，其突出的现实主义思维范式和研究方法存在一定缺陷。④

事实情况还不仅如此，更严重的问题存在于意识形态方面。20 年来，国家情报委员会的报告均认为政府权威的解构是世界重大发展趋势，都将公民社会、企业、跨国组织等行为体的崛起视为最重要的全球趋势之一。认为政府能否处理好与公民社会及其他不同层级行为体之间的关系，是未来政府能否稳定的关键所在。同时，鼓吹西方国际规范、秩序等也是报告的核心思想之一。显然，这种论调一方面反映出，西方主流的自由、民主、民权的意识形态在情报界主导的战略预判工作中具有统治性的指导地位；另一方面，也反映出唱衰与西方政治体制不同的国家和政府是美国这些公开发行的学术报告的一种宣传口径，无论是出于政治正确，还是进行谋略性宣传，都将宣扬西方民主制度在未来更加复杂的世界态势中更占优势作为重要内容，而将其他政治体制“行将就木”不厌其烦地反复论述。

如果考虑前一种情况，那么必须从美国情报界的战略预判中吸取这样的教训：先入为主的意识形态和所谓的政治正确无疑会误导战略预判研究，用预想的假定引导预判分析，最终造成严重的错误结果，误导决策者。显然，20 年来，国家情报委员会每次预判的中、俄等国

---

① Slaughter R A. Time to Get Real: A Critique of Global Trends 2030—Alternative Worlds [J]. World Future Review, 2013, 5 (4): 354 - 359.

② 王昊. 美国 2025 全球趋势预测报告的解读 [J]. 科教创新, 2010.

③ 刘志良，董阳春. 解读美国的长期战略预测——《全球趋势 2025》评析 [J]. 世界经济与政治论坛，2009 (2): 34 - 39.

④ 张勇. 美国国家情报委员会报告《2025 年全球趋势》解析 [J]. 国际研究参考，2009 (1): 13 - 16.

家的政府崩溃不仅没有发生，美国政府的所谓政治优势反而越来越不被国际社会拥戴。就连国家情报委员会的报告也不得不反思对美国的优势进行有偏见的预设，没能客观反映现状。因此，在我国开展战略预判工作中，应以马克思主义唯物辩证法为武器，科学、客观地开展战略评估与趋势预判工作，防止预设的偏见误导预判工作，进而误导国家战略决策，造成不利的局面。

如果考虑后一种情况，则可以想见，在公开版本和秘密版本之间存在一定的差异，至少在内部版本中，美国情报界会讨论如何运用好各种手段，促进他们认为的那些国家的体制劣势，推动政府倒台。而不仅仅是像公开版本这样，只陈利弊，不言措施。但是，尤其应注意的是，国家情报委员会的全球趋势预判是具有国际影响力的未来预见性报告，对很多国家的政府、企业和社会具有影响力。在这样的报告中输出价值观，用科学、客观的学术研究包装其政治宣传，裹挟其政治谋略，就更值得读者警惕。一方面要去其糟粕，另一方面，要大力发展与之具备竞争力的未来预判成果，引导和塑造国际预期，向于我有利的方向发展。

另一个现象对这个问题能够起到一定的印证作用。那就是在国家情报委员会及其全球趋势项目组的负责人中，欧洲研究专家的比例极高。这也体现出美国情报界西方中心的传统所在。这种现象自然也会影响到研究成果的普遍性。例如，该研究的主要创始人之一巴里·洛温克伦一直是美国负责美欧关系和欧洲安全事务的重要智囊。他的专业是跨大西洋关系研究，曾任福特基金会军控和东欧研究员，两次任白宫国家安全委员会欧洲安全事务主任，之后到国家情报委员会任负责欧洲方向的国家情报官等。另一位该研究的灵魂人物马修·伯罗斯是欧洲历史研究博士，曾在中情局情报处任负责西欧和欧洲国际组织的分析员。他返回学界之后的一个主要研究领域还是欧洲研究。虽然有各地区国别部门的参与，但战略评估与趋势预判的一个重要特点就是主导性人物的作用极其突出，对研究的发展方向和研判成果具有重要影响力。此外，该研究开创阶段的国家情报委员会主席约翰·甘农长期在中情局情报处欧洲方向工作。这些美国的欧洲问题专家长期开展冷战及相关问题的研究，自然而然地带有较强的意识形态色彩，对特定国家的敌视态度也更加强烈。这种不容忽视的背景因素在很大程度上影响了研究的组织和最终的战略判断。随着人员的更新换代，这种欧洲专家主导的状态正在发生改变。在内部专业化人员成长起来以后出现了更多专门从事战略评估与趋势预判的新负责人。内部产生的专家长期从事战略评估与趋势预判和方法实践，其经验更为充分。相比于地区问题专家转行从事综合性战略研究，这些长期开展战略评估的专家要更为专业和高效，对如何运用科学方法和技术手段支持也更加轻车熟路。

此外，战略预判作为一种关键决策辅助活动，通常会有主导性的高级决策者和领域专家参加，这样的角色会有意无意地影响分析过程，造成对利益或现状的认识方面出现一定程度的偏见，导致分析的科学性、客观性和准确性受损。“缩小信息来源的范围并依赖于个别人物或领域专家的信息输入，有可能会导致很多重要的信息源和观点被忽视。”①

四、机构“内生化”倾向

研究机构的官僚化和内生化倾向是较为普遍的规律。包括大学、智库等在内的很多研究机构都在反复出现又反复克服这种倾向。一方面是通过引进外部人才克服“近亲繁殖”的弊端，另一方面是通过加强学术带头人的作用克服机关化和官僚化对学术研究能力的削弱。美国国家情报委员会作为美国联邦政府设立的战略研究机构，也无可避免地反复出现官僚化和内生化的问题。机构建立以来，已经发生过一次严重的内生化问题。通过机构大规模改组重设后得到克服。近年来

① P Tetlock P E. Expert Political Judgment：How Good Is It？How Can We Know？[M]. Princeton University Press，2009.

又出现了第二次内生化的现象，很有可能在未来一段时期进一步削弱该机构的研究能力和影响力，导致其面临第二次改组重造。

20 世纪 50 年代，国家情报委员会初创时期精英云集，创造了大量优质的战略研究产品。国家情报委员会虽公开称其正式成立于 1979 年，但其前身可以追溯到 1950 年成立的“国家评估委员会”（Board of National Estimates）。由于情报界在朝鲜战争前的许多情报评估中出现重大失误，新上任的中情局局长沃尔特·彼德·史密斯（Walter B. Smith）创立了该委员会，专责开展国家专业性情报评估。当时，“国家评估委员会”隶属于中央情报主任办公室，负责在政府范围内设计、协调对外国的潜在威胁及重大事件发展趋势的评估工作。该委员会当时从哈佛、耶鲁等名校召集了一批具有较高学术水平和社会声誉的“智者”，包括诺曼·布朗、费正清、尤金·安德森、科尼尔斯·李德等。他们给“国家评估委员会”带来了一种学术研究式的工作风格，也正由于这些学术精英在决策层中拥有较高声誉，因此在他们的监督下，评估性情报的生产工作开展得较为顺利。1950 年，“国家评估委员会”生产了第一份“国家情报评估”——《关于共产主义在菲律宾武装行动的前景预测》。

20 世纪 60 年代，该机构出现第一次内生化趋势，严重削弱了机构战斗力。“国家评估委员会”初创时，很多权威的学者直接进入白宫、国防部和国务院等机构，参与到决策及其执行过程中。进入 60 年代后，“国评委”的人员构成已远不如初创时期。这就造成了“国家评估委员会”与决策层相互隔离，高端情报产品与决策之间的脱节现象日益严峻。包括亨利·基辛格在内的许多政府内高层人士对该委员会的工作及其产品表达了强烈的不满。以至于到 1973 年 6 月，该委员会的主席被迫辞职。

安德鲁·马歇尔对于这一时期“国家评估委员会”出现的问题进行了较为细致的观察。1969 年，安德鲁·马歇尔查看了中央情报局的“国家情报评估”后，记录到：“‘国家情报评估’是‘国家评估委员会’研究与分析的产物，最早从 1950 年成立起，就是由国家评估办公室来负责的。该室最初由各种‘天才’或‘精英’组成，除情报人员外，还有一些‘局外’的能人。然而到了1960年以后，中央情报局为内部人前途计，不断地减少‘局外’人，而局内人大多在混日子、等退休，使得该室分析能力严重下降，以至于逐渐失去了过去引以为傲的客观性与应对能力。”马歇尔感叹到：“中央情报局并不理解尼克松与基辛格给他们定下的规则，也不知晓总统与他的顾问最想完成的事情是什么；尽管尼克松与基辛格更为关注他们的决策可能带来的长期影响，然而情报机关在分析时，却完全无视长期影响的存在。其结果众所周知——尼克松总统最终不得不下令彻底改组了情报机构。”①

1973年，新上任的中央情报主任威廉·科尔比（William J. Colby）改革了“国家情报评估”的生产流程。在科尔比看来，先前的“国家评估委员会”就像是一个与世隔绝的小岛，与国家的决策层离得太远。“国家情报评估”需要更高效的生产流程、专业研究和敏锐观点。为更好地满足决策者的需要并让整个情报界更好地参与“国家情报评估”工作，科尔比废除了“国家评估委员会”，而以国家情报官制度代替它监督、协调“国家情报评估”的生产。国家情报官的任用主要以专业以及负责领域为标准，他们多为某一特殊领域或地区的专家，主要来自中央情报局的情报分析处（Directorate of Intelligence），部分人员是国防部、各军种以及其他情报机构的精英。但是国家情报官机制运行得并不顺利，由于各个情报官相互独立，彼此之间缺乏沟通，因此在具体的评估工作中常常出现重复冗余的现象。在国家情报官负责“国家情报评估”期间，美国情报界出现了许多重大失误，比如对越南战争和苏联战略武器的评估失误等。

1979年，时任中情局局长斯坦斯菲尔德·特纳（Stansfield Turner）全面调整重组整个国家的情报体制，建立国家情报委员会，定位

① ［美］布雷德利·F·史密斯，宋静存译．美国战略情报局始末［M］．国际文化出版公司，1988：122．

于美国“中长期战略思考的中心”。特纳与时任美国情报界国家对外评估中心主任布鲁斯·克拉克（Bruce C. Clarke）和时任国家情报官理查德·莱曼（Richard Lehman）花费了数月时间，对如何重组国家情报官体制进行了深入调研。当年底，国家情报委员会诞生，国家情报官体制作为国家情报委员会的主体得到了保留，所有的国家情报官都隶属于国家情报委员会，在国家情报委员会主席的领导下开展工作。在新的体制下，国家情报委员会主席可以随时跟踪每个国家情报官的工作情况，从而避免了国家情报官时期情报工作重复冗余的现象。①

国家情报委员会前身的一些特点和传统一直延续到今天的国家情报委员会。较为典型的就是延揽高级学术人才的做法，例如1993年克林顿上台伊始，便任命著名国际关系学者约瑟夫·奈为国家情报委员会主席。再如，国家情报委员会还专门设有“情报界伙伴计划”（IC Associates），这些“伙伴”通常是来自高等学府、全球著名的私人公司和智库、某一地区或某一领域的专家。情报界“伙伴”的主要工作是充分利用专业知识帮助美国领导人更好地洞悉世界大势、掌控外交局面。②

但到2015年以后，国家情报委员会初步显现出第二次“内生化”的倾向。这也导致该机构可能在未来面临新的调整。2015年以后出现的类似于20世纪60年代至70年代初的内生化现象，其重要标志就是越来越多的国家情报委员会角色开始由内部产生，而不再延揽外部知名专家。这一趋势的出现和战略评估与趋势预判工作的开展相生相伴。国家情报委员会为此专门组建“战略未来”项目组，长期开展中长期战略评估与趋势预判工作。在《全球趋势2030》中首次公开提到该部门及其负责人发挥的主体作用，而此前的报告均由国家情报委

① Ford H P. Estimative Intelligence: the purposes and problems of national intelligence estimating [J]. 1993.

② https://www.dni.gov/nic/IC_associates.html（上网日期：2018年3月5日）.

员会主席或其副手层级的高层人士亲自负责。《全球趋势2035》的主笔人转为“战略未来”项目组的负责人，反映出该部门的重要性逐步上升，其战略预判工作的逐步成熟也是引发“内生化”趋势的一个重要决定因素。但这也显然改变了国家情报委员会吸收外部权威学术精英服务国家最高战略咨询的机构设置初衷。例如，艾米·麦考利夫（Amy McAuliffe）2016年10月接替特雷弗顿出任国家情报委员会主席。麦考利夫曾担任国家情报总监办公室的“总统每日简报”团队负责人，中情局中东和北非部门分析人员。时任国家情报总监克拉珀在宣布艾米·麦考利夫就职国家情报委员会主席时称，“艾米在中情局工作超过20年，在分析产品部门、中东和北非分析部门以及国家情报总监‘总统每日简报’团队的领导管理方面做出了杰出贡献。艾米持有美国圣母大学、美国大学和海军陆战队大学的学位。”《全球趋势2035》的主持人苏珊娜·弗赖伊（Suzanne Fry）也是人员内生化的重要代表。与其前任均有在公开渠道发声完全不同，在公开来源的信息中几乎见不到她留下的痕迹。2015年她以“战略未来”项目组负责人的身份陪同国家情报委员会主席格雷戈里·特雷弗顿走访了哥伦比亚大学国际和公共事务学院，中情局在该学院的驻校官（CIA Officer – in – Residence）彼得·克莱门特教授主持了该活动。弗赖伊在与学生交流中称：“视角越多样化，我们越能够避免成为战略突发性事件的受害者。”[①] 2017年2月7日苏珊娜·弗赖伊主持《全球趋势2035》的发布会时称，她曾有幸在上海的中国浦东干部学院学习和生活过。这就是她为数不多的公开见报。可见，至少在近几年内，国家情报委员会及其战略评估与趋势预判工作的负责人均是长期在该系统内成长起来的“土著”，其经历更加单一。虽然长期从事该工作，使其专业性更强，但缺少在学术领域的成长，没有在更多国家机构中交流历练的经历，也不具备足够的学术权威性和影响力，都将是其相比

① https：//sipa. columbia. edu/news/national – intelligence – council – officials – discuss – global – trends – report（上网日期：2018年3月5日）.

于前辈们的短板。

第二节　美国战略预判的经验和教训

通过“解剖洋麻雀”，总结其经验和教训，进而为我所用、谋国虑远是本研究的基本出发点之一。世界主要大国普遍将战略评估与趋势预判预置于国家安全战略的谋划和制定之前。尤其是美国形成了相对更加稳定的体制机制、力量布局和研究方法体系，并经过较长周期的实践检验，反映出了一些相对可靠的经验和较为明显的教训。其中一些相对成功的经验，如建立健全国家安全战略及其研判体系、形成良好的战略研究布局、进行科学研究设计等，对我国未来进行战略谋划、开展高质量的战略评估与趋势预判具有较好的借鉴意义，有助于在开展实际工作前把握方向。在长期实践过程中，也暴露出一些较为明显的缺陷，如研究片面性、思维定式和机构官僚化等，如果我国能够在未来的实际工作中尽可能加以避免，将有助于我国掌握后发优势，在大国竞争中获得战略谋划的主动和领先地位。

一、建立健全国家战略体系及其研判与规划力量布局

首先，要规划好战略体系的层级，建立国家总体战略、分领域战略和部门、行业战略的不同层级，加强各层级战略对表，形成流畅的战略分解和贯彻实施体系。将对国家战略环境进行系统的战略评估和趋势预判，作为制定战略的主要依据之一。建立分步实施的国家战略评估、预判、决策和实施体系。建立稳定的国家战略出台计划，设计好各层各级战略文件的研究、制定和发布的秩序及相互指导关系。

在此基础上，以维护国家利益、实现战略目标为出发点，打造系

统、科学、全面的战略研究和决策体系，形成协同合作、多方印证、多元汇集、多领域支撑的战略评估与趋势预判成果体系，对国家安全战略“评估—预判—决策”全流程进行指导和辅助。从组织机构、研究领域和研究周期三个维度做好战略评估与趋势预判的统筹工作。尤其是统筹好国际与国内、国防和军事与综合性战略研判的配合与协作。对综合性的国家安全威胁进行中长期评估与预判，指导国家建立更加稳健、可持续的战略。同时形成多样化的研究和成果体系相互配合、支撑和印证的局面，最终共同辅助总体国家安全战略的规划和决策。

最重要的是，要打造国家级的国家安全战略环境评估与预判机构。战略预判的根本出发点和核心价值是辅助最高战略决策，因此，建设免于部门利益和特定集团利益的国家级战略咨询机构尤为重要。一是该研究的总负责人就是国家最高层级的战略和政策分析负责人。二是通过制度安排，保障决策咨询服务的职权、研究任务部署和沟通渠道，确保其战略预判成果在决策层发挥积极影响。三是该机构的内部架构应形成横纵交叉、全球覆盖、全域覆盖的战略研究布局。地区国别与问题研究密切配合的机构设置是战略研究的基本范式和基础支撑。四是该机构的终极目标是服务国家最高战略决策，将开展战略评估与趋势预判作为一种综合性的国务研究活动，不集中于特定领域。五是不带有特定集团利益，不针对特定行业领域，不预设研究目标和结论，力争形成更客观、准确、可靠且富于远见的战略研判成果。六是对社会力量参与其研究形成号召力，汇聚广泛智慧。

二、培育战略研究力量、塑造战略文化环境

首先，要塑造复合多元的战略评估与趋势预判成果体系及其附加影响。战略预判和评估工作可以作为一项公开研究，形成一个品牌窗口，发挥一种资源汇聚、交流平台的作用，帮助积累更多的资源和成果。其研究成果往往不止于出台一份报告，而是打造一个内部成熟、

专业、稳定的跨学科专业化团队，形成一个内外联动的跨部门、跨领域研究网络，共同构成一个相对稳定的战略评估与趋势预判体系，往往还能够扮演政府与社会各界的国家安全战略决策咨询桥梁。同时，借助该报告的研究和推广，还能够实现对各方力量的影响以及对战略目标和价值观的宣传。因此，这些研究成果不止于实体产品，而是产生附加的价值，在一定程度上具备独立遂行特定战略谋略等任务的基本条件。此外，还要在实践过程中积累方法和经验，培养人才团队，依靠领军人物，发挥内外战略影响。

其次，要广泛吸收外部资源和力量。一是将更多领域的先进成果和权威专家整合到战略评估与趋势预判的进程当中，汇聚内外资源、提升研究质量、避免闭门造车，从而丰富研究成果的综合性和整合能力，达到内外统筹、广泛调研、公秘结合的组织形态。二是尤其重视整合有权威性和影响力的专业人员和前沿先进技术，为国家最高战略决策提供咨询服务。三是形成社会委托研究的布局，为国家战略研判与规划提供辅助性力量支持。

最后，要培育良好的战略研判文化。一是加强战略规划意识，不拘泥于处理当下的紧急事务，形成对中长期战略规划的决策需求。二是客观看待战略研判中的不确定性和失误。三是避免“先入为主”的判断，突破思维定式，有计划地对倾向性的假定进行挑战。

三、建立科学、系统的研究范式、方法和组织实施体系

第一，在研究的前期组织环节进行认真的总体设计，做到四个“先行”。一是国家利益先行。将国家核心利益及其主要威胁确立为战略研判任务的根本出发点，在实施之前建立对意识形态安全、价值观安全等首要国家安全利益的明确认识，并在实施过程中及时合理调整对国家利益的认知。在研究的全程贯彻为国家最高战略决策服务的根本宗旨，突出紧密围绕国家安全战略决策的核心任务。二是组织先

行。从立项开始，就对组织研讨、运用外部力量等进行系统部署。跨部门、跨领域、跨学科的合作是美国战略评估与趋势预判提供的有益经验。最好有一位专门的业务负责人负责组织研讨会议和外部力量的参与，以及其他保障工作，但不介入核心团队的业务工作。三是方法先行。前期组织不仅仅局限在研究具体问题，而应首先对战略评估与趋势预判的理论和方法进行系统的调研、咨询和引进。四是反思先行。通过建立研究的持续性体系，不断在反思和改进中提高研究的水平。在研究前期应组织对此前研究成果及其它内外成果的回顾和反思，尤其是对其与现实发展的情况进行比对，聚焦于其中的误判，剖析在理论、方法和组织层面的原因，并在研究设计中进行改进。这也是避免简单吸收外部成果和经验，丧失研究独立性的关键举措，有助于形成独立的方法体系。

第二，“核心—外围—核心”的组织流程可资借鉴。一是组建核心团队，任命胜任的团队负责人。项目负责人对整个项目的成败至关重要，对项目起到引领性作用。其知识背景、研究履历和人格个性都将对最终产品产生决定性影响。二是根据研究内容和研究方法设置好横纵交叉、内容与方法互促的分组，形成相互配合提升的高效协作机制。三是有计划地从出台一份报告到构建一个体系、形成一种影响、完成一类战略目标的转变。在内部完成框架设计和主体内容后，可以有计划地逐步在内、外和国际范围内进行交流碰撞，以召开研讨会等形式与各方精英人士沟通。既是对报告进行充实完善、吸纳有益的观点和信息，又是对报告所持的方法论、意识形态和战略观点进行的广泛传播。最终在实现对政府各部门、战略决策层形成战略影响力的同时，通过抛出议题、抬升热度、试探影响等一系列方式，在全球范围对各国精英人士和政府造成一定的影响，从而将外部力量调整到符合自身国家安全需要的频道上来，塑造和影响全球趋势向有利的预定方向发展。此外，还应有计划地借助信息化平台、战略推演等方法进一步扩大交流范围和参与程度。四是在最核心的范围内综合提炼成果，形成服务最高决策的内部成果。

第三，应该建立仿真模拟、情景分析和稳健决策相结合的“评估—预判—决策”方法体系。美国战略评估与趋势预判的“评估—预判—决策”三步研究方法体系可以借鉴。评估、预判与决策三个环节密不可分，又相互支撑。一是以量化计算和趋势外推为基础的仿真模拟方法虽有其局限性，但仍是不可或缺的基础性方法。没有扎实的评估，就没有战略研究。正面与反面因素，历史的继承与变革，阶级的分辨与分析，就是一种净评估，即全面的、辩证的分析与评估。[①] 因此，要建立核心分析因素体系，通过实践检验，保持较为稳定的框架。二是情景分析是评估和预判关键不确定性的重要方法，在实践中逐步发展为战略评估与趋势预判的核心方法之一。三是稳健决策是目标所在。稳健决策是提供切实可行的决策支持的关键一招，必须对决策建议的集合进行预测性检验，以采取最合适的政策应对未来可能发生的事态。战略决策的稳健性和国家的抗打击能力是维护国家核心利益安全，保证国家稳定、发展的关键基础。

最后，形成符合本国战略需要与特点的战略评估与趋势预判研究体系。一是聚焦应对突发事态的战略预警。应对突发性的局势转折是国家安全战略谋划的重要任务，必须高度重视历史的不连续性。二是强化决策导向。开展战略评估与趋势预判的关键在提供切实可行的决策支持，这也决定了战略趋势预判的实质是一种决策分析与决策辅助行为。因此，战略预判不止于对客观现实风险的评估分析环节，即观察、理解和掌握影响未来变化的因素，更与战略决策深度相关。三是把握和引领相关研究的发展方向。在美国国家情报委员会的推动下，情景分析与稳健决策的融合发展成为战略评估与趋势预判的未来方向，并开始向企业和社会研究领域推广。四是持续改进研究方法和技术辅助手段。美国的经验反映出，借助信息技术搭建交互平台、开展战略推演等创新举措对研究的持续改进起到关键作用。

此外，还需特别注意的是，应在科学方法与谋略艺术之间找好兼

---

① 陈启达. 多维的世界与多维的思维［M］. 时事出版社，1999.

顾之策。一方面，“方法化”是西方科学与技术的基本范式，也是战略研究可靠性的基本保证。个体的自发研判不足以成为现代国家战略规划的依凭。国家安全战略研判不能依赖于侥幸的先知，必须有方法的支持。历史和现实都表明，虽然有极少数伟人和智者在特定环境下依靠个人智慧实现过成功的战略预判，但绝大多数开展战略研究、实施战略预判仅依靠个人是很难做到。因此，科学、系统、可靠的方法就是保障战略预判基础性质量的关键所在。有法可依、有例可循，就能够帮助战略研究和预判人员更加高效地工作，为决策者提供更有价值的战略预判成果。另一方面，战略不仅需要一定周期内相对稳定的规划，更需要灵活谋划。战略是国家间博弈的艺术，虚实有无之间，方得谋之精要。这些范式、方法、机制仍然需要根据实际情况进行及时和适当的调整。本书对美国战略预判中的方法进行了较为系统的研究和描述，但并不代表战略研究就应该循规蹈矩、照此实施。很多成功的战略预判并不是在方法的条条框框下实现的，墨守成规的战略预判也不乏失败案例。“形兵之极，至于无形。无形则深间不能窥，智者不能谋。故其战胜不复，而应形于无穷。故兵无常势，水无常形。能因敌变化而取胜者，谓之神。”①

四、应吸取的教训与避免的误区

第一，要高度重视研究方法中变量选取的合理性和综合性问题。变量选取的质量直接决定战略评估的准确性，影响到结论的可靠性，最终关系国家安全战略决策。美国国家情报委员会20余年的经验反映出选取核心研究因素是研究的关键所在，但也暴露出不全面、不综合、不深入等问题。一方面是西方研究范式的通病所致，另一方面也是其方法的客观局限性造成的。由于高度依赖专家访谈，以及在此基础上由小范围工作组开展研究。这种劳动力密集型方法，客观上造成

① ［春秋］孙武．十一家注孙子校理：虚实篇［M］．中华书局，1999.

了能够参与的人数量有限，导致研究失真的情况出现。抓住主要矛盾，而不是摆弄其中的个别事实，是马克思列宁主义哲学所提倡的做法。因此，要坚持用马克思主义指导战略研判，提高研究的综合性和全面性，加强组织结构的合理性，并借助先进技术辅助，克服“以偏概全”的误区。

第二，要高度关注破除意识形态和思维定式的禁锢。一方面，在人员构成方面的同质化程度太高有可能限制战略研判的视野和客观性。以欧洲事务研究专家主导的美国国家情报委员会战略研判工作，就因为人员同质化造成了意识形态和价值观先入为主的局面，影响了研究的客观性。另一方面，过度的方法化倾向也是造成思维局限性的重要因素之一。以简单系统为对象的近代科学研究方法在研究社会问题时存在客观局限性。国家情报委员会虽一直试图通过方法创新和技术辅助克服其研究中的思维定式，但其实质仍是西方近代科学的研究范式。即使插上各种技术的翅膀，附加很多新方法的辅助，也不能改变这种研究范式的缺陷。甚至恰恰是方法的复杂化发展，以及循规蹈矩的研究方式，造成了研究向特定的方向发展。因此，必须在方法创新的过程中，全面破除固定思维模式的不利影响。

第三，应尽可能避免战略研判被利益裹挟及“政治化”的倾向。分析客观性与政策有效性存在自然的矛盾，其原因在于决策咨询既需要服务于决策，又需要超脱于决策。其结果就导致了战略研判很容易受到利益裹挟，出现“政治化倾向”。[①] 一方面，很多机构都试图影响决策，既包括政府部门和官方智囊，也包括民间智库、企业和个人。其中很多带有自身利益，这些机构之间往往也形成竞争关系，其成果也难免存在一定相互竞争关系。因此，在进行国家战略咨询的过程中，对这些研究成果必须经过甄别和筛选。其最终的采纳方案应该是由国家组建的顶级战略研判机构所形成的超脱、科学、客观的研究

① ［美］约书亚·瑞夫纳，张旸译．锁定真相：美国国家安全与情报战略［M］．金城出版社，2016：24.

成果。另一方面，战略决策对辅助性研判的需求并不是一成不变。决策层将其战略思路和意志加入战略研判，很大程度上影响了国家情报委员会一些报告的科学性，降低了作为客观、超脱的国家安全战略评估与趋势预判成果的可靠性。必须通过体制机制，克服这种不利影响，将战略意志融入战略研究的组织实施，而不是介入其研究进程和研究结论。

第四，尤其应吸取国家情报委员会两次内生化的深刻教训，避免国家战略研究机构自然发生的官僚化倾向。专家治研是战略研判机构的战斗力所在，对于战略研判工作的有效开展具有关键意义。一方面，“聚天下英才而用之”，应该为资深分析人员或知名学者专家提供国家最高决策咨询机构的“旋转门”，这既是个人的机遇，也是国家的幸事。另一方面，降低官僚化程度的机构设置是战略研判机构保持专业性和战斗力的重要保障。

此外，尤其应当重视、借鉴及警惕的是，美国通过较为成功的制度、方法和组织实施方式设计，将战略评估与趋势预判研究打造成了一种对国外智力资源进行有效运用的手段。一方面，美国国家情报委员会通过海外调研、合作研究、现场沟通交流、网上意见采集等方式，不仅将盟国体系内的战略研究力量凝聚到美国的中长期战略评估与趋势预判体系之中，也将很多有较大影响力的区域性强国和新兴发展中国家的战略研究力量吸纳在其体系周围，为其服务本国核心战略利益而开展的所谓“全球性”“学术性”趋势研究提供智力和信息支持。另一方面，美国也成功通过这种方式影响了目标国家的战略研究人员的思维方式、信息渠道和威胁认知，尤其是对未来发展趋势的看法，从而实现不只研究未来，更能主动影响和塑造未来。美国的趋势分析和风险评估体系是以美国国家核心利益为根本出发点的，其指标选取、分析范式和研究方法都浸润着美国的国家安全利益、价值观和意识形态。这种观念一旦被不经分辨地接纳，会潜移默化地将服务于美国国家利益的战略思维方式和战略性判断引入为本国战略决策而开展的战略研究业务当中，最终成为美国国家利益的“代言人”，对本国的国家战略安全造成极大的风险和挑战。

本章小结

“全球趋势”研究出现的主要问题包括研究不够全面、对历史的不连续性重视不足、存在一系列思维定式和意识形态影响等问题。国家情报委员会的人员构成和变动情况也对上述问题造成了不利的影响。“政治化”“内生化”等趋势还有可能进一步危及该机构的权威性和成果影响力，使其面临“第二次危机”。

美国的战略评估与趋势预判经验反映出，建立健全国家安全战略及其研判体系、形成良好的战略研究布局、进行科学研究设计具有重要的意义，而研究片面性、思维定式和机构官僚化等问题在开展战略研判的过程中值得警惕。尤其还应重视、借鉴及警惕的是，美国将战略研判活动作为载体，汇聚国外智力资源、影响目标国家的战略研究力量，从而引入外部智慧、输出本国意识形态和价值观，最终内外双向服务于美国国家利益。

第九章

中华文化中优秀的战略预判传统

"夫立策决胜之术，其要有三：一曰形，二曰势，三曰情。形者，言其大体得失之数也；势者，言其临时之宜、进退之机也；情者，言其心志可否之实也。故策同、事等而功殊者，三术不同也。"①

——司马光

（《资治通鉴》）

中国有悠远深厚的战略评估与趋势预判传统，长期重视战略谋划，讲究"运筹帷幄之中，决胜千里之外"。尤其是重视战略研判与谋划，讲究"庙谟成算，所以先计取胜，出万全而必无败，盖无形之大者也"②。在长期战略实践中，中国形成了独具特色的优秀战略评估与趋势预判文化，拥有独特的战略预判与评估理论和方法体系。很多脍炙人口的战略研判案例妇孺皆知、家喻户晓。但是少有将这些案例与现代战略评估、预判与决策体系进行比较分析的。

① ［北宋］司马光．资治通鉴：第十卷［M］．岳麓书社，1990，汉纪二·汉高帝三年．

② ［南宋］范浚．香溪集［M］．商务印书馆，1985．

第一节　以“隆中对”为代表的战略研判与决策实践

《三国志》记述的《隆中对》为世人传唱，其研判的过程就是典型的“评估—预判—决策”体系，是一种基于战略评估与情景分析开展的战略研究实践。

> 自董卓已来，豪杰并起，跨州连郡者不可胜数。曹操比于袁绍，则名微而众寡，然操遂能克绍，以弱为强者，非惟天时，抑亦人谋也。今操已拥百万之众，挟天子而令诸侯，此诚不可与争锋。孙权据有江东，已历三世，国险而民附，贤能为之用，此可以为援而不可图也。荆州北据汉、沔，利尽南海，东连吴会，西通巴、蜀，此用武之国，而其主不能守，此殆天所以资将军，将军岂有意乎？益州险塞，沃野千里，天府之土，高祖因之以成帝业。刘璋暗弱，张鲁在北，民殷国富而不知存恤，智能之士思得明君。将军既帝室之胄，信义著于四海，总揽英雄，思贤如渴，若跨有荆、益，保其岩阻，西和诸戎，南抚夷越，外结好孙权，内修政理；天下有变，则命一上将将荆州之军以向宛、洛，将军身率益州之众出于秦川，百姓孰敢不箪食壶浆以迎将军者乎？诚如是，则霸业可成，汉室可兴矣。[①]

这段论述的基本观点是，诸葛亮通过战略研究，对当时的天下大势做了评估和预判，认为刘备可以占荆州、益州，在此基础上悉心经营可以实现三分天下。其分析方法是从历史出发，分析当前的战略格局是“豪杰并起，跨州连郡者不可胜数。”随后，对当前战略态势进行评估，

① ［西晋］陈寿．三国志：诸葛亮传［M］．中华书局，1982.

客观分析敌我各方的实力与战略优劣，并分析了各方的主要矛盾，据此形成对战略态势的总体评估，即“不可与争锋”和“可以为援而不可图”。随后进行情景想定，即“若跨有荆、益”；并对突发性事件进行情景分析，即一旦“天下有变”。在此情景下提出政策建议，即应实施“荆益双核”的国家战略，占据荆州、益州，将其经营打造为双支点，形成稳定的战略布局。对《隆中对》“安全战略”思想的有效贯彻执行，保证了蜀汉兴于乱世，与魏、吴“三分天下”。①

这实际上就是中国古代一个典型的国家战略评估与趋势预判。诸葛亮的研判具备战略研究的各种关键要素，包含着对历史经验和战略格局的分析，对各方的实力评估，对未来和危机情景的想定，对战略方案的检验。仅就刘备一方而言，获得这样的战略评估、预判与决策建议之前，刘备常年奔走漂泊，由于“智术浅短”而几无战略谋划，以至于“遂用猖蹶，至于今日”；得到了这样的战略决策建议后，刘备就获得了的经略西蜀、成就霸业的远景战略蓝图。可见，成功的战略评估与趋势预判及在此基础上的战略决策对战略安全与发展有着何等重要的意义。这样的案例还有很多，在中国历史的发展中发挥了关键影响，在很多关键历史时刻影响了重大事态的走向。

但是这种战略研究仍然非常原始，只能说中国传统文化中有这种元素，而不能将其作为范例来学习。这种研究是个人完成的，既没有集成许多谋士参与角色扮演，也没有现代方法和技术作为辅助。毛泽东就曾批评诸葛亮的战略研判是误国之策：“其始误于隆中对，千里之遥而二分兵力。其终则关羽、刘备、诸葛亮三分兵力，安得不败。”② 也就是这种以荆、益为双支点的战略的稳健性并不佳，虽然可以应对“天下有变”，但是并不能应对“千里之遥而二分、三分兵力”的困局。

---

① 陆忠伟．把脉世界［M］．中央编译出版社，2009：3.

② 中央文献研究室．毛泽东读文史古籍批语集［M］．中央文献出版社，1999：106.

第二节　由“五事七计”要素构成的“庙算”战略研判方法与实践

早在春秋战国时期，诸子百家就已经非常严肃地论述了战略评估与趋势预判的具体方法，倡导国家战略决策要依凭于战略研究。孙子兵法开篇就论述这种战略分析框架。《孙子兵法·始计第一》：

> 故经之以五事，校之以计，而索其情：一曰道，二曰天，三曰地，四曰将，五曰法。道者，令民与上同意也，故可以与之死，可以与之生，而不畏危。天者，阴阳、寒暑、时制也。地者，远近、险易、广狭、死生也。将者，智、信、仁、勇、严也。法者，曲制、官道、主用也。凡此五者，将莫不闻，知之者胜，不知者不胜。故校之以计，而索其情，曰：主孰有道？将孰有能？天地孰得？法令孰行？兵众孰强？士卒孰练？赏罚孰明？吾以此知胜负矣。

孙子兵法开篇所讲的“五事七计”，五事即“道、天、地、将、法”，分别指政治、天时、地利、将帅素质、军事体制等五个方面。而“七计”是由“五事”演绎而来，是指从七个方面，即双方政治清明、将帅高明、天时地利、法纪严明、武器优良、士卒训练有素、赏罚公正来分析敌我双方的情况。以“五事七计”为中心的战略评估与趋势预判思想，即“庙算”，是对国家间硬实力对比和对抗规律的总结。通过对以上因素的综合分析和权衡比较，看清双方战斗力的强弱，了解彼己胜负的趋势，就能得出“吾以此观之，胜负见”的战略评估与趋势预判成果。《孙子兵法》在这样的分析框架基础上，提出了战略研究的基本组织形态“庙算”：

> 夫未战而庙算胜者，得算多也；未战而庙算不胜者，得

算少也。多算胜，少算不胜，而况于无算乎？吾以此观之，胜负见矣。

所谓“庙算”，正是一种在国家战略层面开展的分析评估和战略预判的国务活动。“古者兴师。命将必致斋于庙。授以成算，然后遣之。”① “人主议战于庙堂之上，兵形已成，然后付之于将，是谓庙谟。”② 可见所谓“庙算”，就是决策者在战略决策的会议上对战略环境与态势进行的周密分析，对决策进行预先检验，形成国家战略决策，然后才付诸实施。“庙算”就是对“道、天、地、将、法”五个主要战争决定因素的评估。“选将、量敌、度地、料卒、远近、险易，计于庙堂也。”③ 这种“庙算”的思想与量化计算的战略评估思想相近，因此也有学者认为“净评估”就是“庙算”。④

第三节　中华文化中的“沙盘推演”

推演方法是美国战略决策文化中的关键一环，是战略预判的核心方法之一，同时也日渐成为全球主要大国开展国家安全战略评估与趋势预判争相发展的重要手段。美国在创建和发展“净评估”方法的过程中，就大量运用推演方法研判军事态势和战略走向，最终该方法也成为美国国防战略研判的关键支柱。在“全球趋势”研究中，美国国家情报委员会通过长期实践，也在2010年以后逐步引入了推演方法，并使之扮演日益重要的关键角色，对推进研究向纵深发展所起到的核心支撑作用逐步凸显。

时至今日，推演不仅是一种“实战模拟”，更是一种决策文化。这种文化从19世纪初普鲁士的冯·赖斯维父子发明了现代兵棋（War

① ［春秋］孙武．十一家注孙子校理：张预注孙子［M］．中华书局，1999.
② ［南宋］范浚．香溪集［M］．商务印书馆，1985.
③ ［东汉］曹操．曹操集：孙子注［M］．中华书局出版社，1974.
④ 钮先钟．中国古代战略思想新论［M］．安徽教育出版社，2005.

Game）开始，就逐渐浸透在西方国家的各种战略决策体系中。一战中的德俄战役，二战中德国的闪电战、潜艇战，都与推演有重要关系。1929 年，德国的曼施泰因将军将政治、外交、政策方引入兵棋推演之中，将推演上升到了国家政策、战略、外交等更为宏观的层面。此后，菲尔德·布隆伯格元帅设计了战略级兵棋，用于研究当时军事、政治形势，考察周边国家外交和政策走向，研究其给德国带来的影响。1940 年，日本专门创建了“总体战研究所”，进行“政治—军事类型的分析类”推演。

二战以后，西方国家将战略推演作为一种战略决策文化，在各决策部门广泛推行，从四个主要方面服务国家战略研判与决策。首先是服务国家中长期战略规划。美国的“全球趋势”实践就是其中的重要代表之一。此外，英国、德国、澳大利亚等国也有类似的实践。其次是应对极端情况和重大突发事件。借助战略推演，决策者可以检验应对危机的准备是否充分，查找政策漏洞，并在推演过程中发现潜在战略风险，关注“意想不到”的情况，进而完善危机应对策略。再次是为即将推出的重大战略和政策提供仿真检验环境，对其可能引发的系列连锁反应进行“模拟实验”，测试各方反应和可能后果，以便检验、修正和完善决策方案。最后是识别战略欺骗。“冷战后期国际战略的一大创造，是‘战略误导’。这是和平时期最高级的冷战形态。信息化时代的到来，为战略误导提供了更加有力的技术支持。战略误导带有目标明确、长期经营、全面实施、多个方向并进的特点，通过综合运用政治、经济、军事、科技与文化等手段，采取正面对抗与侧翼迂回相结合、威胁与利诱相结合，使国际竞争对手在战略判断和国家发展政策上都出现失误，以达到逐渐消耗、削弱和涣散对手，最终使其自行瓦解的目的。”① 诸如苏联解体等 20 世纪影响深远的重大国际政治事件深刻反映了战略欺骗已近登峰造极，深刻影响着国家战略走向。“撇开美国的政策来探讨苏联的崩溃，就如同侦破一起突然、意

① 李际均．中国军事战略思维［M］．中港传媒出版社，2015，p. 87.

外和神秘的死亡案件时，不追究谋杀的可能性。……1980年初，里根政府正式启动了加速苏联崩溃的秘密战略——‘通过盟国并利用多种方式进行的无声战争’。”① “苏联在70年代后期，发动全球战略攻势。美国则提出‘星球大战’计划（实际上，美国当时并没有打算、也没有能力实现这个计划），诱导苏联进行军备竞赛，使苏联每年增加4%的军费。80年代中期，苏联国防开支占国内生产总值的比重是美国的三倍，显然难以为继。”② 此后，美国长期在重大国际战略实践中运用战略欺骗手段。例如，美国开展海湾战争不仅具有高技术的特点，而且具有战略误导的特点。③ 战略推演是识别和防范战略欺骗最重要的有效手段之一。通过将战略互动投放在仿真环境中进行模拟，可以较为有效地甄别战略意图，确定战略动机，分析战略能力及目标。

近代以来，我国引进、学习和发展西方的推演方法既迟且缓。直到洋务运动时期，推演才作为军事训练方法被引入中国。1898年，张之洞在《劝学篇·外篇·兵学第十》中提出将“兵棋”和“战图”作为训练军事指挥人员的重要手段。“将领教偏裨之法有二：曰兵棋，曰战图。兵棋者，取地图详绘山水道路林木村落，以木棋书马步各队，将校环坐，各抒己见，商榷攻守进退之法。”④ 到民国中后期，受战争环境影响，国民党军队开始较为集中地引进德国兵棋推演方法。1938年12月，国民党军队出版了《沙盘及兵棋之教育》。⑤ 1941年9月，经张治中将军批准，国民党军队翻译出版了德国可亨豪生（Co-

① Schweizer P. Victory: The Reagan administration's secret strategy that hastened the collapse of the Soviet Union [M]. Atlantic Monthly Press, 1994.

② 李际均. 中国军事战略思维 [M]. 中港传媒出版社, 2015: 88.

③ Clark R. The fire this time: US war crimes in the Gulf [M]. New York: Thunder's Mouth Press, 1992.

④ [清] 张之洞. 劝学篇评注 [M]. 大连出版社, 1990.

⑤ 中央陆军军官学校教育处. 沙盘及兵棋之教育 [M]. 中央陆军军官学校教育处, 1940.

henhavseu）中将所著的《图上战术与兵棋》一书。[①]

然而实际上，推演并不是舶来品。长期以来，我国战略界将推演作为一种西方科学研究方法看待，在理论、方法和技术层面都采取学习、探索和逐步改进的发展策略，近年来取得了一系列重要发展。但推演本身并不是西方科学方法的创举，只是在近代高潮迭起的国际政治和战争实践中积累了较为充分的经验。在学习这些先进经验的同时，必须从中国传统推演文化中汲取营养，推动形成中国特色的战略推演文化、理论和方法体系。中国传统战略文化中有极为悠久的“沙盘推演”传统，且在长期的斗争实践中形成了很多先进的战略推演文化。早在汉代，就形成了“推演”的理念和语言用法。最早可见于汉代陆贾在《新语·明诫》中所说的“观天之化，推演万事之类”。[②]到三国时期，推演就已经明确成为军事运筹的方法。《三国志·蜀志·诸葛亮传》记载了“推演兵法，作八阵图”的故事。[③]类似的方法虽然最初不称为推演，但至少在两汉之间就已经开始得到普遍的运用。例如《后汉书·卷二十四·马援列传》：

> 八年，帝自西征嚣，至漆，诸将多以王师之重，不宜远入险阻，计冘豫未决。会召援，夜至，帝大喜，引入，具以群议质之。援因说隗嚣将帅有土崩之势，兵进有必破之状。又于帝前聚米为山谷，指画形势，开示众军所从道径往来，分析曲折，昭然可晓。帝曰：「虏在吾目中矣。」明旦，遂进军至第一，嚣众大溃。[④]

这个故事讲的是汉光武帝刘秀欲西征在甘肃天水附近的隗嚣，受

---

① 可亨豪生著，冯德彪．图上战术与兵棋［M］．军用图书社，1942．参见刘源．兵棋与兵棋推演［M］．国防大学出版社，2013：6．

② ［西汉］陆贾．新语校注［M］．中华书局，1986．

③ ［西晋］陈寿．三国志：诸葛亮传［M］．中华书局，1982．

④ ［南朝］范晔．后汉书［M］．中华书局，1965．

到将领们的一致反对。汉伏波将军马援连夜赶到后，用米制作沙盘，亲自在国家最高统帅面前开展了关于进攻隗嚣的沙盘推演，并展示了作战方案，揭示了其中的难点和重点，最终反映出了取胜的确定性结果。这番沙盘推演让最高决策统帅对战场形势和作战方案了然于胸。并最终通过胜利作战的检验，证明了此次沙盘推演的正确性和有效性，也证明了沙盘推演在军事作战和最高战略决策中的关键作用。可以说，马援的“米盘推演”是中国历史上一次经典的沙盘推演实践案例。

但马援的“米盘推演”还不是中国历史上最早的推演，甚至其精彩程度也在中国优秀的推演文化和大量历史实践案例的映照下变得并不那么熠熠生辉、光彩夺目。《墨子·公输》：

> “公输盘为楚造云梯之械，成，将以攻宋。子墨子闻之，起于鲁，行十日十夜而至于郢，见公输盘……子墨子解带为城，以牒为械，公输盘九设攻城之机变，子墨子九距之。公输盘之攻械尽，子墨子之守圉有余。公输盘诎……楚王曰：‘善哉！吾请无攻宋矣’”①

这段故事讲的是春秋霸主楚国因为拥有了先进的进攻性武器，而产生了吞并小国宋的战略动机和意图。墨子见到楚王后，与制造进攻器械的关键人物公输盘当面对质，以打消楚国攻宋的念头。墨子采取的办法就是“沙盘推演”。他把腰带解下来作为城池，用桌上的碗筷作为攻城器械。公输盘在这个沙盘中投放了九种可能的进攻情景及作战方案。墨子每次都成功将其拒止。在公输盘作战手段殆尽之时，墨子仍可以拿出更多的防守策略，从而迫使公输盘在推演中认输。这场“沙盘推演”的结果可谓彪炳史册，不仅打消了楚国并吞宋国的战略企图，挽救了宋国及其人民于战争水火，还极其精彩地揭示了数千年

---

① ［春秋］墨子. 诸子集成［J］. 上海：上海书店出版社，1986.

后军备控制思想中的“攻防理论”的精髓，通过“拒止威慑”成功实现慑战、止战。

显然，这已经达到了推演的至高境界。它已不止于将推演运用于一国的战略研判与决策，而是在更高层次、更广领域上发挥了更加重大的战略作用和更具伟大“兼爱非攻”意义上的人道主义和和平价值。冯友兰读到此处就曾感叹：“这段故事若是真的，倒是为当今世界解决两国争端，树立了良好榜样。战争不必在战场上进行。只要两国的科学家、工程师把他们实验中的攻守武器拿出来较量一番，战争也就不战而决胜负了!”① 事实也正是如此，墨子的推演方法在2500年后仍然发挥着现实作用。这就是当今世界主要大国开展的“红蓝”对抗推演的原型，可以用于应对战争和危机事件，具有多方面的重大战略意义。例如，2014年全球核安全峰会上所进行的多国联合核安防危机推演，就是这样一种战略互动的具体实践。另一个典型的案例是中美两国共同举行的危机管理研究。1999年，中美两国在智库层面设立了危机管理项目，中国国际战略研究基金会与美国卡内基国际和平基金会共同组织“中美安全危机管理研讨会”。② 中美两国学者基于各自国家利益，从对1990年海湾危机的尝试性研究起步，到研究历史上的两国危机事件，再到研究未来可能发生的危机，两国学者以两国安全危机为中心，对包括危机管理模拟、危机预测在内的广泛危机管理议题进行了探讨，取得了许多积极成果，对双方完善危机管控预案和危机沟通渠道发挥了关键作用。

推演作为一种重要的战略预判方法，在现代科学技术的支撑下，已经发生了较为根本的改进。现代意义上的战略推演，是指借用技术手段，通过多方角色扮演，按照一定情景想定，对总体战略趋势、重

---

① 冯友兰. 中国哲学简史 [M]. 北京大学出版社，2013，52.

② 张沱生，史文. 对抗·博弈·合作：中美安全危机管理案例分析 [M]. 世界知识出版社，2007. Swaine M D，Zhang T，Cohen D F S. Managing Sino - American crises：case studies and analysis [M]. Carnegie Endowment for International Peace，Hopkins Fulfillment Service，2006.

大战略决策和挑战以及当前政策可能存在的漏洞等，进行沉浸式研讨和对抗模拟，发现战略风险，检验决策方案，为战略决策提供系统周密的辅助支撑。现代战略推演的实质已经超越“兵棋”，而是一种“仿真模拟”的活动。从本质上讲，现代战略推演是借助“以人演人”“人机结合”的方式实现对复杂社会科学体系的科学化仿真模拟。例如，美国军方及情报界在武器系统模拟、军事模拟、经济模拟和政治与社会模拟等方面进行了长期实践。尤其是在相对复杂的政治与社会模拟方面，中情局通过一种名为“Policon”的政治进程仿真模型来评估诸如埃以局势、陆台政策等问题。但是由于用户对政治分析的态度问题，政治与社会模拟并不像军事和武器系统模拟那样得到广泛认可。①“仿真模型是对可决定一个系统行为的相互关系所做的数学描述。仿真不同于其他种类的模型，其包含的方程是不能同时求解的。人们通常通过各种变量来求解联立方程组，以全面描述系统。如果他写不出或不能衡量这些变量时，他就会建立仿真模型。仿真模型在长期预测中最有用，因为长期预测不必进行准确的数值评估。当用来对各种备选情景想定（例如决策或自然现象）的影响进行比较时，仿真模型通常最为有效。”② 而战略推演采取的“以人演人”的研究范式的核心和本质就是以经验主义规范将具有较大不确定性的个体，以人或专家形式进行仿真，并将其整合到整体的仿真模拟系统中。③通俗而言，就是用可量化的单位替代可量化的单位，对其内部不可量化的信息进行黑箱化处理，利用经验将已经情景化的规范转化为现实，借助技术手段和体系的整合，实现“人机结合”的仿真模拟。

在未来的中国战略研判工作中应该更加深入地挖掘中国传统文化

---

① ［美］罗伯特·克拉克．情报分析：以目标为中心的方法［M］．金城出版社，2013：236.

② Robert M. Clark. Intelligence Analysis：A Target－Centric Approach（3rd Ed）［M］．CQ Press，2010.

③ Codevilla A. Comparative historical experience of doctrine and organization［J］．Intelligence Requirements for the 1980's：Analysis and Estimates. National Strategy Information Center，1980，pp. 32－33.

中诸如“沙盘推演”的优秀战略研判理念、方法和案例中的精华，辅之以先进的现代科学技术和科学方法论体系，并在战略研判的实践中起到关键支撑作用。

第四节　历史经验“不足法”

历史经验的归纳演绎是战略研究最基本的范式。孔子曰：“虽百世可知也”，孟子曰：“五百年必有王者兴”，荀子曰：“欲观千岁，则数今日”。“读史传，自能烛照源流，洞见真妄。”① 这种思维范式深刻浸透在中国人的思想之中。“话说天下大势，分久必合，合久必分。”这种基于历史提出的分合规律就是在历史经验基础上进行的归纳演绎。

《全球趋势 2010》中的基本分析框架正是基于这种历史经验的简单归纳和演绎，认为国际政治的演进围绕国家进行的规律基本不会变，历史的连续性也具有压倒性地位，历史的规律对未来预判发挥最重要的作用。但是事实证明，历史经验的简单归纳演绎不能适用于复杂且关系重大的国家安全战略环境的评估与预判，更不能依据历史经验进行战略决策。

历史归纳演绎并不足以成为国家战略决策的依凭。毛泽东指出：“教条主义、经验主义是不可能有预见的。”② 早在宋代，当时的政治家们就通过总结历史经验得出了不能盲目依照历史规律进行战略决策的论断。司马光在《资治通鉴》中对楚汉相争时期的一些战略成败进行了分析，与秦末农民起义早期的一些战略成败进行了对比。通过分析楚汉相争的三个案例，并将这些案例与同其形、势、情相似的历史案例进行比较，发现同样的计策、同样的做法，却收到截然不同的效

① ［明］胡應麟．少室山房笔丛：丹铅新录四·铣覙［M］．上海书店，2009.

② 毛泽东选集：第三卷［M］．人民出版社，1991：396.

果，是因为“形、势、情”三者不同的缘故。

> 夫立策决胜之术，其要有三：一曰形，二曰势，三曰情。形者，言其大体得失之数也；势者，言其临时之宜、进退之机也；情者，言其心志可否之实也。故策同、事等而功殊者，三术不同也。①

司马光所谓“形”，就是敌我双方的态势评估；所谓“势”，是指根据情景的变化，而灵活应对；所谓“情”，就是今天所讲的战略决心。并最后总结：“权不可豫设，变不可先图。与时迁移，应物变化，应策之机也。”也就是说应对事态的权宜机变是不能一成不变、固守成规的，事态的变化不能够用固定的思维来判断，必须一时一议、一事一议，这才是制定策略的关键。

“事同而形异”。陈涉起义时复立六国之后，用还不是自己的地盘来立六国的后人为王，没有损失自己已有的利益反而得到好名声。而刘邦复立六国之后，划自己的地盘来给六国的后人另立国家。六国复立后，并不死心塌地跟着汉王，而是跟着项王来打汉王。通过如何“复立六国”的比较，阐明了“事同而形异”的情况下，盲目用自己的地盘来循前例是一种错误的战略决策。

“形同而势异”。战国时期，两国相争，力量差不多，不可能把某一国很快灭亡，所以可以坐观虎斗，乘双方疲惫后再坐收渔翁之利。而楚国将领宋义率领反抗秦朝暴政的楚国义军，在秦军攻打赵国义军时盲目按照历史经验逡巡不前。此时义军本身就力量薄弱，尤其是赵国义军已经是奄奄一息。楚国义军观而不战，导致赵国义军先亡。义军被灭一支，则少一支秦王朝的敌对力量，楚国义军顶着的打击和压力就更大。赵国义军被灭，秦朝面临的反抗力量就变少，就更有力量

① ［北宋］司马光．资治通鉴：第十卷［M］．岳麓书社，1990，汉纪二·汉高帝三年．

来剿灭楚国义军。楚国义军的战略选择并未实现渔翁得利的目标，反而是消耗了共同战线的力量，招致失败。这就是“形同而势异”的情况下，要及时调整战略的道理。

“势同而情异”。韩信“破赵会食”的战役与刘邦带领军队攻打项羽都城的战役，同样是背水而战，韩信以必死的士卒攻打骄纵的赵国士卒，而且还实现了“以奇制胜”，而刘邦以逸豫的士卒攻打项羽同仇敌忾的士卒，孰胜孰败，显而易知。这就是“势同而情异”的情况下，不能盲目效法前人的道理。

与司马光一生相抗的王安石恰恰也拥有与此相似的战略意识。其名言“天变不足畏，祖宗不足法，人言不足恤”虽是在言变法的雄心与决心，但也讲出战略决策必须基于扎实的战略评估与趋势预判，不能受个别环境因素的扰乱，即使是“天变”，也不应改变决策的稳健性；战略评估与趋势预判不能人云亦云，更不能僵化守旧、师法前人、墨守成规。“明者因时而变，知者随世而制。”[①] 必须打破历史经验归纳演绎的窠臼，在系统周密的研究的基础上，依靠客观、准确的战略评估和趋势预判，进行战略决策。

第五节　“见象箸而知天下不足”的启示

在中国传统文化中有大量优秀的战略评估与趋势预判传统，但也存在着一些“积弊”。例如，在历史的发展过程中，对“圣人”“先知”的崇拜和信仰，加剧了这种通过少数迹象来评估形势、预判未来的倾向。例如，“智者，知也。独见前闻，不惑於事，见微知著者也。”[②] 再如，“故圣人见微知著，睹始知终。”[③] 这都是说“智者”

① ［西汉］桓宽．盐铁论：忧边［M］．中信出版社，2014.
② ［东汉］班固．白虎通：情性［M］．北京图书馆出版社，2006.
③ ［东汉］袁康．越绝书：越绝德序外传［M］．贵州人民出版社，1996.

“圣人”善于察觉和研判，不被假象所迷惑，能从细小的迹象中看见大趋势，从而预判未来。在这方面，最著名的莫过于商人箕子“象箸之怖”的故事。韩非子记载其“圣人见微以知萌，见端以知末，故见象箸而怖，知天下不足也。”①

> 昔者纣为象箸而箕子怖。以为象箸必不加于土铏，必将犀玉之杯；象箸玉杯必不羹菽藿，则必旄象豹胎；旄象豹胎必不衣短褐而食于茅屋之下，则锦衣九重，广室高台。吾畏其卒，故怖其始。居五年，纣为肉圃，设炮烙，登糟丘，临酒池，纣遂以亡。故箕子见象箸以知天下之祸。故曰：“见小曰明。”②

商人箕子以其洞察力之强和气节之高为后人称道。商代最后一位君主殷纣王帝辛，年少时“资辨捷疾，闻见甚敏；才力过人，手格猛兽”。但到了统治后期，因为腐败而招致亡国。韩非子讲的就是太师箕子见到纣王让人制作象牙筷子后忧心天下的故事。箕子认为，用了象牙筷子，必然会不用陶杯，而会改用犀角和玉做的杯子；用了象牙筷子和犀玉杯，必然不会吃粗粮蔬菜，而是吃山珍海味；吃山珍海味必然不能穿着粗布短衣，坐在茅屋中吃，一定要穿着华贵的衣服，坐在宽广的屋子、高高的亭台上吃。太师箕子预见到将会出现灾难性的结果，所以在刚看到这些迹象的时候就感到恐惧。果然五年之后，纣王造了酒池肉林，设了炮烙的酷刑，并因此亡国。这个故事说明，箕子看见象牙筷子便知道天下将有大祸降临，是一种根据少量迹象进行的战略预判活动。中国历史上类似的故事还很多，例如“故越人见齐桓不振之徵於未觉之疾，箕子识殷人鹿台之祸於象箸之初”③。再如，“一叶而落，知岁之将暮。睹瓶中之冰，而知天下之寒。”④

---

① ［战国］韩非．韩非子新校注：说林［M］．上海古籍出版社，2000.
② ［战国］韩非．韩非子新校注：喻老［M］．上海古籍出版社，2000.
③ ［东晋］葛洪．抱朴子：广譬［M］．上海古籍出版社，1990.
④ ［西汉］刘安．淮南子：说山训［M］．广东人民出版社，1994.

这种战略研判的活动具有一定程度的科学性，是一种相对周密的推理演绎，即看到皇室的奢侈迹象后，推断出天下将出现“不足”。在西方科学方法的分析范式下，这种评估与预判有两个路径：一是进行了演绎推理，即通过“象箸”一步步想到其他可能使用的奢侈品，进而研判到皇室生活的腐化。根据历史经验，判定这是走向衰亡的迹象。另一个路径是进行量化评估及推理。通过看到皇室的奢侈品用度，可以测算皇室整体以及精英阶层追随皇室可能存在的奢侈品总用量，再根据采集、制造和运输奢侈品的人力、物力成本，推测出消耗了多少农业劳动力以及因此造成了粮食消耗和产量降低，进而得到天下是否已经“不足”的判断。这两种方法虽然可能得出基本相同的结论，但从西方科学方法角度，第二种路径的科学性和可靠性更高，其逻辑链条更为扎实严密。但无论哪种方法，都是个人行为体的一种自发的战略研判。

虽然这种战略研判具有一定的科学性，但现代大国的国家战略研判活动不应提倡这种研判方法，尤其不应将事关国家命运的重大战略判断完全寄托于这种通过个别迹象获得的战略趋势研判。这是因为，虽然这种预判可能是蕴含着科学的公开信息研究方法，也有可能是一个成功的战略判断案例，但是在现代的大国战略评估与中长期趋势预判实践中，这种方法的可靠性和稳定性难以保证。有可能从一个迹象就得到了全部真理，也有可能完全脱离事实真相。而国务活动务求慎重，战略研判的可靠性必须得到全方位的保证。

马克思主义提倡把握问题的总体，反对片面和主观的研究方法。列宁指出：“在社会现象方面，没有比胡乱抽取一些个别事实和玩弄实例更普遍更站不住脚的方法了。应该设法根据正确的和不容争辩的事实来建立一个可靠的基础。要这个基础成为真正标准，就必须毫无例外地掌握与研究的问题有关的事实的全部总和，而不是抽出个别事实，否则就必然会发生怀疑，怀疑那些事实是随便挑选出来的，怀疑是为了替卑鄙的勾当作辩护而以‘主观’臆造的东西来代替全部历史现象的客观联系和相互依存关系。”①

毛泽东更加强调研究问题的整体，而不是片面：“研究问题，忌带主观性、片面性和表面性。所谓主观性，就是不知道客观地看问题，也就是不知道用唯物的观点去看问题。所谓片面性，就是不知道全面地看问题。不了解矛盾各方的特点。这就叫做片面地看问题。或者叫做只看见局部，不看见全体，只看见树木，不看见森林。这样，是不能找出解决矛盾的方法的，是不能完成革命任务的，是不能做好所任工作的，是不能正确地发展党内的思想斗争的。”②“在社会现象的领域中，最流行且最无益的方法，莫过于分离各个小事实和玩弄实例。因为要在事实上奠定基础，就必须无例外地把握与所考察的问题有关系的事实的总体，而不是各个事实。否则就会任意地选择并搜集事实，就会无视整个历史现象之客观的相互依存关系，为了注重无意义的事情，而采取‘主观的’处理方法。”③

植根于传统文化，中国战略研究传统中有种不可知论倾向，即将未来归于某种当前迹象的“昭示”。中国传统文化中有一些体系化的“战略研判方法”。诸如“天命”“运势”“星象”等“理论”，由此产生了一系列诸如“占卜”“风水”“扶乩”“谶言”等“方法”。究其根源，最早发端于将国务活动寄托于神鬼之兆的原始政治秩序。例如，《史记·龟策列传》就记载：“自古圣王将建国受命，兴动事业，何尝不宝卜筮以助善。王者决定诸疑，参以卜筮，断以蓍龟，不易之道也。推兵求胜，各信其神，以知来事。夫揲策定数，灼龟观兆，变化无穷。五谋而卜筮居其二，五占从其多，明有而不专之道也。”

这种倾向延续至今的一个现象就是，信奉通过“迹象”“表征”等少数指标来进行战略判断的思维方式在今天依然活跃，其中一些

① ［俄］列宁全集：第23卷［M］．人民出版社，1958年：279－280.

② 毛泽东选集：第一卷［M］．人民出版社，1991：309－310.

③ ［俄］西洛可夫．辩证法唯物论教程［M］．笔耕堂，1935.

直至今日还在发挥潜在的影响。尤其是在战略研究成果中有一种形态，就先做出判断，再用一两个“表征”来证明这种判断的正确性，即在战略研判中将形势的评估与趋势的研判倒置，运用少数显著的迹象来论证战略判断的准确性。“就人类认识运动的秩序说来，总是由认识个别的和特殊的事物，逐步地扩大到认识一般的事物。人们总是首先认识了许多不同事物的特殊本质，然后才有可能更进一步地进行概括工作，认识诸种事物的共同的本质。”① 但是，从科学方法论来说，这种将战略研判依托于少数指标反映的迹象是极不客观严谨的。这种案例不胜枚举，产生的失败教训也不在少数。“表象不能把握整个运动，而思维则能够把握而且应当把握。”② 必须明确认识到，能够“见一叶落而知岁之将暮”的“智者”，并不是战略研究的“大师”。如果依靠这样的战略研究，其结果往往是“管窥蠡测”，“岂能通其条贯，考其文理，发其音声哉？”③ 在未来中国的国家安全战略评估与中长期趋势预判中，必须尽可能破除通过少数迹象来评估形势、预判未来的倾向，形成全面、客观、稳定、可靠的综合战略研判。

本章小结

中国有悠远深厚的战略评估与趋势预判传统，有必要从中国战略研究传统中汲取营养，培育新时期中国特色战略研判体系。《隆中对》是中国古代战略研判与决策实践的重要代表。由“五事七计”要素构成的“庙算”是中国古代战略研判方法与实践的重要成果。以“沙盘推演”为代表，应该深入挖掘中国传统战略文化中的先进战略研判与决策传统。同时，在吸收中国古代战略

① 毛泽东选集：第一卷［M］. 人民出版社，1991：309－310.

② ［俄］列宁. 哲学笔记［M］. 人民出版社，1993：246.

③ ［东汉］班固. 汉书：东方朔传［M］. 中华书局，2000.

研究传统时，应避免墨守成规，必须尽可能破除通过少数迹象来评估形势、预判未来的倾向，形成全面、客观、稳定、可靠的综合战略研判。

第十章

中国共产党人的战略预判思想与实践

"尽管往后变化难测，愈远看愈渺茫，然而大体的计算是可能的，估计前途的远景是必要的。那种走一步看一步的指导方式，对于政治是不利的。"①

——毛泽东

（1936 年 12 月《中国革命战争的战略问题》）

当前和未来一段时期，中国将从"抓住"战略机遇期，转变为主动加强对内外战略机遇期的"塑造"。战略塑造的基本前提和决定性环节是成功的战略评估、预判与战略谋划。塑造战略环境、把握战略机遇期需要高水平战略预判与谋划。应对风险和挑战，妥善处理危机，也对高水平战略评估、预判与战略谋划提出了更加迫切的需求。同时，随着中国日益走近世界舞台中央，围绕中国进行的大国竞合也进入了新的历史阶段。尤其是特朗普政府上台后，美国进一步明确了将对华竞争作为战略优先任务，在《国家安全战略》报告中对战略重心调整进行了明确部署。大国竞合尤其是中美战略竞争的升级，使得战略谋划在国家进行重大战略博弈上的作用就越发凸显。为应对新时代的新挑战，把握和延长重要战略机遇期，维护国家核心利益，保障

① 毛泽东选集：第一卷［M］. 人民出版社，1991：221.

国家安全、稳定和发展，必须开展战略评估与中长期趋势预判，实现及时、有效的国家安全战略预警，为国家中长期发展保驾护航。这种需求与内外形势的深刻复杂变化和方法、技术与手段的快速拓展完善共同作用，为中国的战略研判体系革新创造了新的重要战略性发展契机。

开展国家战略评估与趋势预判既需要哲学和理论的指导，又需要体制机制法制保障、方法和技术手段支持。中国战略评估与中长期趋势预判的根本目标是提高战略谋划水平。一方面要对美国和世界主要大国战略评估与趋势预判的经验和教训加以借鉴和扬弃；另一方面要继承优良传统，勇于开拓创新，坚持中国特色社会主义理论指导，继承和发扬以毛泽东等为代表的中国共产党人的战略思想和实践，并从中国优秀的战略研究文化传统中汲取营养，完善中国战略评估与中长期趋势预判体系。

第一节　发挥中国特色社会主义理论的优势

“革命政党和革命军队的领导人员必须事先看到。如果他们不能事先看到，那他们就只会跟着时间迁流。虽然也在努力工作，却不能取得胜利，反而有使革命事业受到损害的危险。……普通的人，容易为过去和当前的情况所迷惑，以为今后也不过如此。他们缺乏事先看出航船将要遇到暗礁的能力，不能用清醒的头脑把握船舵，绕过暗礁。”① 以毛泽东等老一辈无产阶级革命家为代表的中国共产党人在革命战争和新中国建设的实践中长期通过客观、准确的战略研判辅助战略谋划和决策，取得了中国革命和建设的伟大胜利。以毛泽东、邓小平等为代表的中国共产党人在中国革命、解放、社会主义建设和改革开放等各个历史时期，成功开展了大量行之有效的战略预判和决策辅

① 毛泽东选集：第三卷［M］. 人民出版社，1991：881.

助工作，多次对决定中国命运的重大历史趋势做出成功的战略评估与预判。其中对大革命时期革命发展趋势与路径的战略预判、对抗日战争走势和战争发展路径的战略预判、对冷战高潮时期中美苏大三角关系和战争爆发的战略预判、对改革开放初期国际战略大环境和大趋势的预判以及对新世纪我国发展战略机遇期的预判等是最为成功的典型案例。未来，在完善中国战略评估与趋势预判体系的过程中，必须从这些成功案例中汲取营养，将中国共产党人的优秀传统和思想方法发扬光大。

一、马列主义对中国特色战略研判的指导意义

马克思主义，尤其是辩证唯物主义，最讲究科学、全面、客观的战略研究，也为中国战略评估与趋势预判的实践提供了宝贵的指导思想和方法论基础。“马克思主义者认为，只有人们的社会实践，才是人们对外界认识的真理性的标准。判定认识或理论之是否真理，不是依主观上觉得如何而定，而是依客观上社会实践的结果如何而定。真理的标准只能是社会的实践。”①

战略研判要运用马克思主义的物质统一观和历史合力观。世界物质统一性原理是辩证唯物主义最基本、最核心的观点。② 马克思指出：“现实与认识——客体与主体——之辩证法的统一，实现于社会的实践之历史发展中。不只认识客体，并且认识主体，也在社会实践中起变化。人类作用于外部自然，一面变革它，同时又变革自己的性质。”③ 恩格斯“历史合力论”强调，历史进程是物质条件与个人意志及其合力的统一：社会历史发展是必然性与偶然性的统一；历史进程的实现方式是历史运动的一般规律与特殊表现形式的统一。因此，

① 毛泽东选集：第一卷［M］. 人民出版社，1991：284.

② 习近平总书记系列重要讲话读本（2016 年版）［M］. 学习出版社，人民出版社，2016：279.

③ ［俄］西洛可夫. 辩证法唯物论教程［M］. 笔耕堂，1935.

历史发展的总的合力是由不同要素之间相互影响、相互作用而形成的，而不是由某一个单独要素的独立力量而形成的。任何一个个体力量都不能游离于整体力量之外，它们只有存在于力的整体之中并处于彼此协调互促的关系之中，才能最终为历史发展的合力贡献自己的力量。同时，各个个体的力量要素对于历史合力又具有积极的聚合作用，它们是主观能动的，而不是消极被动的，它们对历史合力的大小和性质具有重要影响。历史的发展不仅要有整体观念，还应有协调观念，在整体中寻求各个力量要素的协调共处和最佳组合，才能获得社会历史发展的最大合力。因此，必须充分认识物质世界运行的统一性，尤其是将历史运行的各个要素形成的合力作为研究的基本视角，对历史发展进程形成物质与人的意志相统一、必然性与偶然性相统一、一般规律与特殊表现形式相统一的辩证唯物主义认识。

事物之间的相互关联是辩证唯物主义研究的分析关键，也是战略研判的研究重点。毛泽东指出："论理的认识所以和感性的认识不同，是因为它先暴露周围世界之内的矛盾，而能在其总体上，在一切方面的联结上去把握现象。"[①] "这种事实总体就是联接各个事实、各个方面的一般基础。"[②] "认识的真正任务在于经过感觉而到达于思维，到达于逐步了解客观事物的内在矛盾，了解它的规律性，了解这一过程和那一过程间的内部联系，即到达于论理的认识。重复地说，论理的认识所以和感性的认识不同，是因为感性的认识是属于事物之片面的、现象的、外部联系的东西，论理的认识则推进了一大步，到达了事物的全体的、本质的、内部联系的东西，到达了暴露周围世界的内在的矛盾，因而能在周围世界的总体上，在周围世界一切方面的内部联系上去把握周围世界的发展。"[③] 因此，对于国家战略环境和中长期趋势的研究和认识，必须是辩证唯物的，必须是论理的，要在关键要

---

① ［俄］西洛可夫．辩证法唯物论教程［M］．笔耕堂，1935.

② 毛泽东哲学批注集［M］．中央文献出版社，1988：10.

③ 毛泽东选集：第一卷［M］．人民出版社，1991：286.

素以及其相互关联与影响上下功夫。

马列主义的认识论和实践论是指导对战略环境和未来趋势进行研究和认识的重要武器。马克思列宁主义认为，认识过程中两个阶段的特性是：在低级阶段，认识表现为感性的；在高级阶段，认识表现为论理的；但任何阶段，都是统一的认识过程中的阶段；感性和理性二者的性质不同，但又不是互相分离的，它们在实践的基础上统一起来。[①]“我们的实践证明：感觉到了的东西，我们不能立刻理解它，只有理解了的东西才更深刻更正确地感觉它。感觉只解决现象问题，理解才解决本质问题。这些问题的解决，一点也不能离开实践，只有在实践过程才能暴露其本质而理解它。”[②] 客观世界是发展的，主观认识也是发展的。[③] 认识随着客观世界的变化而变化。[④]“认识是从感性阶段进到理性阶段，再从理性阶段进到革命实践。从直观到思维，从思维到实践。认识的目的在把感觉材料作论理理解，两个阶段有区别，但不是不可逾越。”[⑤]“概念这种东西已经不是事物的现象，不是事物的片面，不是它们的外部联系，而是抓着了事物的本质，事物的全体，事物的内部联系了。概念同感觉，不但是数量上的差别，而且有了性质上的差别。”[⑥]“通过实践而发现真理，又通过实践而证实真理和发展真理。从感性认识而能动地发展到理性认识，又从理性认识而能动地指导革命实践，改造主观世界和客观世界。实践、认识、再实践、再认识，这种形式，循环往复以至无穷，而实践和认识之每一循环的内容，都比较地进到了高一级的程度。这就是辩证唯物论的全部认识论，这就是辩证唯物论的知行统一观。”[⑦] 战略研判，就是要在认识与实践的螺旋式上升的循环之中，不断提高对历

① 毛泽东哲学批注集［M］. 中央文献出版社，1988：29－30.

② 毛泽东选集：第一卷［M］. 人民出版社，1991：286.

③ 毛泽东哲学批注集［M］. 中央文献出版社，1988：14－15.

④ 毛泽东选集：第一卷［M］. 人民出版社，1991：286.

⑤ 毛泽东哲学批注集［M］. 中央文献出版社，1988：24－25.

⑥ 毛泽东选集：第一卷［M］. 人民出版社，1991：285.

⑦ 同上，296－297.

史发展进程的认识水平。从感觉到认识，从认识到实践，在实践中再认识，通过反复的循环改进，形成辩证唯物主义的战略环境和未来趋势认识。

二、深入学习毛泽东等老一辈革命家战略研究和预判的思想

“风物长宜放眼量。”毛泽东高度重视预见的战略价值，认为预见是具有政治属性的重要战略手段，对于革命和建设具有极端重要的意义。“没有预见就不叫领导，为着领导必须预见。盲目性是没有预见的，是妨碍预见的。教条主义、经验主义是不可能有预见的。而没有预见就没有领导，没有领导就没有胜利。因此，可以说没有预见就没有一切。……只有当着还没有出现大量的明显的东西的时候，当桅杆顶刚刚露出来的时候，就能看出这是要发展成为大量普遍的东西，并能掌握住它，这才叫领导。……所谓预见，不是指某种东西已经大量地普遍地在世界上出现了，在眼前出现了，这时才预见；而常常是要求看得更远，就是说在地平线上刚冒出来一点的时候，刚露出一点头的时候，还是小量的不普遍的时候，就能看见，就能看到它的将来的普遍意义。”①

毛泽东将战略预判作为革命政党和革命军队的重要法宝和必备武器。还有很多诸如此类的论述，以及在不同场合对高级领导干部和军事指挥人员的讲话。例如，“尽管往后变化难测，愈远看愈渺茫，然而大体的计算是可能的，估计前途的远景是必要的。那种走一步看一步的指导方式，对于政治是不利的。”②

为了实现科学、准确的战略决策，毛泽东反复强调系统周密的调

① 毛泽东文集：第三卷［M］. 人民出版社，1996：394，395.

② 毛泽东选集：第一卷［M］. 人民出版社，1991：221.

查研究。“系统的周密的社会调查，是决定政策的基础。”① “向全党提出系统地周密地研究周围环境的任务。依据马克思列宁主义的理论和方法，对敌友我三方的经济、财政、政治、军事、文化、党务各方面的动态进行详细的调查和研究工作，然后引出应有的和必要的结论。”② 这种对敌友我三方的全面、系统、周密的研究就是战略研判的基础性方法。毛泽东调查研究方法一直是中国共产党人克敌制胜的重要法宝。习近平总书记也高度重视调查研究，强调“调查研究的视野必须宽广开阔，既要预见潮流所在和大势所趋，又能看到‘风起于青萍之末’的苗头、倾向性问题；调研的过程必须是去粗取精、去伪存真、由此及彼、由表及里的精心分析和研究的过程，要能够抓住事物的本质和症结所在，反映事物的全貌和特征，找到解决问题的有效办法和途径，切忌浮光掠影，主观臆断，孤立地、静止地、片面地观察事物、研究问题；调研形成的建议必须兼顾需要和可能，提出切实可行的具体措施”③。

针对如何开展战略研究，毛泽东思想中还蕴含了很强的开放做研究、避免思维定式的精髓。“设立对立面，十分重要。”④ “事情确实需要多交换意见，多谈多吹，才能周通，否则极易偏于一面。对下情搜集亦然，须故意（强所不愿）搜集反面材料。”⑤ “多从反面（即现行政策的正面）设想，现行政策固然已出了很多毛病，但另一政策是否即毛病较少？从相对性设想，勿只从绝对性设想（即现行政策完全是错的，另一政策完全是对的）。搜集材料亦应从两

---

① 毛泽东选集：第二卷［M］. 人民出版社，1991：360.

② 毛泽东选集：第三卷［M］. 人民出版社，1991：802.

③ 习近平在浙江省委政策研究室调研时的讲话（2005 年 11 月 2 日）. 习近平. 干在实处，走在前列：推进浙江新发展的思考与实践［M］. 中共中央党校出版社，2006：538.

④ 毛泽东. 建国以来毛泽东文稿：第七卷［M］. 中央文献出版社，1998：196.

⑤ 毛泽东年谱：中卷［M］. 中央文献出版社，2002：316.

方面搜集，勿只注意现行政策的缺点或错误方面。”[①] 这样的论述非常多，毛泽东非常重视从最坏的方面来着想，打破正常的思维定式。同时，广泛采纳意见、搜集材料是实现这种突破思维定式、讨论反面情况的重要手段。

以唯物辩证法为基础，毛泽东的“矛盾论”思想为提高战略研判水平提供了丰富的思想源泉和哲学理论基础。“矛盾论”是对唯物辩证法的对立统一规律的极为系统和深刻的发挥。认识和分析矛盾的普遍性、特殊性、主要矛盾和矛盾的主要方面等问题，是开展好战略研究的重要方法。抓住主要矛盾，反映事物的主要影响因素，对体系发展不造成显著影响的因素进行忽略。这既是“矛盾论”思想的核心所在，也涵盖了西方科学方法中“控制主要变量，忽略微扰因素”的基本研究范式。因此，以“矛盾论”思想为代表的中国共产党人的战略研判思想和实践是进行国家安全战略评估与趋势预判的利器，对于完善中国国家安全战略评估与中长期趋势预判体系具有不可多得的价值，必须将其学习好、继承好，并通过成功的国家安全战略实践将其发扬光大。

此外，就具体的战略研判方法而言，毛泽东等老一辈革命家的战略思想中，还蕴含着情景分析的研究范式。“要想到事情的几种可能性，估计情况的几个方面，好的和坏的，顺利的和困难的，可能办到的和不可能办到的。”[②] 这种情景分析的研究方法在毛泽东很多战略论述和实践中能够普遍见到，例如对中日“持久战”的论述、对“上海太原失陷以后抗日战争的形势和任务”[③]、对旧金山会议结果[④]的预判等。因此，在未来充实完善中国战略研判方法论体系的过程中，应从毛泽东等老一辈革命家战略研判思想中深入、充分地汲取营养。

① 毛泽东文集：第二卷［M］. 人民出版社，1996：536.
② 毛泽东文集：第八卷［M］. 人民出版社，1996：295.
③ 毛泽东选集：第二卷［M］. 人民出版社，1991：389.
④ 毛泽东选集：第三卷［M］. 人民出版社，1991：387.

三、创建兼具科学与艺术的中国战略评估与趋势预判体系

“调查研究是一门科学，也是一门艺术。”① 战略研判不止于科学，而是科学与艺术的综合体。这种科学性与艺术性的结合就是指战略研究既要有阵有法，科学实施，又要灵活运用，艺术化运用。所谓“阵而后战，兵法之常；运用之妙，存乎一心”②。美国国家情报委员会对其方法的科学性与艺术性也进行了类似论述：“好的情景设计与分析远非科学，而是艺术。其中的矛盾在于，情景必须足够现实可行，但是又必须充满想象，必须具备足够的可能性，又必须足够挑战现有假设。人们做出的选择，无论是个人决策还是集体智慧，无论是有意为之还是机缘巧合，都将是未来趋势发展的最大变量。”③

在建设战略研判体系的过程中，要统筹好国家安全的不同方面，打造兼具科学与艺术的战略研判方法论体系，一个重要的理论和方法基础是“系统论”思想。毛泽东指出：“系统地分析和系统地解决问题。……才叫做科学，不是系统的而是零碎的，就是正确的也不是科学的。”④ 20 世纪 80 年代以后，钱学森先后提出“从定性到定量综合集成方法”（Meta－synthesis）及其实践形式“从定性到定量综合集成研讨厅”体系，为中国的战略研究提供了系统思维和方法指引。“系统论”的思维和方法具有重要的借鉴价值，是中国在战略研究实践中形成的重要财富，应该在国家安全战略评估与趋势预判中得到继承和发扬，切实加强国家战略研判能力。

---

① 习近平．干在实处，走在前列：推进浙江新发展的思考与实践［M］．中共中央党校出版社，2006：536.

② ［元］脱脱．宋史：岳飞传［M］．中华书局，1977.

③ U. S. National Intelligence Council. Global Trends：Paradox of Progress. 2017：49.

④ 毛泽东选集：第三卷［M］．人民出版社，1991：402.

“系统论”认为，社会是一个特殊的“开放的复杂巨系统”，以简单系统为对象的近代科学研究方法暴露出它的局限性。在研究社会发展这一复杂的问题时，提出的经验性假设往往是思辨的和定性的。[①]“我们把处理开放的复杂巨系统的方法论定名为从定性到定量综合集成方法，把应用这个方法的集体称为总体设计部”；该机构“不是执行部门，而是咨询机构；它不是决策机关，而是决策支持单位。它只能向决策者提出建议，而不能代替决策”[②]。

“系统论”的思想和实践经验形成的“总体设计”工作方法是建设兼具科学与艺术的中国战略研判体系的一个可行路径。在未来的战略研判工作中，应充分运用“系统”思维，采取从定性到定量综合集成研究方法，继承并发扬还原论与整体论相结合、定性与定量相结合、局部与整体相结合、确定性与不确定性相结合、系统分析与系统综合相结合的“系统”研究方法，为创建兼具科学与艺术的中国国家安全战略评估与趋势预判体系提供理论和方法支撑。

中国国家安全战略评估与趋势预判的系统性就体现在以总体国家安全观为指导，对国家安全整体性影响因素进行统筹研判，形成综合、客观的战略研究成果。国家级的战略评估工作与一般部门的专业领域评估不同，既强调全面性，又要突出专业性。一方面，战略环境的基本特征要求战略研究的覆盖面既广且全，应该广泛涉及全球各地区和国家，广泛覆盖政治、经济、科技、文化、宗教、军事安全等各领域的要素。另一方面，又要求抓住少数关键影响因素，并随着这些因素的发展演进进行适度、及时的调整。在国家安全战略研判中，尤其应重视非传统安全的因素。这既是突破以国家间关系为主线的传统思维的局限性，也是对国家安全环境的未来挑战进行远景预判。美国国家情报委员会的研究就高度聚焦于“人”

① 钱学森．一个科学新领域——开放的复杂巨系统及其方法论［J］．自然杂志，1990，12（1）：1－8.

② 王文华．钱学森学术思想［M］．四川科学技术出版社，2007.

的因素，既体现出国民安全对国家安全的基础性价值所在，也反映出以“人”为基本分析单元的非传统安全综合分析范式的基本确立。因此，在未来的中国国家安全战略评估与趋势预判中，必须兼顾全面性与专业性、科学性与艺术性，形成综合统筹、客观全面的战略研判成果，为国家安全战略决策提供坚实可靠的战略咨询基础。一是高度聚焦国际秩序大变局，回顾历史，聚焦当下，着眼长远，把脉世界。二是以防范风险为大前提。尤其应注意将意识形态安全、价值观安全和中国主导的国际秩序的安全作为国家利益的重要组成部分，融入到战略研判的全过程中。三是以维护和塑造我国发展重要战略机遇期为方向指引，将战略研判和谋划的资源与力量集中到维护和塑造战略机遇期的战略使命主航道上，为国远谋。

第二节　“星星之火，可以燎原”

“星星之火，可以燎原”是毛泽东早期战略预判的典型成功案例。1927 年大革命失败后，中国共产党领导的革命斗争陷于低潮。红军在强敌的“围剿”之下处于危险境地。面对这种敌强我弱的严峻局面，党内一些同志对红军的前途感到悲观失望，发出了“红旗到底能打多久”的疑问。1930 年 1 月 5 日，毛泽东针对党内一些人的悲观情绪，指出：“我所说的中国革命高潮快要到来，决不是如有些人所谓‘有到来之可能’那样完全没有行动意义的、可望而不可即的一种空的东西。它是站在海岸遥望海中已经看得见桅杆尖头了的一只航船，它是立于高山之巅远看东方已见光芒四射喷薄欲出的一轮朝日，它是躁动于母腹中的快要成熟了的一个婴儿。”

毛泽东在文中除对右倾悲观思想做了批评外，阐述了中国革命要“以乡村为中心，以农村根据地促进全国革命高潮”的战略谋划。“他们这种全国范围的、包括一切地方的、先争取群众后建立政权的理论，是于中国革命的实情不适合的。他们的这种理论的来源，主要是没有把中国是一个许多帝国主义国家互相争夺的半殖民地这件事认清楚。”认清了这一点，“就会明白相应于全世界只有中国有统治阶级内部长期混战的一件怪事而产生出来的另一件怪事，即红军和游击队的存在和发展，以及伴随着红军和游击队而来的，成长于四围白色政权中的小块红色区域的存在和发展，中国以外无此怪事”。他强调，红军与无产阶级领导下的农民苏维埃“无疑义的它是促进全国革命高潮的重要因素”。① 毛泽东在这篇文章中，特别强调了对敌我力量对比，要有更加客观和全面的评估。“犯着革命急性病的同志们不切当地看大了革命的主观力量，而看小了反革命的力量。这种估量，多半是从主观主义出发。其结果，无疑地是要走上盲动主义的道路。另一方面，如果把革命的主观力量看小了，必然要产生另一方面的坏结果。”

在这封信发出 15 年之后，中国共产党领导抗日民族统一战线，取得了抗日战争的胜利；19 年之后，中国共产党领导中国人民建立了新中国。从 20 年前的“星星之火”、百般受挫，到 20 年之后的“燎原之势”、日出东方，其中有中国共产党人的拼搏坚持与百折不挠，有内外形势发展的共同作用，但是毋庸置疑，毛泽东的战略预判经受了历史的检验，他的战略谋划与决策更在历史的深刻检验中取得了举世瞩目、彪炳千古的伟大胜利。

“星星之火，可以燎原”也是以毛泽东等为代表的共产党人战略评估与预判的开端。此后，中国的革命、解放、建设和改革开放事业在战略研判思想和实践的护航下创造了一个又一个伟大胜利。

第三节 “抗日战争是持久战，最后胜利是中国的”

“抗日战争是持久战，最后胜利是中国的”是毛泽东运用唯物辩证法和“矛盾论”进行成功战略预判的经典实践。如果说“星星之火，可以燎原”是带有革命乐观主义的感性色彩，与科学客观的战略

① 毛泽东选集：第一卷［M］. 人民出版社，1991：106.

预判相比具有一定的宣传和鼓励因素的话，《论持久战》则是毛泽东的最为经典的长期战略预判成果之一。

1938年，毛泽东发表了《论持久战》的演讲，在总结抗日战争初期经验的基础上，针对中国国民党内部分人的“中国必亡论”和“中国速胜论”，以及中国共产党内部分人轻视游击战的倾向，系统地阐述了中日必将持久作战，最终以中国获得对日战争胜利而结束，并在此预判基础上提出战略对策。[①] 在全文21个问题共120节的论述中，从持久战的提出到问题的根据，从分析敌我双方矛盾的四个基本特点到归纳持久战三阶段发展规律，从正确处理战争和政治的关系到实行以游击为主的军事战略转变等具体作战方针与指导原则，文章着眼于战争的全局，对敌我双方的矛盾要素及其发展变化作了深入的分析，清晰有力地描绘出中国抗战的完整蓝图和抗日游击战争的前途。

文章的基本论点是“抗日战争是持久战，中国必将取得这场战争的最后胜利”[②]。显然，这是非常典型的长期国家级战略性预判。文章开篇以“中国必亡论”和“中国速胜论”做引子，然后针对这两种错误观点，作者一一予以驳斥。[③] 通过“能动性在战争中”“战争和政治”“抗战的政治动员”“战争的目的”“防御中的进攻”“持久中的速决”“内线中的外线”“主动性、灵活性、计划性”“运动战、游击战、阵地战”“消耗战、歼灭战”“乘敌之隙的可能性”“抗日战争中的决战问题”“兵民是胜利之本”等既独立而又有联系的篇章的阐述，来说明抗日战争为什么是持久战，怎么进行持久战，我们为什么能取得最后的胜利，我们应当怎样做才能取得最后的胜利。[④]

文章首先对敌我双方进行了中长期的战略评估，指出：“中日战

---

① 毛泽东选集：第二卷［M］. 人民出版社，1991：515.

② 同上，439.

③ 贺吉元. 毛泽东著作《论持久战》问世前后［J］. 文史精华，2012（1）：4-8.

④ 刘庆礼. 指导全国抗战胜利的纲领性文献——毛泽东的《论持久战》［J］. 史志学刊. 2009（5）：66-66.

争不是任何别的战争，乃是半殖民地半封建的中国和帝国主义的日本之间在二十世纪三十年代进行的一个决死的战争。”“日本是一个强大的帝国主义国家，但它的侵略战争是退步的、野蛮的；中国的国力虽然比较弱，但它的反侵略战争是进步的、正义的，又有了中国共产党及其领导下的军队这种进步因素的代表。日本战争力量虽强，但它是一个小国，军力、财力都感缺乏，经不起长期的战争；而中国是一个大国，地大人多，能够支持长期的战争。日本的侵略行为损害并威胁其他国家的利益，因此得不到国际的同情与援助；而中国的反侵略战争能获得世界上广泛的支持与同情。”这些特点规定了和规定着战争的持久性和最后胜利属于中国而不属于日本。由此，文章有力地批判了当时国内存在的“速胜论”与“亡国论”，为人民指明了抗日战争的正确道路。这种研究方法的核心就是对敌我双方力量的全面和客观的评估，并在此基础上提出的战略论断。

随后，文章通过三个相互衔接的阶段性情景想定，预判并谋划了对日作战的战略路径。“第一个阶段，是敌之战略进攻、我之战略防御的时期。第二个阶段，是敌之战略保守、我之准备反攻的时期。第三个阶段，是我之战略反攻、敌之战略退却的时期。”文章着重指出，第二阶段是整个战争的过渡阶段，“将是中国很痛苦的时期”，“我们要准备付给较长的时间，要熬得过这段艰难的路程”。然而，它又是敌强我弱形势“转变的枢纽”。基于对上述情景的分析，文章提出了应对策略，即“此阶段中我之作战形式主要的是游击战，而以运动战辅助之”。“此阶段的战争是残酷的，敌方将遇到严重的破坏。但是游击战争能够胜利。”最后，基于对总体形势判断和未来情景分析，毛泽东提出一套具体的战略方针。这就是在第一和第二阶段中主动地、灵活地、有计划地执行防御战中的进攻战，持久战中的速决战，内线作战中的外线作战；第三阶段中，应该是战略的反攻战。①

① 毛泽东选集：第二卷［M］. 人民出版社，1991：515.

在《论持久战》中，毛泽东还对分析趋势的决定因素做了探讨。他强调“武器是战争的重要的因素，但不是决定的因素，决定的因素是人不是物”，“兵民是胜利之本”“战争的胜利之最深厚的根源，存在于民众之中”。只要动员了全国老百姓，就会造成陷敌于灭顶之灾的汪洋大海，造成弥补武器等等缺陷的补救条件，造成克服一切战争困难的前提。显然，这是对“重物不重人”的战略预判方法进行的驳斥，强调决定战争进程的最关键要素不是武器装备水平，而是人。这也与今天的全球趋势预判有异曲同工之妙。实际上，人永远是未来战略预判的第一关键要素。毛泽东思想中类似的论断还很多，例如人心向背而不是钢铁数量决定了历史的走向等。①

第四节　“美帝、苏修发动大规模侵华战争的可能性不大”

“美帝、苏修单独或联合发动大规模侵华战争的可能性都还不大”是毛泽东召集陈毅、徐向前、聂荣臻、叶剑英等四位老帅成功研判国际形势和国家战略风险的重要成功案例。

20世纪60年代末，中国的国际战略环境极为严峻：中苏交恶，面临陆上邻国的直接侵略风险；尼克松初任美国总统，中美关系雪上加霜。面对美苏两大霸权国的共同压力，和多个方向面临侵略的风险。毛泽东召集陈毅、徐向前、聂荣臻、叶剑英四位老帅研判国际形势，向中央提供战略决策建议。② 四位老帅运用唯物辩证法和“矛盾论”，对当时的国际形势及其走势进行了深刻、准确的评估和预判。在其主要成果之一《对战争形势的初步估计》中，四位老帅全面分析“中、美、苏三大力量之间的斗争”，指出反华战争不易发生；同时，

---

① 毛泽东文集：第七卷［M］. 人民出版社，1996：327.

② 斯夫．一九六九年四老帅受命研究国际形势内情［J］. 党史博览，2003(9)：31－37.

判定中苏矛盾大于中美矛盾，美苏矛盾大于中苏矛盾。因此，联美制苏就是不言而喻的理性战略选择。显然，该判断为中美关系转圜提供了重要依据。这种预判的哲学和理论基础是“矛盾论”思想，其方法是对极端情况的考察，和对敌我双方态势的深入评估。例如，《对战争形势的初步估计》指出：“在可以预见的时期内，美帝、苏修单独或联合发动大规模侵华战争的可能性都还不大。中苏矛盾大于中美矛盾，美苏矛盾大于中苏矛盾。”“美帝、苏修都在布局。苏修要向西欧伸手，美帝要向东欧插足。双方针锋相对，都要争夺对方的东西。真正的、现实的利害矛盾还是在它们之间。它们的斗争是经常的、尖锐的。”①

在四位老帅对国际形势的分析中，分别嵌入了“中美开战”和“中苏开战”两种极端情景的分析，并在分析中对双方优劣、战略和政策博弈的形势进行了分析。这些情景都是基于严重的突发性冲突进行的情景想定，是对极端情况的情景分析。最终形成预判结论，即“美帝不会单独和中国打”以及“苏修如果决心大举进攻中国将对其造成极大的困难”的战略判断。“美帝长期陷在南越，如果与中国作战，需时更长，结局更惨。美帝尤其不愿单独和中国打，使苏修渔利。”“如果苏修决心大举进攻中国，它将力图速战速决或仿效日本侵华的故伎。采取对中国逐步蚕食的作战方案，以便及时休整，随时观察美帝及各方动静，保持机动，但它一旦大打，我们绝不会让它速战速决，绝不会给它喘息的时间和行动的自由，而是按照主席的教导：‘一直打到底’，形成地面持久战，这就造成苏修极大的困难。”文章随后详细分析了“苏修”对华战争将对其造成的内政不稳、补给困难和后方矛盾等情况。

四位老帅基于对中美苏三方的结构性矛盾分析，修正了当时战争即将爆发的主流判断，指导了中国大战略的调整。在此战略研判的基

① 熊向晖．打开中美关系的前奏——1969 年四位老帅对国际形势的研判和建议［J］．《中共党史资料》第 42 辑，中共党史出版社，1992.

础上，“联美制苏”成为了中央的首要战略选项，为中美关系转圜提供了重要战略支撑。[①] 这种对国际战略大环境、大形势、大趋势的评估与预判的主要理论和方法基础是“矛盾论”思想，通过考察极端情况，并对敌我双方态势进行深入评估，为国家顶层大战略决策提供准确、可靠的战略支持。

此后的事态发展，正如四位老帅的判断，中苏战争并未发生，边界冲突也未继续，两国关系有所缓和，而尼克松则更加急于与中国改善关系。1972 年，尼克松访华，双方发表上海《联合公报》。国际格局大幅转换，进入了新的篇章。陈毅在事后曾说，“尼克松为了美国利益，居然比我的设想更‘不合常规’，这倒出我意外”。[②] 这也反映出，四位老帅虽然对极端情景进行了充分的考虑，但是仍然不够全面，没能对中美关系快速转圜的情景进行更加深入的评估。但考虑到当时极端的环境和条件，以及在“作好充分准备，准备他们大打，准备他们早打，准备他们打常规战争，也准备他们打核大战”[③] 的大战略判断的背景下，能够形成如此准确的战略判断已经是极为成功的了。

第五节　“和平与发展是当今时代的两大主题”

“和平与发展是当今时代的两大主题”是以邓小平为代表的中国共产党人在改革开放初期成功做出的重大战略判断。20 世纪 70 年代末，中国面临改革开放的战略选择，如何判断国际形势至关重要。1978 年 12 月十一届三中全会召开，决定把全国工作重点转移到经济建设上来，确立了对内搞活经济，对外实行开放的政策。这

① 熊向辉．我的情报与外交生涯［M］．中共党史出版社，1998.

② 熊向晖．打开中美关系的前奏——1969 年四位老帅对国际形势的研判和建议［J］．中共党史资料（第 42 辑），中共党史出版社，1992.

③ 中国共产党第九次全国代表大会报告．

不仅需要国内有正确的政策，而且需要有一个良好的国际环境。从新中国成立后的“一边倒”，60 年代的“两个拳头打人”，到70 年代的“一条线”战略、“三个世界”理论等，无疑都将“斗争”设定为全球形势最主要的主题，和平与合作都是服务斗争的从属性问题。

20 世纪 70 年代中期后，以邓小平为代表的中国共产党人开始逐步将对国际形势的判断从“战争迫在眉睫”向“和平与发展是时代主题”的方向调整。1977 年 12 月 28 日，邓小平在中央军委全体会议上做出“国际形势是好的”判断，认为“我们有可能争取多一点时间不打仗”，“可以争取延缓战争的爆发”。[①] 其判断依据是美苏两国没有准备好打世界大战，“苏联全球部署还没有准备好。美国在东南亚失败后，全球战略目前是防守的，打世界大战也没准备好”。据此改变了“战争不可避免的估计”，认为“战争可能延缓爆发”。但应看到，当时的判断还是战争能够“延迟”，而不是“避免”。因此，仍保持了应加紧备战的基本判断，认为“大战固然可能推迟，但是一些偶然的、局部的情况是难以完全预料的”，“仗总可能有一天要打起来”，“决不能浪费时间，要加紧备战工作”。[②]

此后，这一判断的天平逐步从战争向和平倾斜。1980 年 3 月 12 日，邓小平在中央军委常委扩大会议上指出：“冷静地判断国际形势，多争取一点时间不打仗还是可能的。”[③] 1981 年 9 月 19 日，在华北大演习的讲话中，邓小平开始不提“战争”和“备战”，而是代之以“超级大国的争夺日益加剧，苏联霸权主义加速推进全球战略部署，严重地威胁着世界的和平和我国的安全”。[④] 从“战争”到“和平和安全的威胁”，邓小平对战争与和平的大判断已经出现了根本的转变。到 1985 年，经过冷静观察和客观分析，邓小平在军委扩大会议上系

① 邓小平文选（一九七五——一九八二）[M]. 人民出版社，1983：74.
② 同上.
③ 同上，249.
④ 同上，350.

统性地提出“和平与发展是当今时代的两大主题”的战略论断，认为世界“和平因素的增长超过战争因素的增长，世界大战是可以避免的，争取较长时期的和平是可能的”①。同时期，他在会见外宾时也对世界形势做出高度概括，“现在世界上真正大的问题，带全球性的战略问题，一个是和平问题，一个是经济问题或者说发展问题。和平问题是东西问题，发展问题是南北问题。概括起来就是东西南北四个字。南北问题是核心问题。”②

“和平与发展将是时代主题”是一个意义十分重大的战略预判，产生了极为深远的影响。基于这样的对世界形势总体性的大预判，中国的政治、经济、军事、社会和外交都进入新的时代。正是基于这样的判断，中国才做出了以经济建设为中心，集中力量进行社会主义现代化建设的战略决策。显然，以邓小平为代表的中国共产党人又一次实现了成功的战略预判，且这个预判的周期长达30年以上。这种以“和平与发展”为主题的世界大趋势一直延续至今。在此大趋势下实行的“韬光养晦，有所作为”和“改革开放”等大战略的正确性得到了举世瞩目的认可，为中国特色社会主义的发展和中国模式、中国方案的提出奠定了最坚实的基础。

时隔30余年之后，习近平总书记多次在国际舞台重申“和平与发展是时代主题”的重大判断。2014年3月28日，中国国家主席习近平在德国科尔伯基金会发表演讲时指出：“什么是当今世界的潮流？答案只有一个，那就是和平、发展、合作、共赢。”③ 2015年9月26日，中国国家主席习近平在纽约联合国总部出席联合国发展峰会，并发表题为《谋共同永续发展，做合作共赢伙伴》的演讲，指出：“环顾世界，和平与发展仍然是当今时代两大主题。要解决好各种全球性挑战，包括最近发生在欧洲的难民危机，根本出

① 邓小平文选：第三卷［M］．人民出版社，1993：127.

② 邓小平文选：第三卷［M］．人民出版社，1993：105.

③ 中共中央党史和文献研究院．习近平关于总体国家安全观论述摘编［M］．中央文献出版社，2018：264.

路在于谋求和平、实现发展。面对重重挑战和道道难关，我们必须攥紧发展这把钥匙。唯有发展，才能消除冲突的根源。唯有发展，才能保障人民的基本权利。唯有发展，才能满足人民对美好生活的热切向往。”①

第六节 从“重要战略机遇期”到“历史机遇期”

“二十一世纪头二十年，对我国来说，是一个必须紧紧抓住并且可以大有作为的重要战略机遇期。”② 这一重要战略判断是以江泽民同志为核心的党的第三代领导集体对新世纪前20年进行的成功战略预判。

2002年5月31日，中共中央总书记江泽民出席中央党校省部级干部进修班毕业典礼时指出：经过全党和全国各族人民20多年的艰苦努力，我们胜利实现了现代化建设“三步走”战略的第一、第二步目标。一个12亿多人口的发展中大国，人民生活总体上达到小康水平，这是改革开放和现代化建设的丰硕成果，是中华民族发展史上一个新的里程碑。纵观全局，21世纪头一二十年，对我国来说，是必须紧紧抓住并且可以大有作为的重要战略机遇期。党的十五届五中全会提出，从新世纪开始，我国进入了全面建设小康社会，加快推进社会主义现代化的新的发展阶段。全党和全国上下要抓住机遇，坚持深化改革、扩大开放、促进发展、保持稳定，团结和带领全国各族人民坚定不移地实现我们的奋斗目标。③

这一论断的主要论据之一是2001年美国发生“9·11”事件后，

① http：//www.xinhuanet.com/world/2015－10/30/c_ 128374380.htm（上网日期：2018年3月5日）.

② 党的十六大报告.

③ 在中央党校省部级干部进修班毕业典礼上的重要讲话（5·31讲话）.江泽民文选：第三卷［M］.人民出版社，2006.

其主要矛盾转向反恐战争，战略重心转向中东地区。从这个角度进行判断，中国外部压力在一二十年的周期中将相对降低，形成中国发展与崛起的重要战略机遇期。因此，以江泽民同志为核心的第三代领导集体及时、准确做出重要战略判断，并号召全党紧抓机遇、迎头而上、努力奋斗。

事实证明，这一判断取得了较为成功的效果，是中国共产党人又一次准确的中长期重大战略研判。这一论断对美国主要矛盾及战略重心转移及中国国家安全环境出现的重大变化进行了准确战略研判，成功地为国家战略发展提供了及时有效的战略指导。

十八大之后，中央仍坚持这一论断，习近平总书记在不同场合均强调把握和抓住重要战略机遇期。例如，“当今世界是一个变革的世界，是一个新机遇与新挑战层出不穷的世界，是一个国际体系和国际秩序深度调整的世界，是一个国际力量对比深刻变化并朝着有利于和平与发展方向变化的世界。我们看世界，不能被乱花迷眼，也不能被浮云遮眼，而要端起历史规律的望远镜去细心观察。综合判断，我国发展仍然处于可以大有作为的重要战略机遇期。我们最大的机遇就是自身不断发展壮大，同时也要重视各种风险和挑战，善于化危为机、转危为安。”① 再如，“我国发展仍处于重要战略机遇期，我们要增强信心，从当前我国经济发展的阶段性特征出发，适应新常态，保持战略上的平常心态。”②

直到2017年，党的十九大报告在坚持这一判断的基础上，指出战略机遇期发生了一定的变化。“当前，国内外形势正在发生深刻复杂变化，我国发展仍处于重要战略机遇期，前景十分光明，挑战也十

---

① 习近平总书记在中央外事工作会议上的讲话（2014年11月28日）．中共中央党史和文献研究院．习近平关于总体国家安全观论述摘编［M］．中央文献出版社，2018：266.

② 习近平在河南考察时的讲话（2014年5月9－10日）．中共中央党史和文献研究院．习近平关于总体国家安全观论述摘编［M］．中央文献出版社，2018：72.

分严峻。”十九大报告所指出的基本判断是，我国当前的国家安全战略态势是仍处于重要战略机遇期，但战略机遇期的内涵发生了较大的变迁，面临的挑战日趋严峻。针对这种战略机遇期发生变化，以习近平同志为核心的党中央做出了最新战略判断。2018 年 1 月 5 日，习近平总书记在中央党校的讲话中指出，“当前我国正处于一个大有可为的历史机遇期”。《人民日报》刊文指出：这是习近平总书记纵观过去、当下与未来的历史演进，通览国家、政党、民族的沉浮兴衰，作出的重大战略判断，是中国特色社会主义进入新时代的国家表达、民族表达，彰显着当代中国共产党人洞察历史的睿智、创造历史的担当。在五千多年的历史长河中，中华民族曾有过很多机遇，但真正抓住机遇、开创盛世的屈指可数。这个历史机遇期是全方位的，不仅仅是经济的发展，更有科技和产业革命的加速，有中华文化影响力的增强，有中国智慧、中国方案赢得的更多掌声……从内部看，中国发展经过量的积累进入质的提升阶段，已经由高速增长阶段转向高质量发展阶段，中国巨轮正在驶出历史的峡谷，进入“海阔凭鱼跃”的宽广水域；从世界看，“世界之乱”和“中国之治”形成鲜明对比，全球的目光正在东移，中国的风景成为越来越多国家的憧憬。这样的机遇，是我们以不断的变革，在发展的进程中积累起来的比较优势；这样的历史机遇期，是我们用持续的奋斗，在新征程上为自己打开的时间窗口！①

“历史机遇期”这一最新判断的主要论据之一是美国主要矛盾再次转向大国竞争。尤其是特朗普政府上台后，美国战略重心的转移已经迫在眉睫。借助于出台以国家间竞争为主题的新“国家安全战略”以及对华采取一系列对抗性措施，美国将对华竞争进一步发展上升为更加优先的国家战略任务。在此情况下，我国国家安全环境的挑战无疑更趋严峻。但同时也应看到，中国自身的发展已经成

① 宣言．紧紧抓住大有可为的历史机遇期［J］．人民日报，2018 年 01 月 15 日 01 版．

为稳定、持续崛起的重要驱动力量，中国因素、中国力量和中国影响已经成为具备全局影响力的历史性的影响因素，正在主动影响并驱动历史发展进程向对我有利的方向演进。通过进一步把握和主动塑造这种历史性趋势，维护国家安全并实现中华民族伟大复兴的前景依然十分光明。

本章小结

在全球化深度发展的时代，尤其是我国进入社会主义建设的新时代，内外形势的深刻复杂变化将极大冲击传统战略研究的认识论和方法论体系，也对战略研判、战略谋划和战略运筹提出了更高水准和更为迫切的需求。国家安全环境深刻变化、国家安全观的丰富为中国的战略研判体系革新创造了新的契机。尤其是在当前大国竞争升级的重要历史时期，通过战略研判形成强有力的战略谋划对于赢得历史性战略博弈至关重要。开展国家安全战略评估与趋势预判既要继承优良传统，又要勇于开拓创新；既需要哲学和理论的指导，又需要体制机制保障、方法和技术手段支持以及扎实的研究工作。

中国国家安全战略研判应该继承和发扬中国共产党人的战略研究思想与实践。首先，必须坚持中国特色社会主义理论的指导，运用辩证唯物主义世界观和方法论，科学、全面、客观地开展战略预判研究。其次，尤其要深入学习毛泽东等老一辈革命家战略研究和预判的思想，高度重视战略预见，灵活运用“矛盾论”方法，开展系统周密的调查研究。以毛泽东等为代表的中国共产党人进行成功战略评估与预判案例不胜枚举。在革命、解放、社会主义建设和外交工作的各个历史时期，成功开展了大量行之有效的战略预判和决策辅助工作。以“星星之火，可以燎原”“抗日战争是持久战，最后胜利是中国的”“美帝、苏修发动大规模侵华战争的可能性都还不大”“和平与发展是当今时代的两大主题”

以及“重要战略机遇期”和“历史机遇期”等为代表的成功战略预判是中国共产党人的宝贵战略研判经验，必须予以继承和发扬。最后，应该结合“系统论”思想，创建兼具科学与艺术的中国战略评估与趋势预判体系。

第十一章

对中国战略预判的思考

“历史告诉我们，一个国家要发展繁荣，必须把握和顺应世界发展大势，反之必然会被历史抛弃。”[①]

——习近平

（2014年3月28日在德国科尔伯基金会的演讲）

“天下大势，浩浩汤汤，顺之者昌，逆之者亡。”历史告诉我们，一个国家要发展繁荣，必须把握和顺应世界发展大势，反之必然会被历史抛弃。[②] 能否成功评估态势，预判天下大势，事关国家战略进退和生死存亡。“国之大事，死生之地，存亡之道，不可不察也。”先圣贤哲无不追寻洞悉世事的才智，开展运筹帷幄的战略谋划。在中国进入新时代之时，这种战略评估与趋势预判就更加重要。“当前国际形势风云变幻，我国经济社会发生深刻变化，改革进入攻坚期和深水区，社会矛盾多发叠加，各种可以预见和难以预见的安全风险挑战前所未有。”[③] 当前和未来一段时期，我国既有实现“两个百年”战略

---

① 中共中央党史和文献研究院．习近平关于总体国家安全观论述摘编［M］．中央文献出版社，2018：264.

② 习近平在德国科尔伯基金会的演讲（2014年3月28日）．中共中央党史和文献研究院．习近平关于总体国家安全观论述摘编［M］．中央文献出版社，2018：264.

③ 中共中央政治局召开会议审议通过《国家安全战略纲要》，2015年1月23日，http：//www.xinhuanet.com/2015-01/23/c_ 1114110731.htm（上网日期：2018年3月5日）

目标、完成“现代化建设、祖国统一、维护世界和平与促进共同发展”三大历史任务的压力，又面临着国际体系深刻演变、外部因素复杂交织、内外环境深度联动的复杂局面，对加强内外战略主动塑造能力的需求日益迫切，对制定科学、有效的政治、军事、外交战略提出了更高要求，对国家战略层面的风险评估和战略预判的需求大幅提升。

国家战略研判是国家级系统调查研究活动，是国家实力的重要体现。必须依靠国家意志、国家实力和国家制度，建立健全国家战略研判体制机制，培育人才队伍，塑造战略研判文化环境，打造中国国家战略评估与趋势预判体系。最终形成与时代相适应、与国力和国际地位相匹配、与主要大国并驾齐驱的国家战略评估与趋势预判体系和谋划能力，为新时代的中国评估态势、预判未来，为全面建设社会主义现代化强国保驾护航。

第一节　建立健全中国战略预判的体制机制

开展战略预判，要靠制度、机制和保障措施来支撑。从国际经验来看，世界主要大国均建立起较为系统的战略研判、战略规划和战略实施体系。部分国家还建立国家级的战略评估与预判机构，提供最高层级的国家战略咨询服务。通过国家级的战略研判体系建设，推动形成紧密围绕国家核心利益安全的战略研判成果。在此基础上，系统性设计国家战略谋划体系，从外围支撑到内部研判，从战略规划到战略决策，从战略制定到战略实施，形成相对完善的体制机制，成为国家战略活动有序开展的根本保障和重要推动力。

中国特色社会主义进入了新时代，正日益走近世界舞台中央。国家更需要系统、科学、可靠的战略研判，以及在此基础上的战略谋划和实践。尤其是面对国际格局的深度调整、国家战略任务的进一步明确，国家战略研判与谋划必须具备与此相匹配的国家战略能力。一是建立健全由中央国家安全委员会抓总的中国战略研判体系；二是以分步走的形式，逐步完善跨部门、跨领域、跨学科新型协作机制，最终形成中国战略评估与中长期趋势预判的专门机构和工作体系；三是通过进一步强化战略决策咨询与辅助模式，从决策应用角度提高战略研判的辅助质量和效用，并形成不断改进完善的决策反馈机制；四是做强战略研判力量支撑体系，真正将中国战略研判体系做活、做大、做强（参见图 11—1）。

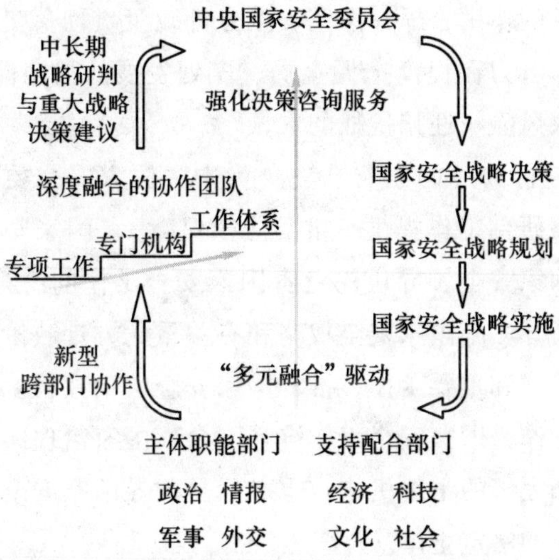

图 11—1 中国国家安全战略评估与中长期趋势预判的体制机制构想图

一、中央国家安全委员会抓总

中央国家安全委员会是统筹国家安全事务的核心中枢，自然也是战略研判的抓总机构。2013 年 11 月召开的党的十八届三中全会决定，成立中央国家安全委员会，完善国家安全体制和国家安全战略，确保国家安全。2014 年 1 月 24 日，中央政治局召开会议，研究决定中央国家安全委员会设置，从顶层设计层面高度重视国家安全管理工作，最大限度提升国家安全治理水平。[①] 习近平总书记在会上指出："成立国家安全委员会，是推进国家治理体系和治理能力现代化、实现国家长治久安的迫切要求，是全面建成小康社会、实现中华民族伟大复兴中国梦的重要保障，目的就是更好适应我国国家安全面临的新形势新任务，建立集中统一、高效权威的国家安全体制，加强对国家安全工作的领导。"[②] 习近平总书记指出，要坚持党对国家安全工作的绝对领导，实施更为有力的统领和协调。中央国家安全委员会要发挥好统筹国家安全事务的作用，抓好国家安全方针政策贯彻落实，完善国家安全工作机制，着力在提高把握全局、谋划发展的战略能力上下功夫，不断增强驾驭风险、迎接挑战的本领。[③]

2015 年施行的《国家安全法》为中央国家安全委员会领导、谋划和组织战略研判工作提供了重要法律保障。《国家安全法》第五条规定，中央国家安全领导机构负责国家安全工作的决策和议事协调，研究制定、指导实施国家安全战略和有关重大方针政策，统筹协调国家安全重大事项和重要工作，推动国家安全法治建设。因此，中央国家安全委员会作为国家安全工作统筹平台、国家治理体系和治理能力现代化改革和完善的主体机构，也必然是领导国家安全战略研判、谋划和指导工作的法定主体。

二、建立新型跨部门、跨领域、跨学科的协作机制

建设战略研判的力量布局和支撑体系，将更多机构和社会力量凝

① 总体国家安全观干部读本［M］. 人民出版社，2016：18－19.

② 习近平谈治国理政［M］. 外文出版社，2014：200.

③ 习近平总书记在第十九届中央国家安全委员会第一次会议上的讲话（2018 年 4 月 17 日）. http：//china. cnr. cn/news/20180418/t20180418_ 524202290. shtml（上网日期：2018 年 5 月 5 日）.

聚到国家战略研判和谋划的中心工作周围。通过机制保障，为国家安全战略研判提供跨领域、跨学科、跨部门的智慧和力量支持。

对于实现国家安全的途径，总体国家安全观强调工作体制机制和法制建设，这就涉及军事、政治、外交、情报等领域的工作机构和相关法律制度建设，同时也要求经济、文化、教育、社会等领域建立相应工作机制；既重视军事攻防、情报保障、外交活动等硬手段，也重视经济发展、社会和谐、文化交流、科技进步等软手段。[①] 战略研判作为国家总体安全工作的上游环节，必然需要军事、政治、外交、情报等领域的机构发挥主体职能，也要求经济、文化、科技、社会等领域力量的支持和配合。

这种跨部门、跨领域、跨学科的战略研判必须创新协作方式。跨部门协作既不仅是传统的部际联席会议等政策协调式的协作，也不仅是既有的组建课题组的协同工作模式，更不仅是危机事件中的紧急碰头会模式。必须形成任务导向、保障有力、相对稳定的跨部门、跨领域、跨学科深度融合作战团队。受国情因素影响，中国国际战略的决策圈、决策咨询圈和学术圈虽然加强了信息沟通，但人员的流动仍十分有限。三个圈子在一定程度上仍是互不重叠的独立单元。特别是对于学术界而言，由于很难获得有资深对外工作经验的高层人士转行进入，同时也很难从学者实现向决策与执行者的身份转变，本是需要有一定对外工作经验方能进行更深入研究的国际战略却成了相对孤立的“智力湖泊”，人力资源很难在更大的平台上有效运用。这与当前一些发达国家的国际战略研究形成了巨大的反差，必将直接影响国际战略研究的实用价值和理论价值。[②] 这种三环隔离的现象要求战略研判的跨部门、跨领域、跨学科协作方式不能简单依靠顶层统筹，必须在战略研究领域打开“旋转门”，打造深度融合的业务团队。

---

① 总体国家安全观干部读本［M］. 人民出版社，2016：32.

② 杨明杰. 国际战略研究中的政策导向［J］. 国际政治研究，2007，Vol. 44（4）：38－41.

由于战略研判是一项系统工程，要求扎实开展实际操作的业务研究工作，因此必须组建新型跨部门、跨领域和跨学科的协作团队。这种协作机制的建立可以采取三步走的方式。第一步，可以以专项形式，聚集军事、政治、外交、情报等领域的战略研判专家，开展工作筹备、方法探索等前期工作。既对工作的开展起到基础性的平台搭建作用，又形成相对成熟和稳定的人才团队。第二步，在内外时机相对成熟的情况下，以上述团队为基础，组建类似于美国早期"国家评估委员会"和当前"国家情报委员会"的机构。将该机构作为中央国家安全委员会直接领导的，专门服务国家最高战略决策，汇聚内外广泛智慧的国家安全战略研判机构。第三步，以该机构为核心，打造直接服务国家最高决策团队的顶级战略研究与预测的主体职能机构和战略分析、研判、报送、反馈体系。

三、进一步强化战略决策咨询

打造高效完善的战略决策咨询和辅助渠道，是将国家安全战略研判的成果切实转化为国家战略决策实践的关键一环。建立健全国家安全工作机制要求适应维护国家安全新形势新要求，遵循国家安全工作规律，在健全工作长效机制的基础上，建立决策咨询制度，加强对国家安全形势的分析研判，加强分析评估、监测与预警，健全国家安全危机的信息报告和发布机制，提高国家安全的科学决策水平。[①] 一方面，通过制度化安排，形成服务国家安全战略研判的周期性成果体系，并将其与国家安全战略规划体系进行有机整合。在中央国家安全委员会的统一领导下，应进一步建立健全国家安全监测预警体系，提升安全信息搜集分析和处理能力。[②] 另一方面，形成高效畅通的战略

① 总体国家安全观干部读本［M］. 人民出版社，2016：231.

② 刘跃进，王啸. 我国国家安全战略展现新布局［J］. 人民日报，2016 年 08 月 23 日 07 版.

决策咨询上传下达的通道，既要及时提供战略研判成果，将其转化为战略咨询的实际效果；又要形成稳定的决策反馈渠道，推动战略研判工作服务战略决策的能力不断提升。

以美国为代表的主要大国的决策与战略预判互动机制提供了一定借鉴意义。美国国家情报委员会及其“战略未来”项目的多名负责人都曾是美国“总统每日简报”团队的负责人或重要成员。“总统每日简报”是为总统及副总统、白宫幕僚长、国家安全顾问等总统核心国家安全决策团队提供的最高层级信息和战略研判服务。该团队每天用大约15分钟以当面汇报的形式为决策者提供紧急情况汇报和中长期战略趋势预判。小布什在其自传中说：“每天上午8点，我开始听取汇报，包含高度机密的信息以及对地缘政治的深入分析。这段时间也是我一天当中最为精彩的部分。”这种密切的当面互动，为决策者与战略预判服务提供了双向交流的重要平台，也对决策者加强对战略预判工作的指导和信任提供了重要保障。最终，总统将其信任的简报团队负责人派往国家情报委员会，进行战略统筹分析和更高水平的战略研判。

四、做强战略研判力量支撑

美国战略研判体系的经验突出反映了国家战略研判必须开门做研究，运用好内外资源与经验，加强人员、信息和智慧的可控、高效流动，形成“内部引领、外部推动、广泛汇聚”的生动局面。在推进战略研判力量支撑体系建设的过程中，着力运用外部力量、创新制度体系，是做好战略研判工作的一招“活棋”。

以美国等西方国家为例，近年来均大力推进战略研判力量整合发展的新模式，尤其是在战略评估与中长期趋势预判领域取得了一系列发展。一个较为突出的例子是中情局旗下风险投资公司“In－Q－Tel”推动的“情民融合”产业发展。该公司于2004年投资孵化的大数据企业“视眼石”（Palantir）创造成长佳绩，估值快速膨胀，成为美国创业公司巨头。同时，在美国政府和情报机构的推动下，迅速将情报资源及服务能力拓展到广泛的国家安全领域。“国家情报委员会”及其“战略未来”项目组在“全球趋势”项目的不断推进过程中，扩大与包括托夫勒学会、欧亚集团、牛津分析公司、CENTRA技术公司等在内的民间力量的广泛合作，是战略评估与中长期趋势预判领域开展“情民融合”发展的一个重要表象。

创新运用战略研判力量支撑的重要战略意义不仅在于吸收外部力量提升战略研判能力，更表现在创新投融资模式调动市场资源服务国家战略研判事业，还通过市场化激励引导前沿技术、资源和力量为国家战略决策所用，成为战略谋略的重要依托载体。美国“国家情报委员会”的广泛合作方式体现了这种创新发展的现实价值。

第二节　提供可持续发展的国家战略研判保障体系

一、完善法律保障

《国家安全法》对国家安全相关制度、机制建设提供了三方面的法律保障：一是统分结合、协调高效的国家安全制度与工作机制。国家安全涉及领域非常宽泛，牵涉部门众多，必须坚持党中央对国家安全工作的集中统一领导，同时又要按照行政管理体制和各自职责履行好管理国家安全工作的职责。坚持维护国家安全工作全国一盘棋的大局，加强联动、协调，通过建立会商机制等形式，在力量、资源、信息等方面形成维护国家安全的合力。二是国家安全战略的制定、实施和监督制度。国家安全战略是国家安全的顶层设计，是党中央在分析评估面临的国内外安全形势的基础上，对维护国家安全中长期目标、实现目标要完成的任务和采取的措施，以及对重大方针政策谋划等作出的规定，是指导国家安全工作的纲领性文件。三是国家安全审查制度。①

未来，应进一步明确对国家安全战略研判和谋划的法律保障。当前的法律中并没有明确国家战略研判的机构和权责。这是战略研究发展阶段的一种现实表现。《国家安全法》第六条规定：国家制定并不断完善国家安全战略，全面评估国际、国内安全形势，明确国家安全战略的指导方针、中长期目标、重点领域的国家安全政策、工作任务和措施。第五十六条规定：国家建立国家安全风险评估机制，定期开展各领域国家安全风险调查评估。有关部门应当定期向中央国家安全领导机构提交国家安全风险评估报告。第五十七条规定：国家健全国家安全风险监测预警制度，根据国家安全风险程度，及时发布相应风险预警。

可见，这些条文中还没有出现国家安全战略评估与中长期趋势预判以及与此相似或相关的规定。尤其是当前法律文件中对国内外安全形势评估、国家安全风险评估和预警等任务的要求还更多体现在短期和应急管理方面，对中长期战略研判的认识还不充分。未来，应随着国家战略评估与中长期预判体系的逐步完善，及时跟进提供国家安全法律保障。

二、塑造文化环境

在全社会形成尊重、重视、信赖战略研判的文化和环境对于国家安全战略评估与趋势预判的可持续发展至关重要。世界主要大国通过公布战略文件，提高了全社会对国家安全战略研判、谋划和实施的认识水平。以美国、法国等为代表的部分国家通过开放式的战略研判活动，使更广泛的普罗大众在国家安全战略决策中找到参与感，也使其获得对国家安全问题认识上的升华。

① 总体国家安全观干部读本［M］. 人民出版社，2016：223.

这种持续扩大的战略研判活动带动了全社会重视国家安全事业，尊重战略研判和谋划的科学性和可靠性，信赖国家制定的国家安全战略，并自觉遵循。未来，有必要通过将涉密程度不高的战略研判前期工作向社会开放，提高国民对战略谋划活动的参与热情，培养全社会的战略研究气氛，带动从普通民众就开始的战略文化自觉，从而塑造可持续的国家安全战略发展环境。

在此过程中，要进一步处理好公开与秘密的关系。一方面，保密是战略研判工作成功的最根本保障。战略研究是国之大事，关系到国家的生死存亡。“君不密则失臣，臣不密则失身，机事不密则害成。”战略研判的目标、任务、方法、组织、过程和成果等都是保密的对象。战略研判活动及其结论的知悉范围必须得到审慎的控制。“岂独使敌人不能窥，虽吾士卒，虽吾国人，不可使知之；非吾腹心之臣，非吾指授之将，不可使知之。”① 另一方面，战略研究又必须具有开放性。广纳英才良智是形成高质量战略研判成果的关键基础。美国不只设置了国家情报委员会这种政府与社会广泛沟通的最高咨询机构，还在其立项研究的过程中采用各种手段吸收外部智慧。因此，我国的战略研究也必须是开放包容的。这种开放性与保密性之间的平衡需要通过制度建设、技术手段等多种方式实现。

三、优化人才运用与培育

“人才是实现民族振兴、赢得国际竞争主动的战略资源。”②“人”是国家安全的根本，也是维护国家安全的源动力。培育好战略研判力量是实现高水平国家安全战略评估与趋势预判的根本所在。世界上任何机构，无论它在设计上多么完美，解决问题的关键

① ［南宋］范浚．香溪集［M］．商务印书馆，1985.

② 习近平．决胜全面建成小康社会，夺取新时代中国特色社会主义伟大胜利——在中国共产党第十九次全国代表大会上的报告（2017 年 10 月 18 日）［M］．人民出版社，2017.

还是在人。国家安全事务战略管理体制的本质：一是如何把人才动员起来、组织起来，发挥最大综合效果；二是如何尽可能地避免内耗，减少内部摩擦带来的损失；三是两者相辅相成，努力使这两个方面比竞争对手好一些，从而获得某种战略竞争优势。[①] 因此，必须通过顶层设计和制度安排，一方面将多方人才汇聚到国家战略研判的体系和机制中来，另一方面积极开展人员战略谋划培训和培养工作。

首先，要吸收和运用战略研判人才。美国通过长期实践，在军队和情报界培养了一批相对成熟的专业化战略研判团队，树立了一批权威可靠的战略研判领军人才。同时，通过广泛的外围合作与参与，在智库、高校、企业等方面培养了一批领域性的战略研判专业力量，将一批科学家、国际问题研究专家、经济学家、历史学家等吸纳到国家战略研判的体系中来，极大充实了战略研判的人力资源储备，也丰富了战略研判的智慧储备。

其次，要增强各级领导干部科学谋划能力。当前，国家安全工作面临前所未有的挑战。国家安全工作领域的范围不断拓展，维护国家安全的形式不断发展，要求广大干部深刻领会总体国家安全观的核心要义和实践要求，始终用总体国家安全观谋划工作、指导实践。立足当前、着眼长远，不断提高工作的预见性和主动性。梳理全局观念、加强战略谋划，找准国家安全工作的切入点和着力点，增强工作的针对性和实效性。既注重解决当前突出的安全问题，又积极应对各类潜在的安全威胁，坚持问题导向，做到未雨绸缪，下好先手棋、打好主动仗。强化系统谋划，坚持聚焦重点、抓纲带目，加强国家安全各领域工作的关联性、系统性、可行性研究谋划，整体推进各领域国家安全工作良性互动。[②]

---

① 吕德宏. 美国国安会体制：战略管理很重要［J］. 中国投资，2014（5）：54－55. 摘编自：彭光谦. 世界主要国家安全机制内幕［M］. 江苏人民出版社，2014.

② 总体国家安全观干部读本［M］. 人民出版社，2016：243.

再次，要引导形成政策导向型的战略问题研究力量布局。处在历史发展关键阶段的中国更需以政策导向为基础对国际战略问题研究进行新的综合布局与方向调整。而现状是，中国国际战略的政策实践步伐在一定程度上和一定领域内快于学术研究。近年来，诸多中国外交战略中的新概念多先出自政府决策与决策咨询圈，而且对学术研究提出了许多新的决策咨询需求。政府相关部门的决策者与政策研究咨询者研究国际战略问题时，更看重国际战略问题研究成果的实用及适用价值，其初衷主要在于为其具体政策的制定提供宏观性与基础性的理论指导。① 因此，有必要以“国家高端智库”建设等为契机，推动政策导向型的战略问题研究力量布局和发展态势。

最后，在未来开展战略研判的活动中，要进一步处理好集体研究与个人智慧的关系。“把党内和党外、国内和国外各方面优秀人才集聚到党和人民的伟大奋斗中来，让各类人才的创造活力竞相迸发、聪明才智充分涌流。”② 战略研究是一种国家层面的集体研究活动，需要体系化的组织和实施。但战略研究又是极富创造力的智慧活动，必须激发个体的创造力，否则不能生产出高质量的战略研究成果。分析判断能力是极其宝贵和至关重要的能力，需要经过长期的养成。在很大程度上，战略问题研究直接训练培养这种能力，直接为高层处理情况、分析问题做准备。二战后美国战略问题研究的大发展，成为一项重要事业以及受尊重的职业，有许多原因，其中一个重要原因是战略研究人员相对公正、中立，不受部门利益制约。③

---

① 杨明杰．国际战略研究中的政策导向［J］．国际政治研究，2007，Vol. 44（4）：38－41.

② 习近平．决胜全面建成小康社会，夺取新时代中国特色社会主义伟大胜利——在中国共产党第十九次全国代表大会上的报告（2017年10月18日）［M］．人民出版社，2017.

③ 吕德宏．美国国安会体制：战略管理很重要［J］．中国投资，2014（5）：54－55. 摘编自：彭光谦．世界主要国家安全机制内幕［M］．江苏人民出版社，2014.

只有在不同的层级、不同的范围内调动起大量个体的主动性，战略研究才能搞好，国家的战略体系才能稳固，优秀的战略文化也才能发扬光大。

四、打造持续完善的中国特色国家战略研判方法论体系

综合中国历史传统、国外经验和教训以及中国共产党人的理论、方法与实践经验，中国特色国家安全战略研判方法论体系必须在建立持续跟踪和改进的完善机制基础上，形成具有中国特色的多元复合方法论体系。战略研判是对历史演进的预判，必须在历史演进中持续跟进研究，通过预判与现实发展的不断比较，反复纠正和改进战略预判的方法，形成持续完善的正向循环。中国特色国家安全战略研判方法论体系的主体应由三部分构成。

一是以抓住主要矛盾与矛盾的主要方面为核心的重大趋势研判。抓住主要矛盾和矛盾的主要方面，在研究重大确定性趋势方面具有突出优势。中国共产党人多次成功的重大战略研判实践反复证明了这一点。必须在深入学习毛泽东等老一辈革命家战略研究和预判思想的基础上，运用“矛盾论”的分析方法，对重大战略形势发展趋势进行总体把握。将这种抓主要矛盾的战略研判方法作为中国特色战略研判方法论体系的主体内核，并以此为纲，辅之以其他理论和方法，在重大确定性趋势判断的基础上，进一步解决突发事态和重大不确定性问题，并在提高决策稳健性方面进行探索。

二是创新战略研判方法和手段，应对深度不确定性环境和重大突发事态。以美国为代表的主要大国运用以情景分析方法为代表的技术性辅助方法，作为战略预警和应急事态准备的预防性研究主体方法。战略情景推演是在重大趋势判断基础上应对深度不确定性和突发事态的重要成功实践。该方法和实践在吸收并综合情景分析等方法的基础上，开拓性地对战略层面的重大国家安全

关切进行模拟仿真研究，尤其在应对意外突发事态方面具有突出的优势。“仿真模型是对可决定一个系统行为的相互关系所做的数学描述。仿真不同于其他种类的模型，其包含的方程是不能同时求解的。人们通常通过各种变量来求解联立方程组，以全面描述系统。如果他写不出或不能衡量这些变量，他就会建立仿真模型。仿真模型在长期预测中最有用，因为长期预测不必进行准确的数值评估。当用来对各种备选情景想定（例如决策或自然现象）的影响进行比较时，仿真模型通常最为有效。”[①] 因此，有必要进一步创新升级战略情景推演方法，吸收和集成先进的数据和决策科学方法与技术，不断提升该方法的战略研究效果。同时，应将其作为重要的战略研判辅助方法，在不同的决策层面进行推广应用，提高各级、各部门思考、准备和应对突发事态和重大不确定性问题的能力。

三是着力提高决策建议的稳健性。决策建议是战略研判的最终目的。战略研判归根到底是为决策者提供稳健可行的战略决策建议，在重大战略趋势、突发意外事态等不同情况下，均有较强的战略弹性和持久力，具备较强的适应性和止损能力。习近平总书记指出，中国是一个大国，决不能在根本性问题上出现颠覆性错误，一旦出现就无法挽回、无法弥补。[②] 决不能犯战略性、颠覆性错误。面对波谲云诡的国际形势、复杂敏感的周边环境、艰巨繁重的改革发展稳定任务，我们既要有防范风险的先手，也要有应对和化解风险挑战的高招；既要打好防范和抵御风险的有准备之战，也要打好化险为夷、转危为机的战略主动战。我们要继续进行具有许多新的历史特点的伟大斗争，准

① Robert M. Clark. Intelligence Analysis：A Target - Centric Approach（3rd Ed）[M]. CQ Press，2010，p. 78.

② 习近平在全国党校工作会议上的讲话（2015 年 12 月 11 日）. 中共中央党史和文献研究院. 习近平关于总体国家安全观论述摘编 [M]. 中央文献出版社，2018：34.

备战胜一切艰难险阻，朝着我们党确立的伟大目标奋勇前进。[①] 因此，可以部分吸取稳健决策的思路，在政策出台前，对确定性、不确定性和不可知的情景进行综合考虑和检验，完善和补充政策储备架构，形成切实可行、综合全面、有助止损的配套政策体系。

本章小结

在全书的研究基础上，本章从体制机制和保障体系两方面对完善中国战略研判体系进行了思考。

在建立健全体制机制方面：一是建立由中央国家安全委员会抓总的中国战略研判体系；二是以分步走的形式，逐步完善跨部门、跨领域、跨学科新型协作机制，最终形成中国战略评估与中长期趋势预判的专门机构和工作体系；三是通过进一步强化战略决策咨询与辅助模式，从决策应用角度提高战略研判的辅助质量和效用，并形成持续改进完善的决策反馈机制；四是通过做强战略研判力量支撑体系，真正将中国战略研判体系做活、做大、做强。

在提供可持续发展的保障体系方面：一是完善法律保障；二是塑造文化环境；三是优化人才运用和培育；四是健全中国特色国家安全战略研判方法论体系，形成由抓主要矛盾判断重大趋势、以创新战略研判手段应对突发事态和着力提升决策稳健性共同构成的复合方法体系。

① 习近平总书记在新进中央委员会的委员、候补委员和省部级主要领导干部学习贯彻习近平新时代中国特色社会主义思想和党的十九大精神研讨班上的讲话（2018 年 1 月 5 日）. 中共中央党史和文献研究院. 习近平关于总体国家安全观论述摘编 [M]. 中央文献出版社，2018：14－15.

结　语

本书采取“两下两上”的分析框架，两次聚焦下沉，两次提炼升华。从世界主要大国的国家安全战略及其战略评估与趋势预判的基本范式和一般性特征开始，聚焦到美国的国家安全战略体系及其战略评估与趋势预判的力量布局与代表性成果。进而从角色定位、发展演进、研究范式、方法体系、组织实施、缺陷改进和经验教训等七个方面，对以国家情报委员会为代表的美国国家安全战略评估与中长期趋势预判体系进行深入分析。在此基础上，将其上升到美国经验和一般方法的总结。最后引入对中国开展战略研判的思考和探索。

本书首先对世界主要大国制定国家安全战略并开展国家安全战略评估与中长期趋势预判的基本范式和一般特征进行了研究。研究表明，国家研判活动的基本范式是首先确定国家核心利益所在，并对国家安全环境形成基本的战略判断，既聚焦于当前国家安全面临的紧迫威胁，又着眼于中长期战略趋势发展态势。在战略研判的基础上，提出维护国家核心利益，实现国家安全战略目标的具体战略举措和实施路径。本书特别分析了国家安全战略评估与中长期趋势预判的主观性因素，指出不同时代、不同政府对战略研判具有不同的主观性影响。这种主观性主要体现在安全环境的压倒性影响因素、研判时的主流认识等方面。其中较为典型的案例是美国“战时”与“平时”国家安全战略的显著区别、美俄基于关系变化而对对方威胁判断的调整以及欧洲因难民等问题而将全球化的负面影响作为重要的国家安全威胁。

美国已经形成相对稳定的战略研判、规划和实施体系，相对健全的体制、机制和法制保障，积累了相对成熟的战略研判方法和经验，也反映出一些具有普遍意义的教训和不足。本书对此进行了研究，阐明了其战略文件的“三级四层”体系，确定了战略预判与评估工作在国家战略规划过程中的“研究先行”角色和基础性作用，解析了美国战略评估与趋势预判的“三维”布局，厘定了军、情、研各方的战略研判特点和定位。

在美国涉及国家战略研判的大量机构、成果和方法之中，军方参联会主持的“四年防务评估”和情报界国家情报委员会主持的“全球趋势”两个典型成果是美国官方战略评估与趋势预判的代表。本书对二者的主体内容、角色定位、体制机制、运作流程、基本方法等进行了考察和阐述。经过对比分析发现，虽然“四年防务评估”的知名度更高，但“全球趋势”对更为广泛的政治、经济、安全、科技、社会、文化等问题进行了综合性评估和趋势预判。同时，国家情报委员会是美国在国家层面专门设置的顶层战略咨询机构，其设置的初衷和机构的职能、目标都是服务国家最高战略决策。该机构组织的战略研究部门利益色彩相对更少。综合以上一些判断，本书将国家情报委员会及其“全球趋势”作为剖析美国国家战略评估与趋势预判的主要代表。

国家情报委员会的“全球趋势”系列研究是美国长期开展的重要国家级战略评估与中长期趋势预判工作，具有综合、宏观的基本特点。该机构超脱部门利益，走专家治学道路，对研究发挥战略影响力起到了良好的助益作用。经过20余年的持续发展，形成了相对稳定的研究体制机制，系列化的研究成果，成功的国家决策支持，以及广泛的全球影响。本书首先对国家情报委员会及其“全球趋势”系列研究成果进行了梳理和概述。对1997年至2017年之间的六份报告进行了评析，对其立项背景、研究方式、文章架构、主要亮点和关键创新等进行了阐述。通过上述研究发现，“全球趋势”研究的发展变化经历了“初创—成熟—新探索”三个阶段。在此基础上，本书进一步揭示了该研究不断演进的变化轨迹。

在研究范式方面，本书对该研究的基本原则和主要特征进行了概括。该研究的首要任务和特征是将国家核心利益及其主要威胁作为出发点，明确研究定位。尤其是将意识形态、价值观和国际秩序等国家核心利益确定为首要国家安全利益。并根据形势发展及时合理地调整对国家安全利益的认知。其次是建立反思改进的研究制度，通过跟进形势发展改进研判的准确度，并逐步将研究的细致程度和深度推向更高水平。尤其是处理好对自身角色的认识问题，解决战略研判的“灯下黑”。最后，紧密围绕国家安全战略决策是研究的核心主线。在整个研究过程中都贯彻服务国家安全战略决策的思路，采取“内外有别”的方式提高战略决策建议的有效性，并向“稳健决策”的方向发展。

在研究方法方面，本书对该研究的主要理论和方法体系进行了梳理，提炼出“评估—预判—决策”三环基本分析方法体系，并集中对三个环节的各自定位、目标和方法进行了评述。在评估阶段，主要采用“仿真模拟”方法，通过将“量化计算”与“趋势外推”进行结合，解决确定性的趋势问题。其核心分析因素在长期的实践中保持了相对稳定，也证明了该方法的基础性作用。在预判阶段，主要采取情景分析方法，解决历史的不连续性和关键不确定性，为应对扭转趋势的重大突发性事态提供分析手段。情景分析方法是国家情报委员会战略研判的核心方法，其开展的方式、演进的过程和总体方法在本书中有进一步的阐述。在决策研究的阶段，经过长期探索，在“全球趋势”最新的报告中引入了稳健决策的思路，主要目的是提供不依赖于对未来确定性判断的普适性决策。考虑到情景分析方法在该研究中发挥的核心作用，以及稳健决策方法作为新增长点的未来价值，本书对两个方法进行更深入的探讨，尤其是对其融合发展的趋势进行了展望。这种融合发展的趋势形成了以中长期战略评估与趋势预判为主轴，“仿真模拟”“情景分析”和“稳健决策”相结合的“一轴三元”研究方法体系，最终呈现出确定性趋势评估、深度不确定性环境预判和不依赖于环境的决策相互补充和配合的局面。“评估—预判—决策”方法三元融合，将形成更加完善的战略研判方法体系，未来有可能在美国国家安全战略评估与趋势预判中发挥主体作用。

在组织实施方面，系统筹划、有序组织、内外统筹和持续完善是该研究的主要组织形态。国家顶层战略咨询体制和机制为战略研判工作提供了根本保障，也注入了强大动力。“从核心到外围再到核心”的基本组织流程保证了研究兼具公开性与秘密性。开放性的内外统筹是该研究的重要体系和方法创新，对于形成高质量的研究成果提供了重要保障。持续的反思、检验和改进，是该研究形成方法体系、专业化团队和不断扩大的影响力的关键所在。其中技术辅助手段的运用起到了显著的增益效果，弥补了一些方法上的缺陷。

本书还从四方面对美国战略研判的缺陷进行了探讨，以期对我国开展战略研判工作提供有益的参考。美国战略研判出现的主要问题包括研究不够全面、对历史的不连续性重视不足、存在一系列思维定式和意识形态影响等问题。通过对关键人物的分析，研究表明国家情报委员会的人员构成和变动情况也对上述问题造成了不利的影响。“内生化”趋势还有可能进一步危及该机构的权威性和成果影响力，使其面临“第二次危机”。

在此基础上，本书对美国经验和教训进行了总结，指出建立健全国家安全战略及其研判体系、形成良好的战略研究布局、进行科学研究设计对我国具有重要的参考价值。而研究片面性、思维定式和机构官僚化等教训在开展战略研判的过程中应予吸取和重点关注。此外，尤其应重视、借鉴及警惕的是，美国将战略研判活动作为载体，汇聚国外智力资源、影响目标国家的战略研究力量，从而引入外部智慧、输出本国意识形态和价值观，最终从内外两个方向共同实现服务美国国家利益的战略目的。

本书结合以美国为代表的主要大国战略预判经验，对我国开展国家战略评估与中长期趋势预判进行了思考和探索。在全球化深度发展的时代，尤其是我国进入中国特色社会主义建设的新时代，内外形势的深刻复杂变化将极大冲击传统战略研究的认识论和方法论体系，国家战略环境深刻变化、国家安全观的丰富也为中国的战略预判体系革新创造了新的契机。尤其是在当前大国竞合升级的重要历史时期，对战略研判、战略谋划和战略运筹提出了更高水准和更为迫切的需求。中国国家战略预判必须坚持中国特色社会主义理论的指导，运用辩证唯物主义世界观和方法论，深入学习毛泽东等老一辈革命家战略研究和预判的思想，继承和发扬中国共产党人的战略研究思想与实践，从中国战略研究传统中汲取营养，创建兼具科学与艺术的中国战略评估与趋势预判体系。

最后，本书从体制机制和保障体系两方面对完善中国战略预判体系进行了思考，提出了由中央国家安全委员会抓总、分步完善新型协作机制、强化战略决策咨询与辅助、创新发展战略研判力量支撑等方面的中国国家战略预判体系总体构想。并从完善法律保障、塑造文化环境、优化人才运用和培育、健全方法论体系等四方面为国家战略预判提供可持续发展的保障体系。

参考文献

一、中文书籍

艾思奇．哲学选辑［M］．上海三联书店，1950.

［法］安德烈·博弗尔．战略绪论［M］．内蒙古文化出版社，1997.

巴忠倓．未来十年国际环境与中国国家安全［M］．时事出版社，2011.

［东汉］班固．白虎通［M］．北京图书馆出版社，2006.

［东汉］班固．汉书［M］．中华书局，2000.

［美］布雷德利·F·史密斯，宋静存译．美国战略情报局始末［M］．国际文化出版公司，1988.

蔡承学．兰德战略评估系统方法与推演设计建模［M］．航空工业出版社，2015.

［东汉］曹操．曹操集［M］．中华书局出版社，1974.

陈启达．多维的世界与多维的思维［M］．时事出版社，1999.

［西晋］陈寿．三国志［M］．中华书局，1982.

邓小平文选（一九七五——一九八二）［M］．人民出版社，1983.

邓小平文选：第三卷［M］．人民出版社，1993.

［南宋］范浚．香溪集［M］．商务印书馆，1985.

冯友兰．中国哲学简史［M］．北京大学出版社，2013.

［东晋］葛洪．抱朴子［M］．上海古籍出版社，1990.

[英] 哈耶克．科学的反革命 [M]．译林出版社，2003.

[战国] 韩非．韩非子新校注 [M]．上海古籍出版社，2000.

[西汉] 桓宽．盐铁论 [M]．中信出版社，2014.

胡光宇．战略：预测与决策 [M]．清华大学出版社，2005.

胡光宇．战略定量研究基础：预测与决策 [M]．清华大学出版社，2010.

[明] 胡应麟．少室山房笔丛 [M]．上海书店，2009.

江泽民文选：第三卷 [M]．人民出版社，2006.

可亨豪生著，冯德彪译．图上战术与兵棋 [M]．军用图书社，1942.

兰德公司．恐怖的海峡？中台对抗的军事问题与美国的政策选择 [M]．军事科学出版社，2000.

李际均．中国军事战略思维 [M]．中港传媒出版社，2015.

[俄] 列宁．列宁全集：第 23 卷 [M]．人民出版社，1958 年．

[俄] 列宁．哲学笔记 [M]．人民出版社，1993.

[西汉] 刘安．淮南子 [M]．广东人民出版社，1994.

刘源．兵棋与兵棋推演 [M]．国防大学出版社，2013.

[西汉] 陆贾．新语校注 [M]．中华书局，1986.

陆忠伟．把脉世界 [M]．中央编译出版社，2009.

陆忠伟．非传统安全论 [M]．时事出版社，2003.

陆忠伟．国际战略与安全形势评估．（2001 - 2002）[M]．时事出版社，2002.

陆忠伟．国际战略与安全形势评估．（2002 - 2003）[M]．时事出版社，2003.

[美] 罗伯特·克拉克．情报分析：以目标为中心的方法 [M]．金城出版社，2013.

吕德宏．从思想到行动：解读美军战略规划 [M]．长征出版社，2008.

毛泽东读文史古籍批语集 [M]．中央文献出版社，1999.

毛泽东．建国以来毛泽东文稿：第七卷［M］．中央文献出版社，1998.

毛泽东年谱：中卷［M］．中央文献出版社，2002.

毛泽东文集：第二卷［M］．人民出版社，1996.

毛泽东文集：第三卷［M］．人民出版社，1996.

毛泽东文集：第六卷［M］．人民出版社，1996.

毛泽东文集：第七卷［M］．人民出版社，1996.

毛泽东选集：第一卷［M］．人民出版社，1991.

毛泽东选集：第二卷［M］．人民出版社，1991.

毛泽东选集：第三卷［M］．人民出版社，1991.

毛泽东选集：第四卷［M］．人民出版社，1991.

毛泽东哲学批注集［M］．中央文献出版社，1988.

美国国家情报委员会．全球趋势 2025：转型的世界［M］．时事出版社，2009.

美国国家情报委员会．全球趋势 2030：变换的世界［M］．时事出版社，2016.

［美］摩根索．国家间的政治［M］．商务印书馆，1993.

钮先钟．中国古代战略思想新论［M］．安徽教育出版社，2005.

欧阳维．战略部署论［M］．解放军出版社，2011.

［英］培根．新工具［M］．商务印书馆，2005.

彭光谦．世界主要国家安全机制内幕［M］．江苏人民出版社，2014.

钱学森．论系统工程［M］．上海交通大学出版社，2007.

邱均平．文献计量内容分析法［M］．国家图书馆出版社，2008.

沈志华．美国对华情报解密档案［M］．东方出版中心，2009.

［北宋］司马光．资治通鉴［M］．岳麓书社，1990.

［春秋］孙武．十一家注孙子校理［M］．中华书局，1999.

［元］脱脱．宋史［M］．中华书局，1977.

王灵桂．对综合安全的现实思考［M］．中国友谊出版公司，2014.

王荣．《美国国家安全战略报告》研究［M］．时事出版社，2014.

王胜云．中国国家安全战略环境与国防教育［M］．河北人民出版社，2002.

王文华．钱学森学术思想［M］．四川科学技术出版社，2007.

武桂馥．战略环境与安全战略研究［M］．解放军出版社，2008.

习近平．干在实处，走在前列：推进浙江新发展的思考与实践［M］．中共中央党校出版社，2006.

习近平．决胜全面建成小康社会，夺取新时代中国特色社会主义伟大胜利——在中国共产党第十九次全国代表大会上的报告（2017年10月18日）［M］．人民出版社，2017.

习近平关于总体国家安全观论述摘编［M］．中央文献出版社，2018.

习近平谈治国理政［M］．外文出版社，2014.

习近平谈治国理政：第二卷［M］．外文出版社，2017.

习近平总书记系列重要讲话读本（2016年版）［M］．学习出版社，人民出版社，2016.

［俄］西洛可夫．辩证法唯物论教程［M］．笔耕堂，1935.

熊向辉．我的情报与外交生涯［M］．中共党史出版社，1998.

［美］约书亚·瑞夫纳，张旸译．锁定真相：美国国家安全与情报战略［M］．金城出版社，2016.

［东汉］袁康．越绝书［M］．贵州人民出版社，1996.

张露，王迎晖译．最后的武士：安德鲁·马歇尔与美国现代国防战略的形成［M］．世界知识出版社，2018.

张沱生，史文．对抗·博弈·合作：中美安全危机管理案例分析［M］．世界知识出版社，2007.

［清］张之洞．劝学篇评注［M］．大连出版社，1990.

中央陆军军官学校教育处．沙盘及兵棋之教育［M］．中央陆军军官学校教育处，1940.

周德武．解读华尔街［M］．当代世界出版社，2002.

周恩来选集［M］．人民出版社，1980.

朱听昌．中国周边安全环境与安全战略［M］．时事出版社，2002.

总体国家安全观干部读本［M］．人民出版社，2016.

总体国家安全观教育读本［M］．光明日报出版社，2016.

二、中文期刊

［俄］A·A·邓金等．2030 年全球战略预测［J］．俄罗斯研究，2011（4）．

曹升生，高科冕．专注于军事研究的美国新智库——战略与预算评估中心［J］．战略决策研究，2013（3）．

陈胜昌．美国对世界未来 15 年的预测及其国家战略——评美国国家情报委员会《2025 年全球趋势》研究报告［J］．经济研究参考，2011（46）．

程春华，杨久华．未来中长期全球公共卫生安全：发展趋势及其国际政治影响［J］．社会科学，2012（11）．

邓晓宝，于淑德．国际形势和战略环境展望［J］．国防，1989（4）．

樊高月．从三级战略体系到四级战略体系——解析《美国国防战略》［J］．现代军事，2005（5）．

高吉喜，吕世海，姜昀．战略环境影响评价方法探讨与应用实践［J］．环境影响评价，2016，38（2）．

高祖贵．当前国际战略环境特点与走势［J］．国际问题研究，2015（6）．

韩卫东．战略制胜：国际战略环境与中国国家安全［J］．理论前沿，2004（1）．

贺吉元. 毛泽东著作《论持久战》问世前后［J］. 文史精华，2012（1）.

黄仁伟. 经略周边环境维护国家战略机遇期［C］// 中国国家安全论坛. 2005.

李健，毛翔. 兰德战略评估系统及其影响［J］. 军事运筹与系统工程，2015（1）：5－12.

林宏宇，张睿哲. 从美国军事战略报告看未来中国国家安全环境［J］. 国际安全研究，2010（5）.

林利民. 对21世纪初中国国家安全战略的几点思考［J］. 江南社会学院学报，2002，4（2）.

刘庆礼. 指导全国抗战胜利的纲领性文献——毛泽东的《论持久战》［J］. 史志学刊. 2009（5）.

刘跃进，王啸. 我国国家安全战略展现新布局［J］. 人民日报，2016年08月23日07版.

刘长敏，李贵州. 奥巴马任期内《美国国家安全战略报告》比较研究［J］. 太平洋学报，2016，24（6）.

刘志良，董阳春. 解读美国的长期战略预测——《全球趋势2025》评析［J］. 世界经济与政治论坛，2009（2）.

卢毅，李理，赵勇，等. 基于情景分析的城市空间与产业战略布局选择——以宜宾市为例［J］. 经济地理，2013，33（3）.

陆齐华. 俄罗斯国家安全战略的历史演进［J］. 俄罗斯学刊，2016（4）.

陆巍. 德国2016年版《安全政策与联邦国防军未来白皮书》解析［J］. 德国研究，2017（1）.

吕德宏. 美国国安会体制：战略管理很重要［J］. 中国投资，2014（5）.

马建光，孙迁杰. 俄罗斯国家安全战略的变化及影响——基于新旧两版《俄联邦国家安全战略》的对比［J］. 现代国际关系，2016（3）.

马治宇，罗批．战略评估平衡计分卡因果关系分析方法研究［J］．指挥与控制学报，2017，3（2）．

欧阳维．关于国防动员问题的若干思考［C］．中国国际战略评论．2012.

钱程，苏德林，姚瑶．情景分析法在黑龙江省水环境污染防治工作中的应用［J］．环境科学与管理，2006，31（1）．

钱学森．一个科学新领域——开放的复杂巨系统及其方法论［J］．自然杂志，1990，12（1）．

沈志华．中央情报局对中国局势的评估和预测（1958－1959 年）［J］．国际冷战史研究，2004，1（1）．

斯夫．一九六九年四老帅受命研究国际形势内情［J］．党史博览，2003（9）．

田光明．情景分析法［J］．晋图学刊，2008（3）．

王存刚．外部战略环境的新特点与中国海外国家利益的维护［J］．国际观察，2015（6）．

王昊．美国 2025 全球趋势预测报告的解读［J］．科教创新，2010.

王雪莹．美国国家情报委员会预测未来 20 年六大领域创新趋势［J］．科技导报，2017，35（6）．

熊琦，虞明远．基于情景分析法的北京市道路省际客运需求预测研究［J］．交通运输工程与信息学报，2006，4（4）．

熊向晖．打开中美关系的前奏——1969 年四位老帅对国际形势的研判和建议［J］．中共党史资料（第 42 辑），中共党史出版社，1992.

宣言．紧紧抓住大有可为的历史机遇期［J］．人民日报，2018 年 01 月 15 日 01 版．

薛惠锋，杨景．钱学森总体设计部思想的现实意义［J］．工程研究—跨学科视野中的工程，2016，8（4）．

闫桂龙．美国国防部净评估理论的定义、方法与实践［J］．国际研究参考，2011（5）.

杨奎松．一九四八年至一九五六年美国中央情报局对中国局势的评估和预测［J］．中共党史研究，2005（6）.

杨明杰．国际战略研究中的政策导向［J］．国际政治研究，2007，Vol. 44（4）.

杨明杰．中美关系：在危机管控中保持战略定力［J］．环球财经，2018（2－3）.

杨毅．对中国国家安全战略的思考［J］．国防大学学报，2005.

杨毅．国家安全战略中的主观因素［J］．新视野，2010（3）.

杨毅．我国周边战略环境的基本特征与趋势［J］．新视野，2013（5）.

易本胜，李万顺．美军战略净评估方法分析［J］．军事运筹与系统工程，2012（3）.

于红霞，钱荣．解读未来发展不确定性的情景分析法［J］．未来与发展，2006，27（2）.

于红霞，汪波，钱荣．情景分析在企业发展战略中的应用研究［J］．科技管理研究，2006，26（11）.

余艳春，邵春福，董威．情景分析法在交通规划中的应用研究［J］．武汉理工大学学报（交通科学与工程版），2007，31（2）.

俞正樑．试论中国外交新政的国际战略环境［J］．国际观察，2010（3）.

岳珍，赖茂生．国外“情景分析”方法的进展［J］．情报杂志，2006，25（7）.

张林初．法国2013年版《国防与国家安全白皮书》评述［J］．和平与发展，2013（5）.

张向龙，王俊，杨新军，等．情景分析及其在生态系统研究中的应用［J］．生态学杂志，2008，27（10）.

张学才，郭瑞雪．情景分析方法综述［J］．理论月刊，2005（8）.

张艳，沈镭，于汶加等．我国东部沿海区域能源安全情景分析预测［J］．中国矿业，2014（3）．

张勇．美国国家情报委员会报告《2025年全球趋势》解析［J］．国际研究参考，2009（1）．

赵乃凡．战略预测的方法和技术［J］．中国储运，2000（2）．

周德武等．为“新帝国主义论”把脉［J］．世界知识，2002（15）．

宗蓓华．战略预测中的情景分析法［J］．预测，1994（2）．

三、学位论文

刘静．基于情景分析法的昆明市能源消费需求研究［D］．云南大学，2015.

孙斌．基于情景分析的战略风险管理研究［D］．上海交通大学，2009.

于红霞．情景分析在港口发展战略中的应用研究［D］．天津大学，2004.

张媛敏．基于情景分析的农村能源战略研究［D］．华北电力大学（北京），2010.

朱祉熹．我国战略环境评价中的情景分析研究［D］．南开大学，2010.

四、英文书籍

Abram N. Shulsky，Gary J. Schmitt. Silent Warfare：Understanding the World of Intelligence［M］. Potomac Books，Inc.，2002.

Asian Development Bank. Asian development outlook［M］. Asian Development Bank，1989.

Barber，M.，Conway，M. Vision Australia：A Stocktake of Future

Scenario Reports for Australia, Securing Australia's Future Project, Final Report: Scenario Review and Causal Layered Analysis of Selected Scenarios [M]. Center for Australian Foresight, 2014.

Boucher W. I. Scenario and Scenario Writing, in Nonextrapolative Methods in Business Forecasting [M]. Conn.: Quorum Books, 1985.

Bruce D. Berkowitz and Allan E. Goodman. Strategic Intelligence for American National Security [M]. Princeton University Press, 1989.

Centre O D. Atlas of Gender and Development: How Social Norms Affect Gender Equality in non - OECD Countries [M]. OECD, 2010.

Charles D. Cremeans. Basic Psychology for Intelligence Analysts, in H. Bradford Westerfield, ed. Inside CIA's Private World: Declassified Articles from the Agency's Internal Journal [M]. New Haven, CT: Yale University Press, 1995.

Clark R. The fire this time: US war crimes in the Gulf [M]. New York: Thunder's Mouth Press, 1992.

Dewar J A, Bankes S C, Edwards S J A, et al. Expandability of the 21st Century Army [M]. 2000.

Dewar J A, Gillogly JJ, Graubard MH. CODA User's Manual [M]. 1985.

Dewar J A, Hodges J S, Saunders - Newton D K, et al. Credible Uses of the Distributed Interactive Stimulation (DIS) System [M]. Rand Corporation, 1996.

Dewar J A. Assumption - Based Planning: A Tool for Reducing Avoidable Surprises [M]. Cambridge University Press, 2002.

Ephraim Kam, Surprise Attack: The Victim's Perspective [M]. Cambridge, Massachusetts: Harvard University Press, 1988.

Gharajedaghi J. Systems Thinking: Managing Chaos and Complexity [M]. Boston: Butterworth - Heinemann, 1999.

Graham, P. W., Smart, A.. Possible Futures: Scenario Modelling of

Australian Alternative Transport Fuels to 2050 [M]. CSIRO Energy Transformed Flagship Publications. Department of Resources, Energy and Tourism, Australia, 2011.

International Risk Governance Council. White Paper on Risk Governance: Towards an Integrative Approach [M]. Geneva, 2005.

Karl R. Popper. Conjectures and Refutations: The Growth of Scientific Knowledge [M]. New York: Harper&Row, 1963.

Keynes J M. The Economic Consequences of the Peace [M]. Harper & Row, 1971.

Krepinevich, Andrew, and Barry Watts. The Last Warrior: Andrew Marshall and the Shaping of Modern American Defense Strategy [M]. New York: Basic Books, 2014.

Lempert R J, Popper S W, Bankes S C. Shaping the Next One Hundred Years: New Methods for Quantitative, Long – Term Policy Analysis [M]. RAND Corporation, 2003.

Mark E. Redden and Michael P. Hughes. Global Commons and Domain Interrelationship: Time for a New Conceptual Framework? [M]. INSS Strategic Forum 259, Washington, DC: National Defese University Press, 2010.

P Tetlock P E. Expert Political Judgment: How Good Is It? How Can We Know? [M]. Princeton University Press, 2009.

R Hutchings, J Suri. Foreign Policy Breakthroughs: Cases in Successful Diplomacy [M]. Oxford University Press, 2015.

Robert C. Higgins. Analysis for Financial Management (8th Ed) [M]. Boston: McGrawHill, 2007.

Robert M. Clark. Intelligence Analysis: A Target – Centric Approach (3rd Ed) [M]. CQ Press, 2010.

Roberta Wohlstetter. Pearl Harbor: Warning and Decision [M]. Stanford University Press, 1962.

Schwartz P. The art of the long view [M]. Doubleday Currency, 1991.

Schweizer P. Victory：The Reagan administration's secret strategy that hastened the collapse of the Soviet Union [M]. Atlantic Monthly Press, 1994.

Securing Britain in an Age of Uncertainty：The Strategic Defence and Security Review [R]. London：TSO, October 2010.

Shell International BV. Energy Scenarios to 2050 [M]. 2008.

Sherman Kent, Strategic Intelligence for American World Policy [M]. Princeton University Press, 1966.

Sherman Kent. The Law and Custom of the National Intelligence Estimate [M]. the Center for the Study of Intelligence, 1994.

Society of Petroleum Engineers. Glossary of Terms Used in Petroleum Reserves and Resources Definitions [M].

Swaine M D, Zhang T, Cohen D F S. Managing Sino – American crises：case studies and analysis [M]. Carnegie Endowment for International Peace, Hopkins Fulfillment Service, 2006.

Treverton G F, Gabbard C B. Assessing the Tradecraft of Intelligence Analysis：[M]. RAND Corporation, 2008.

Treverton, Gregory F. Intelligence for an Age of Terror [M]. Cambridge and New York：Cambridge University Press, 2009.

U. S. Department of Defense. JP 1 – 02. Dictionary of Military and Associated Terms [M]. 2001, amended through 2009.

Warfield J N, Cardenas A R. A Handbook of Interactive Management [M]. Iowa State Press, 2002.

Woodrow J. Kuhns. Intelligence Failures：Forecasting and the Lessons of Epistemology, Paradoxes of Strategic Intelligence [M]. Frank Cass, 2003.

World Bank. Global Development Finance [M]. World Bank, 2002.

World Bank. Global economic prospects [M]. World Bank, 2003.

Zvi Bodie, Alex Kane, and Alan Marcus. Investments [M]. New York: McGraw - Hill, 2004.

五、英文期刊

Abbot Smith. On the Accuracy of National Intelligence Estimates [J]. Studies in Intelligence, vol. 13, no. 3, Fall 1969.

Aider Tuner. The Uses and Abuses of Economic Ideology [J]. Project - Syndicate. org, July 15, 2010.

Alizadeh R, Lund P D, Beynaghi A, et al. An integrated scenario - based robust planning approach for foresight and strategic management with application to energy industry [J]. Technological Forecasting & Social Change, 2016.

Barry Eichengreen. Fiscal Fibs and Follies [J]. Project - Syndicate. org, July 13, 2010.

Bishop P, Hines A, Collins T. The current state of scenario development: an overview of techniques [J]. Future Survey, 2008, volume 9 (1): 5 - 25 (21).

British Petroleum. Statistical Review of World Energy [J]. June 2010.

Brown H. Thinking about National Security: Defense and Foreign Policy in a Dangerous World [J]. American Political Science Association, 1983, 2 (4): 609 - 23.

Bryant B P, Lempert R J. Thinking inside the box: A participatory, computer - assisted approach to scenario discovery [J]. Technological Forecasting & Social Change, 2010, 77 (1).

Builder C H, Benhorin Y, Brown T A, et al. The RAND Winter Study on Nonnuclear Strategic Weapons: Executive Summary [J]. Rand

Corporation, 1984.

C. A. Varum, C. Melo. Directions in scenario planning literature – a review of the past decade ［J］. Futures 42 （2010）.

Central Intelligence Agency. CIA Director Leon E. Panetta Unveils Blueprint for Agency's Future.

Central Intelligence Agency. Strategic Intent 2007 – 2011: One Agency, One Community.

Clapper J R. Worldwide Threat Assessment of the U. S. Intelligence Community ［J］. 2011.

Codevilla A. Comparative historical experience of doctrine and organization ［J］. Intelligence Requirements for the 1980's: Analysis and Estimates. National Strategy Information Center, 1980.

Cohen E A. Toward Better Net Assessment: Rethinking the European Conventional Balance ［J］. International Security, 1988, 13 （1）.

Cooper R N. NIC: Global Trends 2030: Alternative Worlds ［J］. Foreign Affairs, 2013, 92 （2）.

Cornish P, Dorman A M. Complex security and strategic latency: the UK Strategic Defence and Security Review 2015 ［J］. International Affairs, 2015, 91 （2）.

Cronin P M. Global Strategic Assessment 2009: America's Security Role in a Changing World ［C］ National Defense University, 2009.

Curry A, Schultz W. Roads Less Travelled: Different Methods, Different Futures ［J］. Journal of Futures Studies, 2009, 13 （4）.

Darilek R E, Cesar, E M, Dewar J A, et al. Surveying Relevant Emerging Technologies for the Army of the Future. Lessons from Forecast ［J］. 1988.

Daryl G. Jones. Personal Savings Rate: Worse Than We Thought ［J］. Money. CNN. com, June 30, 2010.

David Brooks. Prune and Go ［J］. New York Times, June 10, 2010

David Leonard. The New Abnormal [J]. BusinessWeek. com, July 29, 2010.

David M. Kennedy. Sunshine and Shadow: The CIA and the Soviet Economy [J]. Kennedy School of Government case Program, Harvard University.

Defense Intelligence Agency. 2012 –2017 Defense Intelligence Agency Strategy.

Defense Intelligence Agency. Strategic Vision 2012 –2017.

Department of Defence, Defence White Paper 2013, Canberra: Commonwealth of Australia, 2016.

Department of Defence, Defence White Paper 2016, Canberra: Commonwealth of Australia, 2013.

Dewar J A, Builder C H, Hix W M, et al. Assumption – Based Planning: A Planning Tool for Very Uncertain Times [J]. Rand Corporation, 1993.

Dewar J A, Gillogly J J, Juncosa M L. Non – Monotonicity, Chaos and Combat Models [J]. Military Operations Research, 1991, 2 (2).

Dewar J A, Gillogly J J. CODA: A Concept Organization and Development Aid for the Research Environment [J]. Biochemical Journal, 1984, 402 (3): 525 –536.

Dewar J A, Isaacson J A, Leed M. Assumption – Based Planning and Force XXI [J]. Rand Corporation, 1997.

Dewar J A, Levin M H. A Metaphor for Thinking About Changes in Army Doctrine [J]. Rand Corporation, 1988.

Dewar J A, Levin M H. Assumption – Based Planning for Army [J]. Rand Corporation, 1992.

Dewar J A, Schwabe W, Mcnaugher T L. Scenario Agent: A Rule – Based Model of Political Behavior for Use in Strategic Analysis [J]. 1982.

Dewar J A. Toward an assessment of technology gaming [J]. Rand

Corporation, 1989.

DOD Directives, DODD 5111. 11, Director of Net Assessment, December 23, 2009.

Evan A. Feigenbaum. Strengthening the U. S. Role in Asia [J]. Foreign Affairs Report, 2011.

Federal Bureau of Investigation. Today's FBI: Fact & Figures 2013 -2014.

Floyd J, Slaughter R A. Descent pathways [J]. Foresight, 2014, 16 (6).

Ford H P. Estimative Intelligence: the purposes and problems of national intelligence estimating [J]. 1993.

Gaddis J L. International Relations Theory and the End of the Cold War [J]. International Security, 1992, 17 (3): 5-58.

Gong M, Lempert R, Parker A, et al. Testing the scenario hypothesis: An experimental comparison of scenarios and forecasts for decision support in a complex decision environment [J]. Environmental Modelling & Software, 2017, 91.

Hall J W, Lempert R J, Keller K, et al. Robust climate policies under uncertainty: a comparison of robust decision making and info - gap methods [J]. Risk Analysis, 2012, 32 (10): 1657-1672.

Harris J M. European Commission Directorate - General for Research: The world in 2025: Rising Asia and socio - ecological transition [J]. Foreign Affairs.

Henry I. The 2016 Defence White Paper's assessment of Australia's strategic environment [J]. Security Challenges, Vol. 12, No. 1 (2016).

Hobijn B, Sager E. What Has Homeland Security Cost? An Assessment: 2001-2005 [J]. Current Issues in Economics & Finance, 2007, 13 (2).

Homeland Security: Information Sharing Activities Face Continued

Management Challenges [J]. GAO-02-1122T, 2002.

Hutchings R L. American Diplomacy and the End of the Cold War [J]. Polish Review, 1999, 44 (4): 394-396.

Iden J, Methlie L B, Christensen G E. The nature of strategic foresight research: A systematic literature review [J]. Technological Forecasting & Social Change, 2016, 116: 87-97.

International Energy Agency. World Energy Outlook [J]. International Energy Agency, 2011, volume 2010 (29): i-738 (738).

Joe Nocera. Risk Mismanagement [J]. New York Times, January 4, 2009.

Jordan Tama. The Purpose and Impact of Quadrennial Reviews by U. S. National Security Agencies [J]. American Political Science Association, 2013 (12): 10-11.

Karber P A. Net Assessment & Strategy Development for the Secretary of Defense: Future Implications from Early Formulations [J]. Georgetown University, Institute for Law, Science and Global Security, 2008.

Klein J J. Space Strategy: A Call to Arms for the Sea Services [J]. Joint Force Quarterly, 2007.

Knorr K, Price T J. Military Power and Potential [J]. Journal of Politics, 1971, p. 23.

L. Lewis, C. R. Roll, Strategy-to-Tasks: A Methodology for Resource Allocation and Management, RAND Technical Report P-7839, 1993.

Larson E. V., Eaton D., Linick M. E., Peters J. E., Schaefer A. G. etc. Defense Planning in a Time of Conflict: A Comparative Analysis of the 2001-2014 Quadrennial Defense Reviews, and Implications for the Army [J]. RAND, 2018.

Lempert R J, Bonomo J L. New Methods for Robust Science and Technology Planning [J]. Rand Corporation, 1998.

Lempert R J, Popper S W E, Min E Y E, et al. Shaping Tomorrow Today: Near – Term Steps Towards Long – Term Goals. Conference Proceedings [J]. Rand Corporation, 2009: 105.

Lempert R J, Popper S W, Daehner E M, et al. Shaping Tomorrow Today [J]. Rand, 2009.

Lempert R J, Trujillo H R, Aaron D, et al. Comparing Alternative U. S. Counterterrorism Strategies: Can Assumption – Based Planning Help Elevate the Debate? [J]. Rand Corporation, 2008.

Lempert R J, Warren D, Henry R, et al. Defense Resource Planning Under Uncertainty [J]. 2016.

Lempert R J, Zmud J. Recrafting Scenario Practice to Achieve Robust Long – Term Decisions [J]. 2012.

Lempert R J. Embedding (some) benefit – cost concepts into decision support processes with deep uncertainty [J]. Journal of Benefit – Cost Analysis, 2014, 5 (3): 487 – 514.

Lempert R. A toolbox for policy planners [J]. Nature, 2008, 455 (7210): 169 – 170.

Lempert R. Scenarios that illuminate vulnerabilities and robust responses [J]. Climatic Change, 2013, 117 (4): 627 – 646.

LTG. Mary A. Legere. Army Intelligence 2020: Enabling Decisive Operations While Transforming in the Breach.

Lyon R, Davies A. Assessing the Defence white paper 2009 [J]. Australian Strategic Policy Institute, 2014.

Mandel D R, Barnes A. Accuracy of forecasts in strategic intelligence [J]. Proceedings of the National Academy of Sciences of the United States of America, 2014, 111 (30): 10984 – 9.

Marien M. The Provocative GT – 2030 Report: Outline and Comments [J]. World Future Review, 2013, 5 (4): 324 – 331.

Mcgiffert C, Cohen C. Global Forecast: The Top Security Challenges of 2008 [J]. Global Forecast the Top Security Challenges, 2007.

Metz S. Civil – military relations in the United States: The state of the debate [J]. Washington Quarterly, 1995, 18 (1): 195 – 213.

Mjøset L. Understandings of Theory in the Social Sciences [J], ARENA Working Papers, WP99/33, Department of Sociology and Human Geography, University of Oslo, 2000.

Moran R. Four Scenarios for 2030 [J]. Futurist, 2013, volume 149: 20 – 27.

National Counterintelligence and Security Center. National Counterintelligence Strategy of the United States of America.

National Reconnaissance Office. NRO Strategic Vision: Vigilance from Above.

National Security Agency & Central Security Services. NSA / CSS Strategy.

Nilles J M. Global Trends 2030: The Forecast of the Thousand Hands [J]. World Future Review, 2014, 5 (4): 383 – 384.

Nye J S. Peering into the Future [J]. Foreign Affairs, 1994, 73 (4): 82 – 93.

Oakley R B, Casey J M. The Country Team: Restructuring America's First Line of Engagement [J]. Country Team Restructuring Americas First Line of Engagement, 2006.

Office of the Director of National Intelligence. Intelligence Community Planning Guidance.

Office of the Director of National Intelligence. National Intelligence Strategy Frequently Asked Questions. 2009.

Office of the Director of National Intelligence. Quadrennial Intelligence Community Review.

Office of the Director of National Intelligence. The US Intelligence Community's Five Year Strategic Human Capital Plan. Office of the Director of National Intelligence. Quadrennial Intelligence Community Review.

Office of the Director of National Intelligence. United States Intelligence Community 100 Day Plan for Integration and Collaboration.

Office of the Director of National Intelligence. United States Intelligence Community 500 Day Plan for Integration and Collaboration.

Office of the Director of National Intelligence. United States Intelligence Community 500 Day Plan for Integration and Collaboration Follow – up Report.

Office of the Director of National Intelligence. United States Intelligence Community Information Sharing.

Office of the Director of National Intelligence. United States Intelligence Community Strategic Intent for Information Sharing 2011 –2015.

Office of the Director of National Intelligence. Vision 2015：A Globally Networked and Integrated Intelligence Enterprise.

Omestad, Thomas. Psychology and the CIA：Leaders on the couch [J]. Foreign Policy, 1994, 27 (95)：104. , pp. 105 –122.

Orzechowska I. Global trends 2030：Citizens in an Interconnected and Polycentric World, Álvaro de Vasconcelos (ed.) [J]. Croatian International Relations Review, 2012, 18.

P. Anderson. What is Web 2. 0? Ideas, technologies and implications for education [J]. JISC Technology and Standards Watch, February 2007.

Paul Krugman. Now and Later [J]. New York Times, June 20, 2010.

Peters J E, Larson E V, Dewar J A. Futures Intelligence：Assessing Intelligence Support to Three Army Long – Range Planning Communities [J]. 1998.

Programme U N E. Global environment outlook. [J]. International Journal of Food Science & Technology, 2010, 36 (3)：337 –338.

Raford N. Online foresight platforms: Evidence for their impact on scenario planning & strategic foresight [J]. Technological Forecasting & Social Change, 2014, 97: 65 – 76.

Renner M R A. America's asymmetric advantage: The utility of airpower in the new strategic environment [J]. Defence Studies, 2004, 4 (1): 87 – 113.

Resource 2050: Flourishing from Prosperity: Faster and Further, SSEE Report, November 2012, University of Oxford.

Riccardo Vecchiato. Strategic foresight: matching environmental uncertainty [J]. Technology Analysis & Strategic Management, 2012, 24 (8): 783 – 796.

Richards J. Heuer, Jr.. Quantitative approaches to political intelligence: the CIA experience [J]. American Political Science Review, 1979, 73 (4): 1215.

Robert Jervis, Improving the Influence Process: Information Norms and Incentives, Alfred C. Maurer, Marion D. Tunstall and James M. Keagle, edited, Intelligence: Policy and Process, Boulder and London: Westview Press, p. 114.

Robert Skidelsky. Keynes Versus the Classics: Round Two [J]. Project – Syndicate. org, October 10, 2009.

Romm J J. Defining national security: the nonmilitary aspects [J]. Foreign Affairs, 1993, 72 (3): 197.

Ryan S T. Shape of the Australian Army in the near future given the Australian Defence Force White Paper 2000 [J]. Biblioscholar, 2012.

Saritas, O., Aylen, J.. Using scenarios for roadmapping: the case of clean production [J]. Technol. Forecast. Soc. Chang. 77, 1061 – 1075, 2010.

Savio N D, Nikolopoulos K. A strategic forecasting framework for governmental decision – making and planning [J]. International Journal of

Forecasting, 2013, 29 (2): 311 -321.

Schoemaker P J H. Scenario Planning: A Tool for Strategic Thinking [J]. Sloan Management Review Winter, 1995, 36 (2): p. 25 -40.

Skypek T M. Evaluating Military Balances Through the Lens of Net Assessment: History and Application [J]. Journal of Military & Strategic Studies, 2010, 94 (2): 216 -223.

Slaughter R A. Looking for the real 'megatrends' [J]. Futures, 1993, 25 (8): 827 -849.

Slaughter R A. The Biggest Wake - up Call in History [J]. Foresight International, 2010.

Slaughter R A. Time to Get Real: A Critique of Global Trends 2030 - - Alternative Worlds [J]. World Future Review, 2013, 5 (4): 354 -359.

Slaughter R. Is America the land of the future? A response [J]. Foresight, 2008, 10 (5): 60 -64 (5).

Slaughter R. Mapping the Global Future, National Intelligence Council, Washington, DC, December 2004 [J]. Futures, 2005, 37 (10): 1185 -1192.

Sohn I. Megatrends and Game Changers: The U. S. National Intelligence Council's 'Global Trends 2030: Alternative Worlds' [J]. Foresight the International Journal of Applied Forecasting, 2013: 45 -48.

Sohn I. The U. S. National Intelligence Council's "Global Trends 2025: A Transformed World" [J]. Foresight the International Journal of Applied Forecasting, 2009: 46 -50.

Sonnichsen L. Multiple Futures Project - Navigating Towards 2030: Final Report April 2009 [J]. University of Copenhagen.

Strachan H. British National Strategy: Who Does It? [J]. Parameters, 2013, 43.

Sull D N. Strategy as active waiting. [J]. Harvard Business Review,

2005, 83 (9): 120, pp. 120 – 129.

T. O' Rielly, What is Web 2. 0? [J]. 2005.

Tangredi S J, Mckenzie K F. QDR 2001: Strategy – Driven Choices for America's Security [C]. National Defense University. Institute for National Strategic Studies. 2001.

Taylor B. The Defence White Paper 2013 and Australia's Strategic Environment [J]. Security Challenges, 2013.

Treverton G F, Ghez J J. Making Strategic Analysis Matter [J]. RAND, 2012.

Treverton G F. Estimating Beyond the Cold War [J]. Defense Intelligence Journal, Vol. 3, No. 2, Fall 1994.

Treverton G F. Intelligence: The Achilles Heel of the Bush Doctrine [J]. Arms Control Today, 2003, 33 (6): 9 – 11.

U. S. Air Force Headquarters. Air Force ISR 2023: Delivering Decision Advantage, A Strategic Vision for AF ISR Enterprise.

U. S. Army Capabilities Integration Center and Marine Corps Combat Development Command. Gaining and Maintaining Access: An Army – Marine Corps Concept. 2012.

U. S. Department of Defence. Sustaining U. S. Global Leadership: Priorities for 21st Century Defense, Defense Strategic Guidance. 2012.

U. S. Department of Defense, Air – Sea battle Office. Air – Sea battle: Service Collaboration to Address Anti – Access & Area Denial Challenges. 2013.

U. S. Department of Defense. Capstone Concept for Joint Operations: Joint Force 2020. 2012.

U. S. Department of Defense. Defense Intelligence Strategy.

U. S. National Intelligence Council. Global Trends 2010. 1997.

U. S. National Intelligence Council. Global Trends 2015: A Dialogue About the Future with Nongovernment Experts. 2000.

U. S. National Intelligence Council. Global Trends 2025：A Transformed World. 2008.

U. S. National Intelligence Council. Global Trends 2030：Alternative Worlds. 2012.

U. S. National Intelligence Council. Global Trends：Paradox of Progress. 2017.

U. S. National Intelligence Council. Mapping the Global Future：Report of the National Intelligence Council's 2020 Project. 2004.

Viren Doshi，Hege Nordahl，and Adrian del Maestro. Big Oil's Big Shift ［J］. Strategy – Business. com，August 2，2010.

Webb J，Ahmad A，Maynard S B，et al. A situation awareness model for information security risk management ［J］. Computers & Security，2014，44（2）：1 – 15.

Weigand K，Flanagan T，Dye K，et al. Collaborative foresight：Complementing long – horizon strategic planning ［J］. Technological Forecasting & Social Change，2014，85（85）：134 – 152.

Wilcox W. Forecasting Asian Strategic Environments for National Security Decisionmaking ［J］. 1970.

Wilk J. The art of the long view：Planning for the future in an uncertain world ［J］. Long Range Planning，1991，24（6）：110 – 114.

Wilkinson A. In the NIC of Time? Changing Our Minds about Global Foresight ［J］. Clinical Infectious Diseases An Official Publication of the Infectious Diseases Society of America，2013，5（4）：339 – 346.

Wulf，T.，Meibner，P.，Stubner，S.. A scenario – based approach to strategic planning ［J］. Working Paper，Integrating Planning and Process Perspectives of Strategy. HHL，Leipzig，2010.

Xenia Dormandy. Prepared for Future Threats? U. S. Defence Partnerships in the Asia – Pacific Region ［J］ Chathamhouse，2012.

六、网站

美国国家情报总监办公室网站：https：//www. dni. gov

美国国防部网站：https：//www. defense. gov

美国科学家联合会网站：http：//www fas. org/irp/dni

英国政府公开文件网站：https：//www. gov. uk/government/publications

美国国防大学国家战略研究所网站 http：//inss. ndu. edu

哈佛大学冷战研究中心解密档案网站：https：//sites. fas. harvard. edu/ ~ hpcws/declassified. htm

中情局图书馆解密档案网站：https：//www. cia. gov/library/readingroom/collection/declassified – documents – related – 911 – attacks